복 있는 사람

오직 여호와의 율법을 즐거워하여 그 율법을 주야로 묵상하는 자로다. 저는 시냇가에 심은 나무가
시절을 좇아 과실을 맺으며 그 잎사귀가 마르지 아니함 같으니 그 행사가 다 형통하리로다.(시편 1:2-3)

약함의 자리

Michael Horton

A Place for Weakness

약함의 자리

마이클 호튼 지음 | 김철규 옮김

복 있는 사람

약함의 자리

2013년 6월 19일 초판 1쇄 인쇄
2013년 6월 26일 초판 1쇄 발행

지은이 마이클 호튼
옮긴이 김철규
펴낸이 박종현

도서출판 복 있는 사람
주소 서울특별시 마포구 연남동 246-21
전화 02-723-7183, 7734(영업·마케팅) 팩스 02-723-7184
이메일 blesspjh@hanmail.net
등록 1998년 1월 19일 제1-2280호

ISBN 978-89-6360-114-4 03230

A Place for Weakness
by Michael Horton

린다 보스먼, 주디스 리델,

그리고 하나님의 얼굴들인 메버그 가족과 듀기드 가족에게

차례

1부 십자가의 하나님

2부 빈 무덤의 하나님

십자가의
하나님

1장

비극적인 일들이 밀어닥치기 시작할 때

아버지가 정신차리라며 내 어깨를 흔드시던 그 순간, 나는 마치 다시 고집스럽던 십대로 되돌아간 느낌이었다. 하지만 이제 아버지는 당신의 손을 뻗어 나를 붙잡을 수도 없는 상태로 악화되었다. 심지어 내게 말을 건넬 수도 없었다. 간간이 들리는 그분의 목소리는 알아들을 수 없는 중얼거림이 되어 버렸고, 아버지임을 확인할 수 있는 증거라고는 내 가슴을 향해 고동치는 갈색의 눈동자뿐이었다.

아버지의 미소 짓는 눈은, 얼굴의 나머지 부분들에 그 미소가 채 번져 나가기도 전에 당신의 환한 마음을 드러내는 생기로 가득한 눈이었다. 자주 있는 일은 아니었지만, 아버지가 화가 나셨을 때, 그분의 눈은 아무런 말씀이나 표정 없이도 그 마음을 잘 표현했다. 우리는 저녁 식탁 앞에서 거칠게 밀고 때리는 장난을 하다가도 아버지의 눈빛과 마주치면 곧 멈출 수밖에 없었다. 하지만 이제 임종을 맞이하는 그분의 눈동자에는, 우리 자식들이 전에는 전혀 볼 수 없던 어떤 복잡한 감정들이 담겨 있었다. 손에 쥐어진 잔이 늘 가득차 있던, 어떤 어려운 상황도 기어이 극복해 내셨던 그분이, 이제는 다시 의식을 회복한다는 사실을 죽음보다 더 두려워하고 있는 것이다.

차마 흐느껴 울 수 없음에도 불구하고 가슴 깊이 통곡하는 사람을 본 일이 있는가? 그 무거운 가슴과 공포에 질린 얼굴이 마음속 비밀을 그대로 드러내고 있는 사람을 말이다. 어릴 적에는 크게만 느껴졌던 이 위대한 사람이 이제는 아이와 같이 속수무책으로, 내가 본 그 어떤 사람보다 더 비참한 모습으로 누워 있었다. 그분의 앙상한 몸은 매주 더 야위어만 갔다.

나의 아버지 제임스 호튼은 78세의 나이에 양성 뇌종양 판정을 받아 급히 수술을 받으셔야 했다. 처음에는 뇌혈관의 측로가 열리면서 뇌에 고인 액체가 방출되어 괜찮아 보였지만, 이내 급격히 성장하는 종양이 뇌의 필수적 기능들에 장애를 가져오기 전에 추가적인 수술을 받아야만 했다. 안타깝게도 이 수술은 실패로 돌아갔고, 아버지가 회복될 수 없음을 알게 되기까지는 오랜 시간이 걸리지 않았다.

그러나 아버지는 그 후에도 거의 일 년을 더 사셨다. 물론 머리끝부터 발끝까지 마비된 상태였다. 안면 근육마저 마비되었기 때문에 눈꺼풀도 축 늘어져, 눈의 가장자리 붉은 부분이 다 내보일 정도였다. 마치 아버지의 얼굴 전체가 흘러내린 것만 같았고, 말할 수 없는 고통으로 가득 찬 눈빛을 제외하곤 그분의 얼굴을 알아보기 힘들었다. 그러나 임종이 가까워질수록, 아버지의 눈이 어떤 곳에서 다가오는 소망과 확신으로 가득 차오르고 있음을 발견할 수 있었다.

심지어 우리는 주님께서 아버지를 당신의 처소로 데려가시도록 기도해야 했다. 아내와 나는 당시 생후 몇 개월밖에 되지 않았던 우리 아들을 데리고 가서 아버지의 가슴에 올려놓고, 그분의 힘없는 팔로 감싸드리곤 했다. 이런 방문은 아버지와 우리 모두에게 달콤쌉싸름한 시간이 아닐 수 없었다.

우리 가족에게 산성과도 같았던 어머니는, 아버지의 침대 곁에서 혈액 순환을 위해 15분마다 아버지의 베개를 돌려가며 가족과 친구들을 맞이하곤 하셨다. 그러는 중간중간 어머니는 아버지의 손을 잡고 책을 읽고 계셨다. 수년간 나는 이 두 분이 처음에는 나의 조부모님을, 나중에는 우리 지역에 있는 요양원 노인 열다섯 분을 돌보는 것을 지켜보며 자랐다. 그러나 이제 어머니는 자신의 최고의 친구를 돌보고 계신 것이다. 자신이 할 수 있는 일이라곤 베개를 이리저리 돌려주는 것밖에는 없었지만……. 슬픔을 감추기 위해 안간힘을 쓰면서 말이다. 어머니는 항상 나이보다 열 살은 젊어 보이셨지만, 그 기간은 시간을 훌쩍 건너뛴 두 장의 사진처럼 어머니의 몸과 마음을 소진케 하는 기간이 되고 말았다.

두 번째 재난

아버지가 돌아가시기 두 달 전, 이모의 장례식에서 감동스러운 작별의 인사를 전했던 어머니는 나와 함께 돌아오던 차 안에서 극심한 뇌졸중을 겪게 되셨다. 도시의 빈곤한 십대들과 버려진 노인들을 돌보던 이 강하고 사랑 많은 여인이, 이제는 다른 사람에게 의존해야만 하는 상황에 놓이게 된 것이다.

나는 부모님이 늙어 가는 것에 대해 두려움을 표현하셨던 순간
들을 기억하고 있다. 아버지는 점점 기력을 잃게 되는 질병을 앓으
며 살아가게 될까 두려워하셨고, 어머니에게는 다른 사람에게 짐이
되는 것이 가장 큰 두려움이었다. 자신의 경험을 통해, 죽어 가는 이
들을 돌보는 일이 얼마나 힘든 일인지 충분히 체험하셨기 때문이다.
내 인생에서 가장 어두웠던 이 시기에, 나는 왜 하나님께서 그분들
이 가장 두려워하던 방식으로 세상에서의 마지막 시간을 보내게 하
셨는지 의아할 수밖에 없었다. 특히 다른 이들을 위해 그분들이 했
던 수고를 생각하면 이런 의아함은 한층 더 커질 수밖에 없었다. 우
리 부모님은 아내 리사의 첫 임신을 전해 들은 후 필요할 때 즉시 도
움을 주기 위해 우리와 가까운 곳으로 이사하셨다. 그렇게 사랑이
많으셨던 분, 강한 팔이 필요한 사람에게 늘 달려가시던 어머니께
서, 아버지 역시 생의 마지막을 고통스럽게 마감하고 있는 동안 뇌
졸중으로 불구가 되신 것이다.

나는 하나님께, 이 모든 일이 우리에게, 특히 우리 부모님께 그분
들이 가장 두려워하던 모습을 마치 의도적으로 겨냥이라도 한 것처
럼 너무나 생생하게 다가오고 있다고 애타게 부르짖었다. 다른 사람
들, 특히 의지할 곳 없는 노인들을 위해 모든 것을 바쳐 섬겼던 분들
인데, 생의 마지막이라도 특권이 주어져야 하는 것이 아닐까? 부모
님의 상황은 "심은 대로 거둔다"라는 격언이 전혀 들어맞지 않는 경
우처럼 느껴졌다. 벌이 아니라 상을 받아야 할 사람들이 아닌가!

아버지의 질병 소식은, 수차례에 걸친 유산으로 인해 망가진 몸
을 겨우 회복하고 있던 아내로 하여금 하나님의 선하심에 대해 더

욱 의혹을 갖게 만들 뿐이었다. 아내가 이러한 과정을 겪는 것은 내게 정말 이상한 일이 아닐 수 없었다. 리사는 심오한 신학 도서들을 거침없이 읽어 내던 탁월한 교회학교 선생이 아니었던가! 그러나 이 모든 일들은 그녀로 하여금, 자신의 모든 신학적 지식을 삶의 실제적 문제라는 시험대 위에 놓도록 강요하고 있었다.

나는 조부모님의 죽음뿐만 아니라 '입양'된 노인들의 죽음을 대하며, 가까이에서 많은 죽음을 목격하며 성장했다. 그럼에도 불구하고 리사와 나는 여전히 일상적인 의문들로 씨름하고 있었다. "사고로, 혹은 자연적으로 많은 사람들이 매일매일 세상을 떠나고 있다." 이렇게 우리 자신에게 말하고 싶었다. 노인들은 모두 조만간 세상을 떠나게 되기 마련이다. 우리 모두는 언젠가 죽을 수밖에 없다. 이런 사실이 죽음이라는 비극을 완화시키지 않지만, 죽음의 불가피성과 보편성은 우리로 하여금 죽음을 준비하도록 한다.

그러나 왜 어떤 이들은 죽음을 맞이하면서 많은 고통들을 피하지 못하게 되는 것일까? 죽음은 때로 왜 이리도 느리고 고통스러운 것일까? 죽음 자체로는 충분히 고통스럽지 않아서, 죽어가는 것을 두려워하게 하려는 것일까? 선하신 하나님의 섭리가 왜 순리대로 진행되지 않는 것일까? 아버지의 죽음을 맞이하며 보낸 무시무시한 날들, 길고 고통스러운 한 주 한 주의 시간은 내가 가슴 깊이 간직하던 기독교적 확신에 가장 심각한, 실존적이고도 구체적인 도전을 가져왔다.

시온으로 달려가자. 절뚝거리면서라도……

형으로부터 장자권을 교묘하게 빼앗았던 야곱은 에서가 그를 만나기 위해 찾아오고 있다는 소식을 접하게 된다(창 32-33장). 야곱은 이것을 가족 상봉이라는 좋은 소식이 아닌, 두 진영 사이에 곧 일어나게 될 전투의 소식으로 이해한 것이 분명하다. 따라서 야곱은 마음이 심란하여, 하나님 앞에서 언약의 약속을 붙들고 기도하게 된다. 농장을 하나 차려도 될 만큼 많은 가축떼를 형에게 선물로 보냈던 야곱의 소원은 오직 형의 분노를 달래는 것이었다.

그날 밤, 야곱은 형이 아닌 어떤 특이한 사람의 매복 공격을 당하게 된다. 이 사람은 바로 하나님이셨다. 예기치 못한 이 씨름에서 하나님은 야곱에게 승리를 허용하시고 그를 축복해 주셨다. 주님은 자신을 낮은 자리로 낮추셔서 은혜의 약속이 야곱에게 전달될 수 있도록 하셨을 뿐만 아니라, 언약의 종이 지녔던 연약함을 친히 담당하셨다. 그러나 그곳을 떠난 야곱은 남은 생애를 다리를 저는 불구로 살 수밖에 없었다. 이제 '이스라엘'로 이름을 바꾼 야곱에게 허벅다리의 부상은, 약속의 상속자가 짊어져야 하는 약속과 위험을 동시에 보여주는 상황이었다. 분노한 자신의 형 이상으로 위험한 적을 만났던 야곱은 그 적―실제로는 친구인―의 은혜로 생존하게 된다.

물론 "끝이 좋아야 모든 것이 좋다"라는 셰익스피어의 말도 틀리지는 않다. 이제 아버지는 일상의 고통에서 자유롭게 떠나 삼위 하나님의 존전에서 몸의 부활을 기다리고 계신다. 그러나 폭풍의 한가운데에도, 시험 그 자체에도 평온이 존재한다. 사실 이것은 평온이 아니라 물살 깊은 곳에서부터 움직이시는 임마누엘의 하나님, 그 핏

줄 속에서 끓어오르는 성령으로 말미암은 삶이다.

내 아버지는 말이 많지 않은 분이었지만 견고한 믿음의 사람이었다. 대공황을 겪으며 자라난 아버지의 손은 책장 한번 넘길 기회를 갖지 못했지만 수많은 육체노동을 견디며 강인해진 손이었다. 그분은 부지런한 분이셨다. 아버지는 종종 우리에게 재미있는 이야기를 들려주시곤 했지만 실제로 나의 믿음을 키워 주신 분은 어머니셨다. 어머니는 또한 책을 읽고 공부하고 질문을 던지는 습관을 키워 주셨다. 하지만 죽음의 어두운 장막을 마주하던 아버지의 모습은, 우리가 평소 볼 수 없었던 하나님의 은혜와 선하심에 대한 견고한 확신의 모습이었다. 비록 "이제 내 삶을 그만 끝내다오!"라고 외치는 듯한 눈빛을 느낄 수 있는 어두운 절망의 날도 있었지만, 십자가와 부활로 인해 우리에게 주어지는 진정한 기쁨의 순간도 있었다. 성경을 읽고 계실 때, 성찬의 떡과 잔이 그분의 입으로 들어갈 때, 자신의 자녀들이 시온을 노래할 때 아버지는 기뻐했다. 그럴 때면 아버지는 검지 손가락을 할 수 있는 한 최대로 하늘을 향해 가리키며 우리의 소망이 바로 거기에 있음을 표현하셨다. 비록 겉사람은 낡아지나 그분의 속사람은 날로 새로워지고 있음을 우리는 느낄 수 있었다.

이러한 날들의 경험은, 우리의 성화 과정이 육신의 쇠퇴와 함께 진행된다고 가르치는 것만 같았다. 육신적으로는 소망을 줄 만한 아무런 진전이 없었지만, 곧 만나게 될 하나님에 대한 소망으로 인해 아버지는 내적으로 날마다 새로워지고 있었다. 죄와 고통으로부터 벗어나, 영혼과 몸이 다시 만나게 될 영광스러운 삶에 대한 소망 말이다.

당시 우리 집에는 아장아장 걷기 시작한 아이와 세 달이나 일찍 태어나게 된 세쌍둥이들의 건강 문제로 인해 고통스러운 상황이 끊이지 않고 있었다. 세쌍둥이 중 하나는 생후 첫 네 달을 인큐베이터 안에서 지냈고, 병원을 떠나기 전 입에 장난감 플루트를 물고 있다가 탁자에서 떨어지는 일도 있었다. 이 작은 장난감 악기는 떨어지는 압력으로 아기의 목을 찔러 흉부로 파고들었다. 의사들은 우리에게 최악의 상황에 대해 마음의 준비를 하라고 통보했다. 놀랍게도 이 아기는 이제 건강하고 겁 모르는 여섯 살 소년으로 자랐다. 이런 사건들은 우리로 하여금 삶이 비극일 뿐 아니라 희극이라는 것, 그리고 삶이 종종 비극과 희극의 동시상영이라는 사실을 떠올리게 한다. 마틴 루터(Martin Luther)는, 우리에게 매일 빵을 공급해 주는 제빵사는 사실 가면을 쓴 하나님이라고 말한 적이 있다. 같은 맥락에서, 수없이 많은 의사와 간호사들, 교회와 신학교에서 만나는 많은 형제자매들, 가깝고 먼 친구들, 우리를 만난 적도 없지만 우리를 위해 기도하는 수많은 사람들이 있다. 우리 주변에는 하나님께서 우리와 우리가 사랑하는 사람들을 그 팔에 안으시고 돌보신다는 사실을, 우리 스스로가 할 수 있는 것보다 더 부드럽고 지혜롭게 기억하도록 도와주는 많은 사람들이 존재한다. 항암 치료를 성공적으로 마친 한 동료 목회자는 자신의 몸을 통해 그리스도의 확실한 존재를 발견한 놀라운 기쁨을 이렇게 표현했다. "내가 만난 적도 없는 사람들이 내게 격려의 편지를 보내고, 의사를 만나러 갈 때마다 나를 병원에 데려다 주곤 했다. 그저 놀라울 뿐이다!"

우리의 약함은 하나님께서 당신의 능력을 보여줄 수 있는 기회가 된다. 이것은 그저 구호에 불과한 말이 아니다. 루터는 십자가의 신학자로—모든 그리스도인에게도 마찬가지로 해당된다—살기 위해 세 가지가 필요하다고 말했다. 바로 오라티오(oratio, 기도), 메디타티오(meditatio, 학습), 그리고 텐타티오(tentatio, 시험)다. 신앙을 그저 '평화롭고 편안한 느낌'의 수준으로 격하시키는 것은 아주 쉬운 일이다(흔히 던지는 그리스도인끼리의 인사, "기도해 보세요"). 믿음을 단순한 동의—시험(exam)을 보며 답을 맞추는 것과 같은 지적 훈련—로 단순화시키기도 어렵지 않다. "성경 구절들을 많이 외우고 적절한 순간에 인용할 수만 있다면 우리는 문제 없다." 혹은 "우리의 신학을 바로잡기만 하면 모든 일은 잘 맞아떨어질 것이다." 그러나 시험이 없는 믿음은 우리로 하여금 하나님의 약속을 붙잡으며 발버둥치게 만들지 않는다.

존 칼빈(John Calvin)은 사돌레토 추기경(Cardinal Sadoleto)에게 보낸 감동적인 서신에서, 고위 성직자들이 하나님 앞에서 자신의 모든 의가 어떤 것인지 이해하기 위해 가장 필요한 것은 그리스도의 의이며, 양심의 위기(crisis of conscience)라고 강조했다. 하나님의 은혜에 충분히 반응하고 협력하며, 최후의 무죄 판결을 위해서는 자신의 확신을 흔들어 놔야만 한다는 것이다. 우리가 겪는 다양한 크기와 형태의 시험들은 우리의 양심을 향해, 우리의 희망과 꿈을 향해, 삶이 어떻게 살아지는 것인지에 대한 우리의 기대를 향해, 하나님과 그분의 목적에 대한 우리의 확신을 향해 다가온다. 고통 가운데 처하며 리사와 나의 믿음은 시험대에 올랐다. 비록 우리 자신의 미래에 대한 확신은 줄어들었지만, 우리를 자신의 손안에 붙들고 계신 하나님에 대한 확신은 더욱 커져만 갔다. 우리가 겪는 시험들은 우리의 삶에 진정한 차이를 만들어 낸다.

인생은 참으로 비극인 동시에 희극이다. 더불어 우리의 마음이 변덕스럽다는 사실도 분명하다. 인생이 잘 풀려나갈 때는 어떻게 하면 더 나은 인생을 살 수 있을까 고민하게 된다("물론 매일 먹는 만나도 좋지만, 하나님이 우리에게 고기를 좀 주실 수 없을까?"). 상황이 어렵게 되면 우리는 하나님의 사랑에 대해 의심하기 시작한다("우리를 이 광야로 데려와서 죽게 만들려는 것인가?").

이런 상황에는 보통 두 종류의 상담자가 존재한다. 한편은 하나님의 선하심을 증명하는 데 급급한 나머지, 심지어 시편 기자조차도 감동적으로 묘사했던 고통의 문제―성경의 블루스―를 소홀하게 다루는 사람들이다. 다른 한편은 고통을 지나치게 감성화한 나머지 고통받는 이들을 변호하는 데 급급해, 하나님의 주권과 선하심이 우리에게 초월적인 위로를 가져다줄 수 있음을 간과하는 사람들이다. 고통받는 이들에게 하나님에 대해 불평하지 말고 기뻐해야한다고 말할 필요는 없다. 그러나 그들이 겪는 시험이 하나님의 존재와 성품에 대한 의견조사(referendum)로 취급되는 것도 결코 바른 태도가 아니다.

대부분의 경우 하나님은 욥의 곁에 있던 상담자들보다 훨씬 나은 상담자들을 우리에게 보내 주신다. 시험을 당할 때에 우리에게 필요한 것은 경청하는 귀다. 지혜로운 성자들이 본보기로 보여준 경청은 내가 오랜 시간을 들여 인식한 기술이다.

시험을 위한 준비

지금까지 논의한 모든 것은 시험(test) 중에 신학을 배우는 것이 얼마나 어려운 일인지를 잘 보여준다. 사실 시험의 시기는 새로운 배움을 위한 좋은 시기가 될 수 없다. 어려운 상황 속에서 우리가 받는 상처는 종종 너무나 크게 벌어져 있어, 신학적 지식으로 아물게 할 수 없다. 물론 불가능하다는 말은 아니다. 다만 많은 이들에게 훨씬 어렵다는 사실을 의미한다.

신경이 날카로워져 있을 때는, 심지어 우리에게 위로를 주는 진리조차도 성가시게 느껴질 수 있다. 시험에 대비하려고 하나님에 대해, 우리가 누구인지에 대해, 창조와 섭리와 구속에 드러난 하나님의 방식에 대해 최대한 이해하는 것은 마치 법률가가 되기 위해 LSAT(법대 입학시험)를 준비하는 것과 같다. 신학은 가장 진지한 일이다. 이 시험(exam)을 준비하는 것은 단지 두뇌 게임 혹은 일시적 사명을 위한 전제조건이 아니다. 이것은 삶과 죽음의 문제다. 이것은 천국에의 소명과, 그 소명이 지금 여기서 벌어지는 매일의 삶에 내던지는 의미를 암시한다. 이 소명은 잘 살기 위한 것일 뿐만 아니라 잘 죽기 위한 것이기도 하다.

내가 겪은 최근의 경험들에 대해 성찰한 이유는 자서전을 기록하려는 것이 아니다. 앞으로 이어지는 장들에서 다루게 될 고난과 소망에 대해 성경이 가르치는 바를 나누기 위한 머리말로서, 이해를 위한 구체적 상황을 보여주려는 것이다. 우리는 모두 같은 방식으로 고난받지 않는다. '올해의 고통받는 사람' 같은 상이 주어지는 것도 아니다. 고난 바깥에 있을 때는 고난에 대해 순위를 매길 수 있을지 모르지만, 고난의 한가운데 있을 때 그 현실감은 당연히 매우 클 수밖에 없다. 더불어 육체적, 영적 고통의 문제들이 서로 엉켜 있는데, 그 결합의 정도가 모든 이에게 동등하게 적용되는 것도 아니다.

내 어머니는 비록 나보다 훨씬 더 큰 육체적, 정서적 고통을 겪고 계시지만, 이해할 수 없는 하나님의 불가사의에 대해 나보다 더 고투하고 계시지는 않는다. 불과 몇 주 간격을 두고 어머니는 남편과 여동생(역시 뇌졸중으로)을 잃었고, 자신도 뇌졸중으로 반신마비에 말도 할 수 없게 되셨다. 담당 의사가 우리에게 말하기를 일반 뇌졸중이 수박씨 크기라고 할 때, 어머니가 겪으신 중증 뇌졸중은 수박의 삼 분의 일과 같다고 묘사했다. 비록 어머니는 스스로에 대해 비관적으로 말하지 않지만, 의사들은 어머니가 다시 걷거나 말할 수 있게 될 가능성이 아주 희박하다고 진단했다. 의사의 그런 말들을 심각하게 받아들이지 않았던 어머니는 재활치료를 아주 열심히 받으셨다. 6년이 지난 지금은, 비록 휠체어에 앉아 계시지만 약간 도움을 받으면 걸을 수 있을 만큼 회복되셨다. 어머니의 말은 알아듣기도 힘들고 자신이 생각하는 것을 말할 수 없는 경우도 많지만, 또 스스로를 낮추는 유머 속에는 말할 수 없는 좌절이 숨겨져 있지만, 그 모든 회복의 과정을 허락하신 하나님에 대한 감사가 또한 짙게 묻어나 있다. 비록 어머니는 자신의 독립—아파트, 자동차, 모든 친밀한 환경들—을 포기해야 했지만, 평생 굳건히 믿으며 삶을 통해 드러내 온 하나님의 선하심과 주권에 대해서는 흔들리지 않는 모습으로 우리에게 강력한 증인의 역할을 해주셨다. 어머니에게 삶은 이제 과거와 많이 다르지만—과거의 편안함을 잃어버린 면에서는 많이 나빠졌다—어떤 면에서는 더 아름답다. 이를테면 손자들이 어머니 무릎 위에 앉기 위해 서로 경쟁하는 모습과 "나는 여전히 성경을 읽을 수 있다"라고 말씀하시는 모습은 내 눈에 그저 아름답기만 하다.

"하나님께서 하시는 일은 모두 옳다"라고 말하는 것은 삶의 고통을 제대로 만나 보지 못한 사람이나 스토아적(극기적) 결의를 지닌 사람들이나 할 수 있는 말처럼 들릴지 모르지만, 내 어머니의 경우에는 그렇지 않다. 어머니의 경험은 시온의 '완전한 기쁨과 영원한 보화'들을 노래하는 찬송가가 더욱 어울린다. 아마도 다른 사람들보다 더 고통당하고 있으며, 또한 고통당하는 이들을 오랫동안 돌보셨기 때문일 것이다. 물론 어머니의 성격 때문일 수도 있다. 하나님의 신비가 무한하듯 때로는 우리도 우리 자신에게 신비처럼 여겨질 수 있다.

우리는 때로 의로움을 위해, 혹은 우리 자신의 어리석음 때문에 고통당한다. 그저 고통과 죽음을 피할 수 없는 타락한 세상에 살고 있기에 당하는 고통도 빠뜨릴 수 없다. 고통과 죽음은 하나님께서 바르게 만드신 모든 것을 뒤틀어 버리고, 지혜로 창조하신 모든 것을 휘어 버리며, 아름다운 모든 것을 흩트려 버린다. 그러나 우리가 당하는 시험의 다양함과는 상관없이 한 가지 분명한 사실이 있다. 바로 우리는 고통당할 수밖에 없다는 것이다. 우리가 의지할 만한 적절한 가르침이 우리에게 주어지지 않는다고 해도, 죽음의 어두운 골짜기 속에서도 의지할 수 있는 놀라운 약속들과 하나님의 은혜에 대한 진리로 인해 우리는 위로받을 수 있다.

고통의 경험 자체는 우리로 하여금 이 주제에 대한 전문가가 되게 하지는 않는다. 골프를 자주 친다고 해서 잘못된 스윙 자세가 교정되지 않는 것과 마찬가지다. 오직 훈련만이 바른 자세를 만들어 준다. 따라서 우리는 좋은 신학이든 나쁜 신학이든 우리가 이미 믿고 있는 것을 강화해 주는 호된 시간 외에, 하나님의 말씀을 통해 시험을 만나는 방법에 대해 배울 필요가 있다.

많은 독자들이 우리 가족이 겪은 경험보다 훨씬 더 심하고 오랜 고통을 겪었을 수 있다. 우리 모두는 고통의 문제에 대해 서로에게 교훈을 제공할 수 있다. 이보다 더 중요한 점은, 우리 모두는 우리의 경험을 하나님의 방법과 생산적인 방법으로 비판하고 해석할 수 있는 성경을 갖고 있다는 것이다. 이 책을 읽게 될 많은 독자들 중 다수가 나보다 더 심각한 고통을 겪었을 것이 분명하다. 또한 나의 고통의 경험들이 나로 하여금 이 책을 쓸 수 있는 자격을 부여한다고 생각하지 않는다. 내가 이번 장에서 언급한, 그리고 앞으로 언급하게 될 고통의 경험들은, 우리 가족과 모든 그리스도인에게 엄청난 위로가 되어 온 하나님의 진리의 말씀에 대해 신선하고 생동감 있는 이해의 기회를 제공한다.

이 책의 모든 장은 우리가 당하는 모든 시험─육체적 고통, 감정적 번민, 타인으로부터 당한 학대, 우리 자신의 죄와 의심, 영적 우울증─과 관련성을 갖도록 의도되었다. 독자들이 삶의 어떠한 상황에 처해 있고 하나님의 손길이 어떻게 역사하고 있든, 이 책이 제공하는 신앙의 훈련들이 시험 중에 위안이 되고 삶의 시험을 위한 연구 지침서로 사용되기를 기대한다.

2장

실패자들을 위한 좋은 소식

기독교 운동은 모든 형태의 거절과 거부로 구성된 퇴보(degeneracy) 운동이다.……따라서 기독교 운동은 국가 혹은 인종에 좌우되지 않는다. 기독교 운동은 자신의 유산을 빼앗긴 모든 곳에 있는 이들에게 호소한다. 기독교 운동은 잘 구성되고 주도적인 모든 것에 대한 악의에 근거를 두었다. 기독교 운동은 잘 구성되고 주도적인 모든 것에 대한 저주를 나타내는 상징을 필요로 한다. 기독교 운동은 또한 모든 영적인 운동과 철학에 반대하는 입장을 취한다. 머리가 둔한 사람들의 편에 서서 영혼에 대한 저주를 퍼붓는다. 재능 있고 지식 있는 사람, 영적으로 독립적인 사람들을 증오한다.

디오니소스(조각조각 잘려진 환락의 신) 대 십자가에 달린 그 사람. 이 둘 사이에서 극명한 대조점을 관찰할 수 있다. 둘 사이의 차이는 그들의 순교에 관한 것이 아니다. 그들의 순교가 갖는 의미의 차이다. 십자가 위의 신은 삶에 주어진 저주요, 삶으로부터 속량을 구하기 위한 이정표다. 반면 디오니소스가 조각조각 잘려 죽음을 당한 것은 삶의 약속을 의미한다. 그 생명은 파멸로부터 영원히 다시 태어나 우리에게로 돌아올 것이다.

프리드리히 니체(Friedrich Nietzsche), 「권력에의 의지」(*The Will to Power*)

우리는 실패자로 취급되는 것을 원치 않는다. 특히 미국에서는 더욱 그렇다. 심지어 대중 종교들조차 니체가 말한 '권력에의 의지'로 이용되고 있다. 우리는 종종 우리가 신봉하는 기독교가 시장에서 잘 팔리는 물건처럼 큰 인기를 얻으려면, 사업과 정치에서 우리가 승자가 되고 우리 자신과 가족들이 성공해서 비그리스도인 이웃들에게 부러움의 대상이 되어야 한다고 생각한다. 물론 이런 현상은 부분적이나마 모든 종교가 공통적으로 답을 제시하고자 시도하는 문제들이다. 하지만 기독교는 특별히 약한 자들을 위한 종교다. 니체의 권력에의 의지(그리고 그의 기독교에 대한 평가)를 대표할 만한 사람이 오늘날 있다면, 그는 아마도 미디어 재벌인 테드 터너(Ted Turner)일 것이다. 테드 터너는 보수적인 기독교 가정에서 자라났음에도 불구하고 이제는 기독교를 '실패자들을 위한 종교'로 부르고 있다.[1]

그리스도를 알지 못하는 친구, 직장 동료, 친척들이 이런 말을 인용하거나 어딘가에서 듣고 와서 이야기할 때 여러분은 어떻게 반응할 것인가? 적어도 지난 150여 년간, 미국 복음주의 진영은 이 문제를 놓고 기독교를 변호하기 위해 엄청난 노력과 돈을 쏟아부어 왔다. 유명한 운동선수, 정치가, 연예인, 그리고 대중문화의 대변자들이 정기적으로 은혜의 트로피를 자랑삼아 높이 흔들곤 했다. 기독교를 옹호하기 위해 막노동자와 인터뷰하는 경우를 본 적이 있는가?

물론, 다이빙 사고로 반신마비가 되었지만 고통받는 이들을 위한 엄청난 지혜의 말들을 해주는 조니 에렉슨 타다(Joni Eareckson Tada)와 같은 멋진 예외들이 있긴 하다. 하지만 그리스도인들이 세상을 향해, 우리는 멋지고 건강하고 보기에도 좋고 번영하고 있으며 유명하다고 말하면서, 세상 사람들이 기독교를 받아들이도록 설득하고자 노력하는 모습을 우리는 더 자주 보게 된다. 교회에 다니면 남들에게 멋지게 보일 것이라고 말하는 것뿐만이 아니다. 우리는 그리스도 안에서 죽어야 함을 가르치는 것이 아니라, 예수와의 개인적인 관계는 개인이 원하는 모양대로 바꿀 수 있다는 식으로 가르치고 있지 않은가! 적어도 회심 이전과 이후를 묘사하는 다양한 형태의 간증들은 모두 이런 모습을 직간접적으로 보여주기 위한 수단으로 이용되고 있다. 예수는 올스타 팀을 모집하러 와서는, 그 팀이 더 나은 삶을 살기 위한 슈퍼볼 경기를 코치하는 분처럼 묘사된다. 한 기독교 베스트셀러는 그 책에 담긴 몇 가지 원칙들만 실천하면 당장 삶의 최고 경지에 이를 수 있을 것처럼 약속한다.

약함을 위한 자리는 존재하는가?

이 모든 상황 속에서 우리는 과연, "건강한 자에게는 의사가 쓸데 없고 병든 자에게라야 쓸 데 있나니 내가 의인을 부르러 온 것이 아니요 죄인을 불러 회개시키러 왔노라"(눅 5:31-32)는 예수의 말씀을 어떻게 이해해야 할까? 약함에 대해서는 바울도 반복해서 강조하고 있다. "내가 이런 사람을 위하여 자랑하겠으나 나를 위하여는 약한 것들 외에 자랑하지 아니하리라.……[주께서] 나에게 이르시기를 내 은혜가 네게 족하도다. 이는 내 능력이 약한 데서 온전하여짐이라 하신지라. 그러므로 도리어 크게 기뻐함으로 나의 여러 약한 것들에 대하여 자랑하리니 이는 그리스도의 능력이 내게 머물게 하려 함이라. 그러므로 내가 그리스도를 위하여 약한 것들과 능욕과 궁핍과 박해와 곤고를 기뻐하노니 이는 내가 약한 그 때에 강함이라"(고후 12:5, 9-10). 과연 바울이 '근육질의 기독교' 혹은 성공 위주의 기독교를 변호하는 대변인이 될 수 있을까?

하버드 철학자 윌리엄 제임스(William James)는 그의 저서 「종교적 경험의 다양성」(Varieties of Religious Experience)에서, '건강한 기질'(healthy-minded)의 종교와 그가 '병든 영혼'을 위한 종교라고 부른 '병적인 기질'(morbid-minded)의 종교를 구분했다. 제임스는 병적인 기질의 종교를 신봉하는 사람들은 스스로 죄로 가득찼다고 여길 뿐만 아니라 가진 것과 물려받은 유산을 다 빼앗긴 사람들로 보는 반면, 건강한 기질의 종교를 신봉하는 사람들에게는 낙관주의가 저절로 뿜어 나온다고 주장했다. 역사적으로 미국은 조상으로부터 유산을 상속받지 못한 자들이 자신과 후손들에게 더 나은 삶을 만들기 위해 이주해 온 땅이다. 미국인들의 재능은 회사 우편실에서 직장 생활을 시작해 이사회 임원까지 줄기차게 승진해 올라가듯 스스로를 높은 곳으로 이끌어 올리는 능력일 것이다. 그러나 이 건강한 낙관주의는 삶의 어두운 면을 실제적으로 부정하도록 우리를 이끌기도 한다. 종교적 용어로 표현하자면, 낙관주의 논리는 우리로 하여금 좋지 않은 것들―우리를 우울하게 만드는 요소들, 인간의 부패와 자기 구원의 불가능성, 하나님의 구속의 필요성 등―이 우리 곁에서 사라져야 함을 의미한다.

항간에 논쟁을 불러일으킨 흥미로운 베스트셀러 「레이건의 미국」(Reagan's America)에서, 게리 윌스(Gary Wills)는 윌리엄 제임스의 대조적인 범주들을 현대 상황에 적용시키고 있다. '병적인 기질'을 가진 종교는 "인간의 타락, 회개와 겸손의 필요를 이야기한다." 윌스는 다음과 같이 말하고 있다.

칼빈주의의 성향을 띠고 있는 이 '고전적인' 종교는 미국 초기 역사에서 중요했다. 그러나 이후 미국은 제임스가 말한 '건강한 기질'의 종교, 죄 대신 슬픔을 인간 본성의 진정한 적이라고 말하는 종교를 점점 더 선호했다. 언론을 통해 명랑하고 건강한 모습으로 성공을 대변하는 현대 복음주의자들은 이런 종교를 대표하는 사람들이라고 할 수 있다.[2]

'기분 좋은 느낌'을 추구하는 것은 이제 국가적 우선순위가 되어 버렸을 뿐만 아니라, 그리스도인과 비그리스도인을 막론하고 종교 활동의 이유가 되었다. 레이건 대통령의 국가 장례식에서, '모든 인간의 선함에 대한 믿음'이라는, 복음주의자 대부분이 동의하며 고개를 끄덕인 이 표현이 얼마나 많이 사용되었는지 세어 보는 것은 흥미로운 일이 아닐 수 없다.

성경적 관점에서 본 인간의 죄와, 외부로부터 주어질 수밖에 없는 구속의 필요성이 우리로 하여금 국가적 비관주의를 요구한다고 생각하지는 않는다. 하지만 인간의 선함을 믿는 종교는 재난과 위협에 처한 사람들에게 결코 힘이 될 수 없을 것이다. 우리와 같은 국가적 가치들을 공유하지 않는 경계 밖의 '사악한 제국들'에 대해 내가 잘 설명해 낼 수 있을지에 대해서는 자신이 없다. 그러나 우리가 지금 직면하고 있는 다양한 테러리즘과 폭력, 사회적 분열의 문제들을 어떻게 설명할 것인가?

건강한 기질의 종교가 우리 시대에 설득력이 있다. 그러나 나는 이것이 바로, 바울이 십자가에 대해 그리스인들에게는 거치는 돌이요, 변명거리요, 당황스러운 것이라고 말한 이유라고 생각한다. 왜 아니겠는가? 기독교는 일종의 피학대 음란증(masochism)이나 수동적 체념의 일종일까? 앞으로 계속 살펴보겠지만, 십자가는 분명 이런 것들을 의미하지 않는다. 그러나 기독교보다는 니체, 마르크스, 터너 등의 말이, 적어도 표면적으로는 우리 시대의 많은 사람들에게 더 옳게 보일 것이다. 반면 기독교는 우리를 약함의 자리에 가둬 놓는 약자의 '노예 도덕'에 불과한 것으로 이해하게 될 가능성이 많다. 이런 고발들에 대응하는 것은 기독교 변증론의 긴급 임무일 뿐만 아니라, 우리 자신의 영적 건강을 유지하기 위한 필수 과제다.

'영광'만으로는 충분치 않다

16세기 종교개혁 당시 '영광의 신학'이라 이름 붙여진 중세 신학과 그 맥을 같이 하는 니체의 '초인'(superman) 종교가 함의하는 아이러니는, 그 종교 자체가 노예 도덕이라는 점이다. 약한 자는 힘있는 자에게, 평범한 자는 천재에게, 노동자는 기업가에게 굽실거리게 만드는 철학이다. 대중문화의 물살 속에서 시장에 의존하는 교회는 이런 상황을 쉽게 지지한다.

이것은 비관주의를 옹호하는 것이 아니다. 모든 창조물에 주어지는 하나님의 일반 은총 때문에, 타락한 세상조차도 정의와 시민으로서의 미덕, 예술적 미를 드러내는 놀라운 증거들을 보여줄 수 있다. 그러나 타락한 현실을 무시하는 '건강한 기질'의 종교는 풍요의 시대에는 종교를 일종의 치료법으로, 비극의 시대에는 종교를 우리의 삶과 상관없는 무가치한 것으로 전락시켜 버린다. 우리에게 필요한 것은 치료가 아니라 좋은 소식이다. 풀 죽은 이들을 일으켜 세우고, 망가진 이들을 붙들어 세워 주며, 잃어버린 자들을 구원하고, 삶의 진퇴양난에 놓여 있는 이들에게 소망을 주는 소식 말이다.

이 책의 요점은 복음이 바로 실패한 이들에게 좋은 소식이라는 것이며, 우리 자신의 기준이 아닌 하나님의 관점에서 현실을 볼 때 우리 모두가 실패자들이라는 것이다. 영광, 권능, 위로, 자유, 건강 그리고 부를 향한 요구는 이에 대한 갈망과 환멸이라는 악순환을 만들어 낸다. 심지어 그것은 쾌락주의에 의해 상처받은 자아를 추켜세우는 치료사와 운동 산업, 스타일, 자존감을 가르치는 선생들─심지어 그런 교회들까지도─을 만들어 낸다. 그런 환경 속에서 너무 약해져 버린 영혼들은, 위기를 만나게 되면 적절히 반응할 만한 힘을 가질 수 없다. 우리는 시장이 제공해 주는 '해결'을 갈망하는 욕구의 노예가 되어 버린다. 천박한 희망의 희생자가 되어 버리는 것이다. 자본주의 시장은 우리를 행복하게 해줄 무언가를 항상 약속하고, 여기에 너무 쉽게 설득되는 우리는 또한 아주 쉽게 실망하게 된다.

C. S. 루이스(Lewis)가 지적한 것처럼, 우리의 욕구가 너무 강한 것이 문제가 아니라(스토아주의자들은 이렇게 주장할 것이다) 오히려 너무 약한 것이 문제다.[3] 우리 삶이 갖는 아이러니는 우리가 이 스러져 가는 시대의 일시적이고 덧없는 영화를 탐닉한 나머지, 영원한 기쁨 대신 너무나 작고 사소한 것들에 쉽게 유혹받고 눈이 먼다는 사실이다.

우리가 이 세상에서 얻을 수 있는 가장 큰 것을 한번 생각해 보자. 누군가가 존 록펠러(John D. Rockefeller)에게 얼마나 돈이 있어야 행복해질 수 있는지 묻자, 그는 "지금보다 조금만 더 있으면 된다"라고 대답했다. 우리가 남몰래 부러워하는 유명 연예인들, 한때는 무대와 스크린을 주름잡았지만 이제는 지난 추억만이 그들을 위로해 주는 연예인들을 한번 생각해 보자. 성형수술과 화장품이 그들의 젊음을 더 이상 지탱시켜 줄 수 없을 때, 열광적으로 따르던 팬들이 얼마나 쉽게 그들에 대한 관심을 잃어버리는지 모른다. 이 땅 위에서 가장 위대하고 유명한 사람들도, 무덤에 누울 때는 다른 모든 사람들처럼 한 치의 작은 땅만을 차지할 뿐이다.

하나님 앞에서 우리로 하여금 진리를 깨닫게 하는 것은 비관주의가 아니라 온전한 정신이다. "말하는 자의 소리여 이르되 외치라. 대답하되 내가 무엇이라 외치리이까 하니 이르되 모든 육체는 풀이요 그의 모든 아름다움은 들의 꽃과 같으니 풀은 마르고 꽃이 시듦은 여호와의 기운이 그 위에 붊이라. 이 백성은 실로 풀이로다. 풀은 마르고 꽃은 시드나 우리 하나님의 말씀은 영원히 서리라 하라"(사 40:6-8).

이것은 평범한 삶으로부터의 탈피가 아니라, 보다 큰 목적이나 의미 없이 즉각적인 만족만을 추구하는 삶에 관한 진실이다. 한때 잠시 '높고 영화롭게' 추켜올려진 것처럼 보일 수 있을지 모르지만 지극히 평범한 것에 불과하다. 그것들이 우리에게 약속하는 풍성한 삶은, 이 스쳐가는 시대의 거짓된 약속에 불과하다. '영광의 신학'은 완성과 능력을 위한 비결이 될 수 없다. 오히려 약함을 강함으로, 무력함을 권능으로, 교만을 겸손으로 가장할 뿐이다.

기독교 종교개혁자들이 영광의 신학 대신 선포한 것이 바로 '십자가의 신학'이다. 그들은 십자가의 신학을 통해 예언자들, 예수, 바울에 대한 신학적 강조를 회복해 냈다. 하나님께서는 세상이 가장 약한 것들의 대표적인 예로 지목한 바로 그 십자가를 통해 죄와 죽음의 권세를 깨뜨리셨다. 여기에 아이러니가 있다. 고통을 받아야 할 이유가 전혀 없는 가장 높고 거룩한 희생자가 고통 가운데서 소리치셨다. "나의 하나님, 나의 하나님, 어찌하여 나를 버리시나이까?" 그러나 거기에서 죄와 죽음에 대한 승리가 성취되고 있었다. 이것이 바로 이 악한 세대의 지혜와 권세를 이기는 어리석음과 약함이다!

니체는 자신이 주변에서 쉽게 경험했던 허약한 경건주의와 어릴 적 사탕발림으로 겉핥기만 했던 예수의 모습을 나름대로 정확하게 묘사했는지도 모른다. 그렇다고 해도, 그리스도를 선포하는 것을 단순히 정사와 권세에 대한 거부로 여겨 기독교를 '병든 영혼'을 위한 종교라고 말한 그의 분석은 완전히 잘못된 것이다. 진실은 오히려 정반대다. 기독교는 이 시대의 권력에 중독되게 하는 군중심리에 대한 가장 근원적인(radical) 거부다. 자신의 생명에 대해 예수께서는 "이를 내게서 빼앗는 자가 있는 것이 아니라 내가 스스로 버리노라. 나는 버릴 권세도 있고 다시 얻을 권세도 있으니 이 계명은 내 아버지에게서 받았노라"고 말씀하셨다(요 10:18). 이것은 무능한 피해자가 할 수 있는 말이 아니다. 여기에 감상주의는 전혀 존재하지 않는다. 그 누구도 예수를 불쌍히 여길 수 없다. 예수는 자신을 희생의 어린양으로 삼으시고, 자신의 삶을 양떼들을 위해 내려놓으셨다. 니체도 우리 모두와 마찬가지로 결국 죽음 앞에 무릎을 꿇었지만, 예수는 자신의 생명을 우리를 위해 내려놓으셨다.

니체의 견해에 의하면(아마 테드 터너도 같은 견해일 것이다), 사람은 무(無)에서 시작해 무언가를 차츰차츰 만들어 나가는 존재다. 이를테면 가난에서 시작해 부자로 성공한 이야기 같은 것이다. 그러나 복음은 이와는 다른 형태의 진실을 보여준다. 복음은 부(富)에서 시작해 가난으로 끝난다. 이미 모든 것을 다 갖고 있는 사람이 아무런 의무나 외적인 압력 없이, 자원해서 다른 이들의 삶을 위해 자신의 소유를 자유롭게 내려놓는 것을 의미한다. 여기에는 시시하고 하찮은 '권력에의 의지' 따위와는 구별되는 능력이 있다. 아버지의 뜻을 받는 그 순간부터 아들은 성육신과 고난, 부끄러움, 십자가의 죽음이라는 약함을 적극적으로 추구해 나가셨다. 그분은 자신의 정의의 칼 위에 목숨을 내어놓으셨다. 이것은 권력을 휘두르는 영웅적인 죽음이 아니요, 우리가 받아 마땅한 심판을 겸손히 수락하신 아들의 순종이었다.

죽을 수 있을 정도로 강한

연약한 감상주의로는 불편함, 질병, 장애, 죽음, 사악함, 우울, 두려움, 불안 등으로 점철된 인생의 비극적인 사건들을 감당해 나갈 수 없다. 우리는 이런 것들을, 대면해야 할 현실이 아니라 적절한 약, 오락, 치료법, 기술 등으로 다룰 수 있는 어떤 질병의 증세로 여긴다. "삶이 고달파질 땐 쇼핑을 하면 된다." 이런 문화 속에 사는 우리는 시편 기자들과 같은 모습으로 슬픔을 노래할 수 없다. 심지어 우리가 부르는 현대 음악들은 눈물의 시편에 음률을 붙여 노래할 때도 빠르고 경쾌한 리듬을 사용한다. 슬픔을 이야기하는 음표들은 어떻게 처리해야 할지 모르는 상태로 그저 급히 지나가 버리는 것이다. 다음 시편 중 한 편을 다가오는 주일에 노래한다고 상상해 보자.

나의 환난 날에 내가 주를 찾았으며 밤에는 내 손을 들고 거두지 아니하였나니 내 영혼이 위로 받기를 거절하였도다. 내가 하나님을 기억하고 불안하여 근심하니 내 심령이 상하도다. 주께서 내가 눈을 붙이지 못하게 하시니 내가 괴로워 말할 수 없나이다. 내가 옛날 곧 지나간 세월을 생각하였사오며……주께서 영원히 버리실까, 다시는 은혜를 베풀지 아니하실까, 그의 인자하심은 영원히 끝났는가, 그의 약속하심도 영구히 폐하였는가, 하나님이 그가 베푸실 은혜를 잊으셨는가, 노하심으로 그가 베푸실 긍휼을 그치셨는가 하였나이다(시 77:2-5, 7-9).

무릇 나의 영혼에는 재난이 가득하며 나의 생명은 스올에 가까웠사오니 나는 무덤에 내려가는 자 같이 인정되고 힘없는 용사와 같으며 죽은 자 중에 던져진 바 되었으며 죽임을 당하여 무덤에 누운 자 같으니이다. 주께서 그들을 다시 기억하지 아니하시니 그들은 주의 손에서 끊어진 자니이다. 주께서 나를 깊은 웅덩이와 어둡고 음침한 곳에 두셨사오며 주의 노가 나를 심히 누르시고 주의 모든 파도가 나를 괴롭게 하셨나이다.……주는 내게서 사랑하는 자와 친구를 멀리 떠나게 하시며 내가 아는 자를 흑암에 두셨나이다(시 88:3-7, 18).

주여 주의 성실하심으로 다윗에게 맹세하신 그 전의 인자하심이 어디 있나이까(시 89:49).

물론 이 비탄의 노래들 속에는 이미 해답이 내포되어 있다. 하나님은 은혜로우시며 자비로우시고, 당신의 약속을 신실하게 지키신다. 그러나 여기에는 힘든 시험들이 더불어 진행되고 있음이 분명하게 나타난다. 이 시험은 하나님의 협력자인 인간에게 주어졌을 뿐만 아니라, 언약의 하나님 자신에게도 주어졌다. 따라서 하나님의 약속에 대한 신실함에 상반되는 경험적 증거들을 우리가 진지하게 받아들일 때, 우리는 비로소 그 질문만큼이나 깊고 도전적인 답을 얻을 수 있게 된다.

하지만 오늘날의 경건과 예배에서는 귀에 거슬리는 음이 전혀 허용되지 않는다. 그저 좋은 게 좋은 거다. 오늘날 우리의 공적 예배는, 우리의 친구일 뿐 아니라 심판자이신 하나님 앞에서 과연 우리가 무엇을 해야 하는지를 전혀 알지 못하는 치명적인 증세들을 보이고 있다. 우리는 이런 문화 속에서 죄와 악, 죽음에 어떻게 반응해야 할지 모른다. 그저 그런 질문 자체를 억누름으로써 그에 대한 답이 우리에게 가져다 줄 위로의 기회를 빼앗는다.

이것은 오늘날 많은 교회성장 전문가들이 동의하는 점이다. 예를 들어, 어떤 이는 우리의 '예배'가 '축제'로 바뀌고 있는 현상을 지적한다. "이런 현상의 가장 대표적인 예는 장례식이다. 장례식은 더 이상 장례식이라 불리지 않고 '추도예배'라고 불린다. 우리는 세상을 떠난 사람의 삶과 사역을 그저 '축하'하는 것이다. 한 인간의 죽음을 목도한 공동체 내에서 일어나는 일들과 그 전반적인 분위기를 완전히 전환하는 것이다. 이제 장례는 고통, 슬픔, 비애, 울음이 아니라 축제다."[4] 이 말을 한 신학자는 우리가 현실을 부인하는 문화 속에서 살고 있다고 진단한 것이 아니다. 그는 오히려 이러한 현실이 진보의 표지라고 말한다.

죽음에 대한 이런 반응은, 영혼이 몸의 '감옥'을 탈출하기를 고대하던 고대 영지주의자들과 몇몇 동양 종교의 특징이었다. 이런 '기념식' 혹은 '축제'는 유니테리안(Unitarians)들이 흔히 갖는 태도이며, 사이엔톨로지(Church of Scientology)나 크리스천 사이언스 (Christian Science) 등 정신과학을 추종하는 사람들에게서 현저하게 엿보이는 현상이다. 그러나 유대교와 기독교는 죽음에 대해 심각한 견해를 견지해 왔다. 즉, 세상이 원래 이렇게 만들어진 것이 아니라, 그 중간에 무언가가 잘못되어 이렇게 된 것이다.

우리는 여기에서 니체가 말한 '권력에의 의지' 속에 내포된 모순을 다시 발견한다. 니체와 그의 동료들은 담대하게 미래를 마주하기보다는 오히려 죽음을 부정했다(적어도 죽음을 진정한 적이라고 보지 않았다). 오직 성경적 믿음만이 죽음을 적으로 인정하며, 따라서 부드럽고 상투적인 말들로 미화하지 않는다. 성경은 죽음을 전투적으로 정복할 것을 선언한다. 성경에 근거해, 그리스도인들은 이 죽음이라는 적을 존중하는 건강한 태도를 갖는다. 죽음은 추상적인 개념이 아니라 구속의 드라마 속에 인격화되어 나타나는 등장인물이다. 이것은 죽음의 현실이 아니라 죽음에 대한 승리이며, 그리스도의 부활로 극복된 현실이다.

최근 유행하고 있는 낙관적인 전망과 나치즘(니체 철학의 영향을 받은 사조 중 하나)에 대한 교회의 저항을 대변했던 신학자 칼 바르트(Karl Barth)의 전망을 비교해 보자. 바르트는 매주일 마을로 울려 퍼지는 교회 종소리는 하나님의 말씀이 선포될 것을 알린다고 말했다. "만일 이런 모든 일들이 우리에게 전혀 도움이 되지 않는다면, 우리 인생에 과연 무엇이 의미가 있으며 무엇이 의미가 없는지, 창문 너머로 내다보이는 교회 마당의 저 십자가가 어떻게 보여주겠는가?"[5] 교회는 세상을 장밋빛 창문을 통해 보지 않고 진실을 보여주는 투명한 유리를 통해 본다.

그러나 이러한 말은 교회 마당 안에 무덤이 있던 먼 옛날 이야기다. 오늘날 죽음은 우리 눈앞에서 간단히 제거되어 버렸다. 공동묘지는 이제 '숲속 잔디밭'(Forest Lawn)과 같은 애매모호한 이름들로 대체되었다. 이제 평범한 개인이 죽음을 접하는 모습은, 마치 우리에게 매일 필요한 음식을 마련하는 과정과 다를 것이 없다. 우리 집 주변에는 모든 것을 제공해 주는 슈퍼마켓이 가까이 위치해 있다. 삶과 죽음을 어떻게 대할 것인지에 대한 불편한 질문, 의문, 또는 두려움으로부터 우리를 가볍게 달래 주는 경쾌한 음악과 함께 말이다. 심지어 교회들도 이런 경향들을 보여주고 있다.

유대교, 가톨릭, 개혁주의, 성공회, 루터교 등의 기도서에는 모든 경우에 적용되는 천편일률적인 기도문이 제공되고 있는 것이 아니다. 거기에는 특정한 질병과 고통을 놓고 기도하는 구체적인 기도문들이 포함되어 있다. 전쟁 시, 자연재해 중에, 전염병이 돌 때, 아픈 아이를 위해, 애도하는 이를 위해, 여행자와 감옥에 갇힌 자를 위해 구체적인 기도문이 제시되어 있다. 또한 청교도 가정의 장례식에서는 보통 관의 뚜껑이 열려 있어 모든 가족들이 죽은 이의 모습을 볼 수 있었다. 아이들은 어른들에게 죽음의 의미에 대해 물었다. 목회자들은 장례식에 참석해 조의를 표하는 이들에게 "죽음을 맞이할 준비가 되어 있습니까?"라고 묻곤 했다. 어떤 이들은 죽음을 잘 맞이하는 방법에 대해 지혜롭고 탁월한 저서를 남기기도 했다. 그러나 과거의 이런 모습들은 오늘날 유행하는 리얼리티 TV쇼와는 거리가 멀다.

분명한 것은 이런 많은 풍습들이 역사적 상황과 관련되어 있다는 점이다. 시대를 불문하고, 외적으로 풍요로운 시기에 살던 사람들은 비극에 대해 생각하지 않는다. 반면에 엄청난 고통의 시대를 사는 사람들은, 연속극이나 스포츠 경기의 결승전보다는 좀 더 진지한 삶의 주제들에 대해 생각하게 된다. 따라서 바울이 말한 개인적 신앙고백은 고통의 시기를 통해 공동체의 고백으로 전환될 수 있다.

그러므로 우리가 믿음으로 의롭다 하심을 받았으니 우리 주 예수 그리스도로 말미암아 하나님과 화평을 누리자. 또한 그로 말미암아 우리가 믿음으로 서 있는 이 은혜에 들어감을 얻었으며 하나님의 영광을 바라고 즐거워하느니라. 다만 이뿐 아니라 우리가 환난 중에도 즐거워하나니 이는 환난은 인내를, 인내는 연단을, 연단은 소망을 이루는 줄

앎이로다. 소망이 우리를 부끄럽게 하지 아니함은 우리에게 주신 성령으로 말미암아 하나님의 사랑이 우리 마음에 부은 바 됨이니 우리가 아직 연약할 때에 기약대로 그리스도께서 경건하지 않은 자를 위하여 죽으셨도다(롬 5:1-6).

17세기 중반, 영국 런던 인구의 삼 분의 일가량이 전염병과 화재로 인해 사망했다. 당시 뉴잉글랜드(미 동북부 6개 주)의 상황은 동시대 런던의 청교도들의 운명과 별 차이가 없었다. 매년 겨울이면 많은 사람들이 죽어 나갔다. 사람들은 직장에서 자신이 어떤 대우를 받는지에 대해 불평하거나 역기능적인 자신들의 부모에 대해 불평할 만한 시간적 여유가 없었다. 그들이 스토아주의자들이었기 때문이 아니다. 오히려 그들은 질병, 고통, 죽음의 베테랑들이었다. 그들은 생명을 지탱하기 위해 하나님의 말씀에 더욱 깊게 빠져들거나, 아니면 단순히 욥의 아내가 했던 충고를 따라갔다. "하나님을 욕하고 죽으라!"

이런 환경 속에서 작성된 공동기도서에는 묘지 안장 예배를 위한 기도문이 포함되어 있다. 이 기도는 크리스천 사이언스의 설립자 메리 베이커 에디가 말한 세상을 '통과해 갔다'(passed on)는 의미가 아니라, 사람이 실제로 죽었음을 인정하는 기도다. 이 기도문은 미래 부활의 영광스러운 약속으로 시작된다. 공동기도서는 이어 시편을 인용하고 있다.

내가 말하기를 나의 행위를 조심하여 내 혀로 범죄하지 아니하리니 악인이 내 앞에 있을 때에 내가 내 입에 재갈을 먹이리라 하였도다. 내가 잠잠하여 선한 말도 하지 아니하니 나의 근심이 더 심하도다. 내 마음이 내 속에서 뜨거워서 작은 소리로 읊조릴 때에 불이 붙으니, 나의 혀로 말하기를 여호와여 나의 종말과 연한이 언제까지인지 알게 하사 내가 나의 연약함을 알게 하소서. 주께서 나의 날을 한 뼘 길이만큼 되게 하시매 나의 일생이 주 앞에는 없는 것 같사오니 사람은 그가 든든히 서 있는 때에도 진실로 모두가 허사뿐이니이다. 진실로 각 사람은 그림자 같이 다니고 헛된 일로 소란하며 재물을 쌓으나 누가 거둘는지 알지 못하나이다. 주여 이제 내가 무엇을 바라리요. 나의 소망은 주께 있나이다.……주께서 죄악을 책망하사 사람을 징계하실 때에 그 영화를 좀먹음 같이 소멸하게 하시니 참으로 인생이란 모두 헛될 뿐이니이다. 여호와여 나의 기도를 들으시며 나의 부르짖음에 귀를 기울이소서. 내가 눈물 흘릴 때에 잠잠하지 마옵소서. 나는 주와 함께 있는 나그네이며 나의 모든 조상들처럼 떠도나이다. 주는 나를 용서하사 내가 떠나 없어지기 전에 나의 건강을 회복시키소서(시 39편).

이어 소망에 관한 구절이 시편, 복음서, 서신서 등에서 인용되며 몸의 부활과 그리스도를 믿는 모든 이들에게 값없이 주어지는 칭의를 확증하고 있다. 그리고 다음과 같은 진지한 내용의 기도가 이어진다.

오 하나님, 그 누구의 삶이 영원하겠습니까? 과연 그 누구의 자비가 한이 없겠습니까? 주께 구하오니 우리로 하여금 인생의 짧음과 그 덧없음을 깨닫게 하여 주시옵소서. 이 고난의 골짜기에서 당신의 성령을 통해, 우리의 삶 전체를 통해 거룩함과 의로움 가운데 거하도록 인도하여 주옵소서. 우리가 우리 세대 가운데 당신을 섬길 때, 우리로 하여금 우리 아버지의 품 안으로 모이게 하시고, 선한 양심의 증거를 갖게 하옵소서. 성도의 교제 가운데, 견고한 믿음의 확신 가운데, 이치에 맞고 신실하고 거룩한 소망 가운데 서게 하소서. 하나님을 사랑하며, 세상 속에 온전한 베풂의 삶을 보이게 하옵소서. 이 모든 말씀을 우리 주 예수 그리스도의 이름으로 기도합니다. 아멘.

시편을 기본으로 하여 작성된 이 기도문은, 우리의 소망과 목적을 우리 자신이 아닌 하나님께 두고 있다. 삶의 목표는 행복해지는 것이 아니라 거룩해지는 것이다. 우리 자신을 우리와 다른 이들에게 받아들여질 만한 존재로 만드는 것이 아니라, 하나님께, 하나님에 의해 받아들여지도록 하는 것이다. 인생의 절정에 이르러 성공 가도를 달리는 사람을 위한 기도가 아니라, 믿음 안에서 우리의 아버지, 어머니와 함께하기 위한 기도다. 쾌락주의 문화로 점철된 인생의 궤적에는 고통이 자리할 공간이 없다. 그러나 만일 우리의 궁극적 목표가 "하나님을 영화롭게 하는 것과 영원토록 그를 즐거워하는 것이다"라고 고백한 웨스트민스터 소요리문답과 일치한다면, 우리의 삶은 창조, 타락, 구속으로 이어지는 광대한 시나리오 속에서 발견될 수 있다. 그렇게 되면 고통은 의미 없는 비극 앞에 내던져진 체념이 아니라, 궁극적인 영광으로 이르는 길이 된다.

3장

의도된 고난

이번 장, 그리고 이 책 전체는 악의 문제에 대해 이론적으로 조망하는 것을 목적으로 하지 않는다. 사실 나는 이 세상에서 이 문제에 대해 만족스러운 **이론적 대답**을 발견할 수 있을 것이라고 믿지 않는다. 그러나 이론적 대답보다 나은 것이 실제적 대답이다. 그것은 바로 십자가와 부활이다.

나는 악의 신비를 풀려고 시도하기보다는, 고통받고 슬픔에 잠긴 이들의 실제적 상황에 관한 특정한 성경적 주제들을 이야기하려고 한다. 하나님은 십자가와 부활의 사건을 통해 우리에게 악의 문제에 대해 만족스러운 설명을 하지 않으신다. 오히려 하나님은 놀라운 방법으로 고통을 극복하는 모습을 보여주신다. 이것은 좋은 철학은 아니지만 위대한 극장이다. 이 사건은 가시적 현상들에 대한 추상적 사변이 아니라, 구체적이고 혁명적인 사건들이 발생하는 실제 인간의 역사다.

최근 나는 영광의 신학과 십자가의 신학의 대조가 복음서에서 얼마나 중요하게 다뤄지고 있는지를 발견하며 크게 놀라고 있다. 사실 이 대조점은, 종교개혁의 과정 가운데 마틴 루터뿐만 아니라 존 칼빈을 비롯한 다른 개혁자들을 통해 매우 분명히 제시되었다. 그들이 살아간 상황은 개인적 측면뿐만 아니라 넓은 의미에서도 고통 그 자체였다. 1300년대 중반 만연했던 유명한 흑사병은 유럽 인구 삼분의 일을 죽음으로 내몰았다. 전쟁과 가난 역시 끊임없이 사람들을 괴롭히고 있었다. 그런 환경 속에서 성장한 칼빈은 성인이 된 이후 생애의 대부분을 중병을 앓으며 살았을 뿐만 아니라, 자녀의 죽음을 목격하고 동료 프랑스인들이 순교한 소식도 매일 들어야 했으니, 이 모든 일들은 그에게 큰 슬픔이 되었음이 분명하다. 이 경험들은 당연히 불안한 미래에 대한 강력한 해답을 요구했다. 이러한 그에게 십자가의 성경적 설교는 신선한 감동으로 다가올 수밖에 없었다.

영광의 신학과 십자가의 신학이 다른 점은 다음과 같이 요약될 수 있다. 영광의 신학은 하나님을 영광과 권능의 모든 자리에서 발견한다. 영광의 신학은 또한 경험과 이성적 사변, 개인의 장점 등을 통해 하나님께 이를 수 있다고 가정한다. 이것은 자연인의 종교다. 반대로, 십자가의 신학은 하나님을 하나님 자신이 보여주실 때만 볼 수 있으며, 특히 약함과 고통 중에 임하는 자비에서 발견할 수 있다고 가르친다. 오직 우리가 자신에 대해 절망할 때, 하나님의 거룩한 현존 앞에 벌거벗고 고통받게 될 때, 우리의 의를 부정하고 오직 하나님의 말씀에 귀를 기울일 때, 하나님을 우리의 정당한 심판관이나 거룩한 적이 아닌 우리의 구주로 인식하게 될 때 우리는 비로소 하나님을 볼 수 있게 된다. 우리가 하나님 앞에 거만하게 일어설 때 하나님은 겸손함으로 자신을 낮추신다. 우리는 건강, 부, 행복, 완전한 가정, 부유한 나라 등 능력의 자리에서 하나님을 찾는다. 그러나 하나님은 세상의 약함 중에서만 참으로 발견될 수 있다. 달리 말하면, 우리는 '승리자의 신학' 대 '실패자의 신학'을 말하는 것이다.

이 주제는 바울의 핵심적 가르침이다. 고린도전서에서는 다음과 같이 가르치고 있다.

십자가의 도가 멸망하는 자들에게는 미련한 것이요, 구원을 받는 우리에게는 하나님의 능력이라. 기록된 바 내가 지혜 있는 자들의 지혜를 멸하고 총명한 자들의 총명을 폐하리라 하였으니 지혜 있는 자가 어디 있느냐, 선비가 어디 있느냐, 이 세대에 변론가가 어디 있느냐. 하나님께서 이 세상의 지혜를 미련하게 하신 것이 아니냐. 하나님의 지혜에 있어서는 이 세상이 자기 지혜로 하나님을 알지 못하므로 하나님께서 전도의 미련한 것으로 믿는 자들을 구원하시기를 기뻐하셨도다. 유대인은 표적을 구하고 헬라인은 지혜를 찾으나 우리는 십자가에 못 박힌 그리스도를 전하니 유대인에게는 거리끼는 것이요, 이방인에게는 미련한 것이로되 오직 부르심을 받은 자들에게는 유대인이나 헬라인이나 그리스도는 하나님의 능력이요, 하나님의 지혜니라. 하나님의 어리석음이 사람보다 지혜롭고 하나님의 약하심이 사람보다 강하니라. 형제들아 너희를 부르심을 보라. 육체를 따라 지혜로운 자가 많지 아니하며 능한 자가 많지 아니하며 문벌 좋은 자가 많지 아니하도다. 그러나 하나님께서 세상의 미련한 것들을 택하사 지혜 있는 자들을 부끄럽게 하려 하시고, 세상의 약한 것들을 택하사 강한 것들을 부끄럽게 하려 하시며, 하나님께서 세상의 천한 것들과 멸시받는 것들과 없는 것들을 택하사 있는 것들을 폐하려 하시나니, 이는 아무 육체도 하나님 앞에서 자랑하지 못하게 하려 하심이라(고전 1:18-29).

우리의 구속자가 이 땅에 계심은, 하늘과 땅을 창조하신 하나님이 성육신하셨음을 의미한다. 이 땅에 오신 그분은, 생존을 위한 기본적인 요건들을 겨우겨우 충족했던 가난한 부부의 자녀로서 삶을 시작하셨다. 예수께서 자신의 메시아적 사명에 한 걸음 더 가까이 나아갈 때 세례 요한은 크게 외쳤다. "보라, 세상 죄를 지고 가는 하나님의 어린양이로다"(요 1:29). 예수는 인생의 첫 시작부터 십자가의 그늘 아래에서 살아가셨다. 예수의 고난은 성금요일에 시작된 것이 아니라, 우리의 구속을 위해 인간의 육신을 입으시고 우리의 부끄러움을 참아내시던 바로 그 순간부터 시작되었다. 구약성경과 세례 요한은 예수를 속죄 제물로 인식하고 있다.

세례 요한이 예수께 세례를 베풀 때, 예수는 장차 어떤 일이 일어나게 될지를 정확히 알고 계셨다. 따라서 예수의 세례는 모든 의를 이룰 뿐만 아니라, 예수를 하나님의 어린양으로 성별하는 순간이었다. 달리 말하면, 예수의 세례는 그의 죽음을 미리 인봉한 사건이다. 하늘에서부터 들리는 음성은 예수가 "이는 내 사랑하는 아들이요 내 기뻐하는 자라"고 선언했다(마 3:17, 17:5). 여기서 우리는 이미 하나의 역설을 발견하게 된다. 성금요일의 먹구름이 수평선 저편에 뭉게뭉게 피어오르는 그 순간, 아버지께서는 당신의 아들을 향한 가장 큰 기쁨을 표현하셨다. 십자가형은 예수께서 다른 일을 하시던 중에 일어난 어떤 사건이 아니다. 예수께서는 세상을 어떻게 개선할 것인가, 혹은 어떻게 하면 성공적인 리더가 될 것인가 등의 일을 계획하시다가 십자가형을 당하신 것이 아니라는 사실이다.

아들에게 가장 큰 수난의 그 순간이 아버지께는 가장 큰 기쁨의 순간이었다. 이는 하나님께서 인간의 고통, 더군다나 자신의 아들이 당하는 고통을 즐기시기 때문이 아니다. 고통을 목격하는 것은 하나님의 병적인 취미가 아니다. 하나님의 기쁨은 그 결과에 초점이 맞춰져 있다.

여호와께서 그에게 상함을 받게 하시기를 원하사 질고를 당하게 하셨은즉, 그의 영혼을 속건제물로 드리기에 이르면 그가 씨를 보게 되며 그의 날은 길 것이요, 또 그의 손으로 여호와께서 기뻐하시는 뜻을 성취하리로다. 그가 자기 영혼의 수고한 것을 보고 만족하게 여길 것이라. 나의 의로운 종이 자기 지식으로 많은 사람을 의롭게 하며 또 그들의 죄악을 친히 담당하리로다(사 53:10-11).

선한 십자가형?

만일 "하나님을 사랑하는 자 곧 그의 뜻대로 부르심을 입은 자들에게는 모든 것이 합력하여 선을 이루느니라"(롬 8:28)는 약속의 말씀을 얼마나 신뢰할 수 있는지에 대해 질문을 던져 보았다면—아직 그럴 기회가 없었다면 앞으로 갖게 될 것이다—, 우리 앞에 놓인 딜레마를 발견하게 된다. 어떻게 하나님의 아들이 겪은 성육신, 고통, 굴욕 그리고 궁극적으로 죽음에 이르는 과정을 비극적인 용어를 사용하지 않고 설명할 수 있을 것인가? 우리 중 그 누구의 인생이 남들의 그것보다 가치가 덜하다고 말할 수 있는가? 세상에서 우리가 겪는 고통들이 왜, 또 어떻게 합력하여 선을 이루게 되는지 알 수 있는가?

많은 장애물들이 우리의 앞길을 가로막고 있다. 첫째, 영광의 신학의 첫 신학자요, 아담을 타락하도록 이끌었으며, 이스라엘 백성들로 하여금 하나님의 입에서 나오는 말씀에 대한 절대적인 신뢰 대신 광야에서 먹을 것을 목소리 높여 요구하도록 종용한 사탄이다. 그가 우리 앞에 놓인 첫 번째 장애물이라는 사실은 그리 놀랄 만한 일이 아니다. 그는 이제 둘째 아담으로 하여금 자신의 필요를 따라 십자가가 아닌 세상의 부귀영화("이 세상의 왕국")을 좇도록 유혹하고 있다. 예수가 사탄의 길을 좇아 갔다면 권력, 돈, 성공, 행복을 바로 그 자리에서 성취하실 수 있었다. 완벽한 안정감! 은행 잔고가 과연 모든 지출을 다 메꿀 수 있을 것인지 고민할 필요가 전혀 없다. 세상 모든 것이 순간적으로 그분의 손안에 주어지게 되었을 것이다. 더 이상 먼지를 뒤집어 쓸 필요도, 쉴 곳 없이 밤을 보낼 필요도, 예언자들이 구주를 영접하도록 준비시켰던 바로 그 백성들로부터 당하는 불신의 굴욕과 모욕을 감내해야 할 필요도 없었을 것이다. 십자가 대신 지금 자신을 위한 영광을 움켜잡는 것, 그것은 유혹이었다(마 4:1-11).

만일 그것이 오직 사탄이 주는 유혹이었다면 우리도 이해할 수 있다. 결국 사탄은 '거짓의 아비'가 아니던가(요 8:44). 그러나 심지어 제자들조차도 스승이 가르치는 바를 이해하지 못했다. 복음서에서 전체적으로 반복되고 있는 바와 같이, 예수는 갈릴리에서 예루살렘으로 가는 그 길에 분명히 서 계셨다. 그분은 갈릴리에서 자신의 경력을 알리고 후원을 요청하기 위한 기자회견을 가진 것도 아니었다. 사실 예수의 초기 사역은 자신의 정체를 드러내지 않고 진행되었다. 그래서 혼인잔치에서 포도주를 채워 달라는 어머니 마리아의 요구가 그분에겐 달가울 수 없었다(요 2:1-12).

그러나 예수는 예루살렘을 향한 그 길을 가셨고, 그분의 인격과 사역에 대한 선언이 여러 가지 징조들과 함께 분명하게 드러나기 시작했다. 따르던 무리들은 이제 그분과 제자들을 등 떠밀기 시작했다. 그분은 제자들에게 자신의 사명이 의미하는 그 비밀을 가르치고자 노력하셨다. 그러나 예수가 임박한 죽음에 대해 언급하실 때마다, 제자들은 곧바로 다른 곳으로 화제를 돌리곤 했다. 심지어 예수의 친형제들조차도 예수를 믿지 않았으며, 마치 그분을 시장에 내다 팔 수 있는 상품과 같이 여겼다(요 7:3-4). 이것이 바로 영광의 신학이요, '건강한 기질'의 종교다. 낙관적이고 혁명적인, 승리의 종교다. 제자들은 예루살렘이 그간 자신들의 수고를 모두 갚아 줄 영광의 도시라고 생각했다. 프랭크 시나트라가 뉴욕에 대해 "내가 거기에 갈 수 있다면 나는 어디든 갈 수 있다"라고 노래했던 것처럼, 예루살렘을 향해 가던 제자들은 부귀영화를 기대했다. 하지만 예수는 "우리는 예루살렘에 이르게 될 것이지만, 너희들이 마음에 기대하고 있는 그것과는 완전히 다른 일이 일어나게 될 것이다"라는 사실을 계속해서 말씀하셨다.

특별히 마가복음은 예수께서 자신의 죽음과 부활에 대해 반복적으로 설명하고자 시도하셨던 사실을 강조하고 있다. 십자가의 신학에 대한 모든 이야기에 신물이 난 베드로가 마침내 그의 스승을 꾸짖는 장면도 묘사되어 있다.

인자가 많은 고난을 받고 장로들과 대제사장들과 서기관들에게 버린 바 되어 죽임을 당하고 사흘 만에 살아나야 할 것을 비로소 그들에게 가르치시되 드러내 놓고 이 말씀을 하시니, 베드로가 예수를 붙들고 항변하매 예수께서 돌이키사 제자들을 보시며 베드로를 꾸짖어 이르시되, 사탄아 내 뒤로 물러가라. 네가 하나님의 일을 생각하지 아니하고 도리어 사람의 일을 생각하는도다 하시고(막 8:31-33).

여기서 '하나님의 일'은 십자가를 통한 하나님의 구속 계획을 의미한다. 반면 '사람의 일'은 영광의 신학을 의미한다. 바리새인들과 마찬가지로 제자들은 예수의 말씀과 기적이 가르치고 있는 교훈의 핵심에 주의를 기울이기보다는, 그분이 보여주신 이적과 기사에 더욱 마음 깊이 탄복하고 있었다. 그래서 예수는 꾸짖음으로 제자들에 대한 설교를 시작하신다.

무리와 제자들을 불러 이르시되 누구든지 나를 따라오려거든 자기를 부인하고 자기 십자가를 지고 나를 따를 것이니라. 누구든지 자기 목숨을 구원하고자 하면 잃을 것이요, 누구든지 나와 복음을 위하여 자기 목숨을 잃으면 구원하리라. 사람이 만일 온 천하를 얻고도 자기 목숨을 잃으면 무엇이 유익하리요(막 8:34-36).

제자들은, 예루살렘에 이르면 예수께서 권력을 잡아 백성들을 로마의 억압에서 해방하며, 악한 이들을 심판하고 영광과 존귀로 다스리게 될 것이라고 기대했다. 그러나 예수는 이런 것들이 당신의 여행의 목적이 아님을 분명히 하셨다(막 9:1). 제자들은 약함으로 오신 그리스도의 초림과 장차 권능으로 임하실 재림을 혼동했다.

이 사건 이전 사마리아 마을에서 야고보와 요한은 예수께서 하늘에서 불을 내려 복음을 듣기를 거부하는 그들을 심판하기를 원했지만, 예수는 "돌아보시며 꾸짖으시고" 함께 다른 마을로 가셨다(눅 9:55-56).

마가복음 10장에서 예수는 제자들에게 자신의 임박한 죽음과 부활에 대해 다시 한번 설명하신다. 그런데 제자들은 어떻게 반응했는가? 야고보와 요한은 영광의 왕국에서 자신들이 차지하게 될 자리를 요구했다. "주의 영광 중에서 우리를 하나는 주의 우편에, 하나는 좌편에 앉게 하여 주옵소서"(막 10:37). 과연 그들은 십자가라는 말을 듣기는 했던 것인가? 그 많은 가르침 중에 무엇 하나라도 배우기는 했단 말인가? 제자들에게 수도인 예루살렘은 예수가 대관식을 갖게 될 곳으로 여겨졌다. 예수와 대관식 연단에 함께 올라서 있을 자신들을 상상하며 그들은 아마 잠도 못 이루었을 것이다.

하지만 영광의 신학을 거침없이 표현하는 그들에게 예수는 이렇게 응답하신다. "너희는 너희가 구하는 것을 알지 못하는도다. 내가 마시는 잔을 너희가 마실 수 있으며 내가 받는 세례를 너희가 받을 수 있느냐. 그들이 말하되 할 수 있나이다"(막 10:38-39). 이 얼마나 당돌한 대답인가! 그들은 예수가 왕이 될 것이라고 생각하고 있었다. 그들은 예수의 말씀을 이렇게 알아들었다. "너희는 나와 함께 성별되어 영광의 자리에 이르는 이 엄청난 부담감을 과연 견딜 수 있겠느냐?" 그러나 예수께서 실제로 하신 말씀, 또한 그 이전부터 종종 가르치시던 말씀은 자신의 임박한 세례가 곧 죽음을 의미한다는 사실이었다. 이 죽음은 평범한 죽음이 아니다. 심각한 중죄를 지은 죄인을 위해 마련된 가장 잔인하고 비천한 형태의 사형이다. 게다가 이 죽음은, 그분을 산 자의 땅에서 끊어 내는 아버지의 심판이 될 것이다. 사실 자신들의 목숨을 부지하기에 급급한 제자들의 모습은, 십자가 형틀의 무게와 못 박힘의 고통, 두 눈을 짓누르는 듯한 하늘의 심판을 오직 예수 홀로 감당해야 함을 암시했다.

　이것이 바로 예수께서 야고보와 요한에게 "너희는 너희가 구하는 것을 알지 못하는도다"라고 말씀하신 이유다. 이 형제의 요구가 수락되지 않은 것은 그들에게 너무나 자비로운 일이었다. 다시 말해, 그들은 골고다에서 예수의 좌우에 못 박히지 않았다. 그들은 하나님의 저주를 견뎌야 하는 자리에 있지 않았다. 예수는 그들을 위해, 모두가 두려워하는 고통의 왕좌를 향해 홀로 걸어가셨다. 제자들을 모으신 예수는 그분이 시작하시는 하나님의 나라가 어떤 것인지 설명해 주셨다. 물론 그들이 기대하던 것과는 정반대의 가르침이었다.

　이방인의 집권자들이 그들을 임의로 주관하고 그 고관들이 그들에게 권세를 부리는 줄을 너희가 알거니와, 너희 중에는 그렇지 않을지니 너희 중에 누구든지 크고자 하는 자는 너희를 섬기는 자가 되고 너희 중에 누구든지 으뜸이 되고자 하는 자는 모든 사람의 종이 되어야 하리라. 인자가 온 것은 섬김을 받으려 함이 아니라 도리어 섬기려 하고 자기 목숨을 많은 사람의 대속물로 주려 함이니라(막 10:42-45).

이방인 유력자들은 자신들이 정상에 오르기 위해 그들의 정적들을 십자가에 못 박아야 했다. 그런데 그리스도는 자신의 적들을 위해 자기 자신을 십자가에 못 박도록 허용하신 것이다!

예수께서 자신의 죽음에 대해 말씀하실 때면, 제자들은 예수를 책망하거나 혹은 화기애애한 주제로 화제를 전환하곤 했다. 제자들은 우리 모두와 마찬가지로 병든 영혼의 종교가 아닌 건강한 기질의 종교를 원했던 것이다. 그러나 아버지 하나님과 성령께서는 다르게 반응하셨다. 예수께서 세례를 받으면서 자신의 십자가를 받아들일 때 성령의 축복이 임했다.

이제 예수는 자신의 죽음에 대해 네 번째로 말씀하시고, 아버지와 성령께서는 아들의 사역을 확증하셨다. 사실 복음서에서 하늘로부터 들리는 소리를 언급하는 것은 예수께서 십자가를 순종적으로 받아들이시는 장면에서만이다.

지금 내 마음이 괴로우니 무슨 말을 하리요. 아버지여 나를 구원하여 이 때를 면하게 하여 주옵소서. 그러나 내가 이를 위하여 이 때에 왔나이다. 아버지여, 아버지의 이름을 영광스럽게 하옵소서 하시니 이에 하늘에서 소리가 나서 이르되 내가 이미 영광스럽게 하였고 또다시 영광스럽게 하리라 하시니 곁에 서서 들은 무리는 천둥이 울었다고도

하며 또 어떤 이들은 천사가 그에게 말하였다고도 하니 예수께서 대답하여 이르시되 이 소리가 난 것은 나를 위한 것이 아니요 너희를 위한 것이니라. 이제 이 세상에 대한 심판이 이르렀으니 이 세상의 임금이 쫓겨나리라. 내가 땅에서 들리면 모든 사람을 내게로 이끌겠노라 하시니 이렇게 말씀하심은 자기가 어떠한 죽음으로 죽을 것을 보이심이러라(요 12:27-33).

참으로 놀라운 일은 모든 제자들이 십자가로부터 이미 도망치고 없을 때, 어둠 속에서 울려 퍼지는 천둥 가운데 "이 사람은 진실로 하나님의 아들이었도다"라고 외친 사람이 로마 백부장이었다는 점이다(막 15:39). 부활 후 예수는, 풀 죽은 제자들을 찾아가 이제 막 일어난 일들이 왜 계획대로 진행되고 있는 것인지를 설명하셨다. 이것은 모든 것을 합력하여 선을 이루시는 하나님의 비밀스러운 계획일 뿐 아니라, 역사 속에 점진적으로 드러나는 하나님의 계획, 그들이 성경을 제대로 읽었더라면 알 수 있었을 그 계획, 그리스도와 복음이 핵심에 위치한 그 계획이다.

성경의 핵심적 열쇠(그리스도, 요 5:39) 없이 성경을 세밀히 연구했던 바리새인들과 마찬가지로, 종려주일에 나귀를 타신 예수를 찬송했던 바로 그 군중들이 성금요일에는 "그를 십자가에 못 박으소서!"라고 몹시 소리치는 폭도로 돌변했고, 제자들은 모두 어디론가 흩어져 버렸다. 부활의 주일 아침이 될 때까지 그들은 전혀 상황을 이해할 수 없었다. 창세기 3장과 말라기 4장의 메시지에도 불구하고, 그들은 서서히 그 실마리가 풀려 가는 하나님의 계획이 신학적으로 어디에 위치하고 있는지 종잡을 수가 없었던 것이다. 결과적으로 그들의 승리주의는 절망으로 변했다. 부활하신 그리스도께서 만나신 제자들은 이런 상태에 놓여 있던 것이다(눅 24:13-35 참조).

그렇다면 우리가 고통 중에 있을 때 과연 하나님은 어디에 계시는 것일까? 십자가에 달리신 하나님은 그 법이 정한 저주를 몸에 짊어지고, 분노의 잔을 마시며 죄와 죽음의 독을 삼키고 계신다. 비록 우리가 홀로코스트, 해일, 태풍과 화재 앞에서 하나님의 주권과 선하심을 이해하기 힘들다 할지라도, 바로 여기에 존재하는 조화는 하나님의 선하심에 대해 실증적으로 증명하고 있지 않는가! 하나님은 우리의 고통과 상관없는 분이 아니며, 간여할 능력이 없는 분이 아니다.

죄 없는 '신-인간'이신 그분은 우리 중 그 누구보다도 더 부당한 고통을 당하셨다. 그러나 그분은 "하나님께서 정하신 뜻과 미리 아신 대로 내준 바" 되셨다(행 2:23). 우리가 경험하는 크고 작은 위기 속에서도, 하나님은 모든 것을 합력하여 선을 이루신다(롬 8:28 참조). 하나님의 강함은 약함 속에서 단번에 완전해지기 때문이다. 마지막에 완전히 드러날 하나님의 주권과 선하심의 연합은, 이미 그리스도의 사역을 통해 결정적으로 동트기 시작했다. 하나님은 사탄, 죄, 사망, 악, 비극을 모두 이기셨다. 예수께서 외치셨다. "다 이루었다!" 비록 우리가 사망의 음침한 골짜기를 지나고 있을지라도(시 23:4), 우리의 승리는 이미 확증된 것이다. 고통 중에 있는 이들을 위한 이 유명한 시편처럼, 우리는 이제 "해를 두려워하지 않을 것은 주께서 나와 함께하심이라. 주의 지팡이와 막대기가 나를 안위하시나이다"라고 외칠 수 있다.

성경 속에 나오는 목자의 이미지는 단순히 가축을 어떻게 돌보아야 하는지에 대한 지침을 제공하고 있는 것이 아니다. 고대 근동에서 '목자'는 왕실의 언어였다. 왕은 다스리는 백성들을 보호하기 위해 목숨을 바쳤다. 목자의 지팡이와 막대기는 왕위를 상징하는 홀과 같다. 그리스도 안에서, 그분의 보호 안에서, 우리는 사탄이 아니라 바로 하나님이 우리의 왕이라는 사실을 확신한다. 죽음이 아니라 삶이 마지막 결론이라는 사실을 알게 된다. 죄가 아닌 의로움이 우리를 다스리게 될 것임을 깨닫게 된다. 저주가 아닌 축복이 지금 여기에서 우리에게 주어진 유산임을 알게 된다. "사망이 쏘는 것은 죄요 죄의 권능은 율법이라. 우리 주 예수 그리스도로 말미암아 우리에게 승리를 주시는 하나님께 감사하노니"(고전 15:56-57).

우리의 십자가를 지고 가자

유명한 목회자요 멘토인 제임스 몽고메리 보이스(James Montgomery Boice)는 2000년 췌장암으로 세상을 떠나기 전, 필라델피아 시내에 위치한 자신의 교회에서 회중들에게 다음과 같이 말했다. "내가 여러분에게 원하는 것은 나의 회복을 위한 기도가 아닙니다. 나의 죽음을 통해 신실하신 구주께 영광을 돌릴 수 있도록 기도해 주십시오." 내가 그래도 그의 회복을 위해서 기도하겠다고 말했을 때, 그는 괘념치 않았다. 그러나 그의 요점은, 우리의 상황이 아무리 처참할지라도, 우리의 구원과 하나님의 영광에 비하면 자신의 건강 문제는 상대적으로 하찮다는 의미다.

인터넷에 게시된 글을 읽을 때면, 요나에 대해 말하던 제임스의 설교가 생각난다. "하나님의 은혜는 시험들(trials)을 피해 빙빙 돌아가는 것이 아닙니다." 제임스는 선언했다. "시험들을 통과해 가는 것입니다." 그의 말은 과연 옳다. 하나님은 그 어느 곳에서도 우리에게 일시적인 풍요를 약속하지 않으셨다. 그러나 그분이 우리를 구속하시는 방법은 우리의 모든 환난과 시험을 십자가의 형태, 곧 우리의 상황이 만들어 내는 모양이 아닌, 그리스도의 고통과 승리가 빚어내는 형태로 성취되어 나간다.

성경은 우리가 그리스도의 고난에 동참하는 것이 그분의 영광에 참여하기 위한 전제조건이라고 가르친다(롬 8:17, 고후 1:5, 빌 1:29, 벧전 4:13). 가장 중요한 것은 십자가는 그리스도의 십자가, 곧 우리가 볼 수는 있으되 그 누구도 대신 질 수는 없는 십자가라는 점이다. 오직 그리스도의 십자가만이, 우리에게 죄의 용서와 하나님과의 평화를 가져온다. 그의 고통은 우리를 구속하며, 우리의 고통은 이미 성취된 승리에 동참하는 방법이다. 그러나 십자가를 지는 삶은 여전히 우리에게 현실로 다가온다. 그것은 우리의 죄와 죄책의 짐과 같은 또 하나의 십자가가 아니요, 그분께 속한 사람들로서 그분의 수모와 부끄러움을 함께 짊어지는 일이다. 이 문제에 대한 바울의 논의 중 가장 핵심적인 것은 그리스도의 이름을 위해 고통을 받는 일에 관한 것이다. 달리 말하면, 이것은 핍박과 관련된 시험을 의미한다. 하지만 바울은 모든 종류의 고통을 포함하는 것으로 그 의미를 확장하고 있다(롬 5:3-4).

그러므로 고난에 동참하는 것은 그리스도의 대속적 죽음을 본받는 것을 의미하는 것이 아니라 유기적으로 연결된 지체의 일부로서 그의 죽음에 동참하는 것이며, 이 과정을 통해 죄와 죽음을 정복한 그분의 승리가 곧 우리의 승리가 된다. 그렇다면 기독교의 복음은, 니체와 그의 후손들이 주장하는 것처럼 우리로 하여금 정사와 권세들에 복종해야 한다는 의미가 아니다. 오히려 예수의 고난에 동참하는 것은 우리의 삶을 죄와 죽음의 통치 앞에 자발적으로 내려놓고, 하나님의 새 창조와 함께 생명을 되찾게 됨을 의미한다.

이것이 바로 예수께서 다음과 같은 말씀을 통해 의도하신 것이다. "자기 목숨을 얻는 자는 잃을 것이요, 나를 위하여 자기 목숨을 잃는 자는 얻으리라"(마 10:39). 바울은 약함 가운데 씨앗이 뿌려졌지만, 이 씨앗이 추운 겨울밤을 견디고 성장하여 후에 많은 열매를 맺게 될 것이라고 가르쳤다(고전 15:42-49). 우리에게 선포하도록 주어진 메시지는 하나님께서 우리가 삶을 더 좋게, 재미있게, 영향력 있게, 덕있게, 성공적으로 살게 하려고가 아니라, 우리를 자신과 함께 죽이고 진실로 살아나게 하려고 이 땅에 오셨다는 것이다.

개인적인 경험과 목회 경험을 통해, 나는 천국을 지금 이 땅에 요구하는 이들—즉각적인 건강, 부, 행복, 거룩함—이 기독교에 분개하고 적대적이며 환멸을 느끼는 비판자들이 되는 경우를 종종 목격해 왔다. 목표가 무엇이든 간에—완전한 몸, 완전한 성화, 완전한 성공, 완전한 결혼, 완전한 자녀, 완전한 안전, 완전한 교회—우리는 우리로 하여금 모든 일을 통해 선을 이루게 하시는 하나님을 버릴 것이 아니라, 하나님 앞에서 잘못된 것을 구하는 영광의 신학을 버려야 한다.

하나님께서 모든 일을 합력하여 선을 이루신다는 사실에 주목해 보자. 이 말은 우리에게 일어난 모든 일들에 대해 '선하다'고 말해야 함을 의미하지 않는다. 우리와 우리가 사랑하는 이들에게 일어난 재난은 우리에게 큰 슬픔을 가져오고, 힘을 약화시키며 영혼에 혼돈을 가져온다. 질병과 죽음, 고난과 고통은 사소한 일로 치부되어서도, 감상에 젖어 축하할 일로 간주되어서도 안 되며, 적절하고 진지하게 다루어야 할 문제들이다. 소망 없는 사람들처럼 심히 슬퍼해서도 안 된다(살전 4:13). 우리도 역시 애도한다. 기뻐할 때가 있고 슬퍼할 때가 있다(전 3장). 그러나 하나님에 대한 우리의 믿음과 역사 속에 드러난 그분의 목적—달리 말하면, 우리의 신학—은, 우리가 이 두 가지를 어떻게 경험해야 하는지에 대한 적절한 방법을 제시해 준다. 시편은 성서신학의 총체적 범위를 모두 다루고 있기 때문에 인간 감정의 총체적 범위도 모두 포함한다. 우리는 이 영감 있는 찬양들 속에 담긴 신학적, 정서적 성숙함을 다시금 되새길 필요가 있다. 음울한 블루스의 시편은 거부하고 즐겁게 노래하는 시편에만 귀를 기울이는 태도를 이제는 바로잡아야 한다.

십자가를 우리 자신을 위해 회피하거나 추구해서는 안 되며, 우리의 십자가를 지고 가야 한다. 마틴 루터가 말한 것처럼 바로 십자가가 우리를 찾아낸다. 십자가는 우리 자신과 다른 이들의 고난, 악, 죄, 고통을 묵인하는 '순교자 콤플렉스'에 대한 호소가 아니다. 하나님의 나라를 위해 "친척과 재물과 생명을 다 빼앗길지라도" 이 스러져 가는 시대에 우리가 가질 수 있는 그 무엇보다 가치 있고 영구적인 보물이다.

치킨 수프[1] 이상의 그 무엇이 필요하다

기독교는 약하고 억압받는 자들을 위한다. 이 점에 대한 니체와 그 제자들의 견해는 옳다. 그들은 악의 문제에 대해 우리가 '설명'하는 방식이 철학적으로 부적절하다고 말할 것이다. 물론 그 말도 틀리지는 않다. 특히 현실에 대한 하나님의 해석을 받아들이는 이들에게는 더욱 그렇다. 철학자들은 하나님에 대한 특정한 개념을 자유의 개념과 결합해 악의 문제를 고려한 뒤, 그들 나름의 결론을 도출해 낼 것이다. 그러나 복음은 세상을 창조하고 다스리시는 선한 하나님, 우리 스스로가 불러들인 불행(misery)으로부터 구원을 주시는 하나님에 대한 이야기를 말해 준다.

우리는 세계의 창조와 인간의 의로움, 원죄, 타락으로 인해 삶의 모든 부분에 내려진 저주, 저주로부터 우리를 속량하기 위해 예수 그리스도 안에서 예비하신 하나님의 계획 등에 대해 말할 수 있다. 우리는 장차 다가올 시대, 우리의 몸이 부활을 경험하게 될 그때, 신음하고 있는 만물이 하나님의 자녀들과 더불어 영광스러운 자유를 맛보게 될 그때에 대한 큰 소망을 가지고 당당히 말할 수 있다(롬 8장).

마지막 때에도 우리가 당한 고난은 여전히 수수께끼로 남아 있을 것이다. 하지만 고난 이면에 무언가 더 큰 이유가 있음을, 우리가 경험하는 모든 일들에 대한 미래의 목적이 있음을 우리는 알고 있다.

니체와 그의 제자들이 기독교는 약한 자들과, '권력에의 의지'라는 측면에서 자아 확신이 결여된 이들을 위한 종교라고 말한 것은 아마도 틀리지 않은 표현일 것이다. 그러나 우리를 위해 부요하신

이가, 강력하신 이가, 지혜로우신 이가 가난하게, 약하게, 어리석게 되셨으니 온유한 자들은 그분 안에서 "땅을 기업으로 받을 것"이다 (마 5:5). 건강한 기질의 낙관주의자들에게, 예수는 자신이 건강한 자가 아닌 병든 자들을 위해 이 땅에 오셨다고 선언하셨다. 우리 영혼은 치킨 수프 이상의 그 무언가를 필요로 한다. 우리는 죄와 죽음의 영역에서 하나님의 아들의 나라로 옮겨 가야 한다. 우리는 소망을 필요로 한다. 아메리칸 드림이나 지미니 크리켓(Jiminy Cricket)이 불렀던 '별 앞에 비는 소원'(wishing upon a star) 따위의 소망이 아니라 히브리서 기자가 말한 소망이 우리에게 필요하다. "우리가 이 소망을 가지고 있는 것은 영혼의 닻 같아서, 튼튼하고 견고하여 휘장 안에 들어가나니, 그리로 앞서 가신 예수께서 멜기세덱의 반차를 따라 영원히 대제사장이 되어 우리를 위하여 들어가셨느니라"(히 6:19-20).

비록 많은 그리스도인들이 역사를 통틀어 기독교의 이름으로 엄청난 불의를 저지르기도 했지만, 많은 사람들이 니체와 그의 제자들(악명 높은 히틀러와 스탈린)의 통치 아래에서 이전 세기보다 더 죽임을 당했다. 니체와 그의 허무주의적 제자들이 받아들였던 '영광의 신학'이 대변하는 힘은 모든 약함을 짓누르는 힘이다. 그러나 고난받는 종에 의해 선포되고 받아들여져 실천된 '십자가의 신학'은 어두움의 권세와 그 궁극적 위협을 극복하고, 때가 이르면 그 모든 대적을 발 아래 두게 될 것이다.

좋은 소식은 오래전 선포되어 고난받는 종에 의해 인쳐졌으며, 죄와 죽음을 이긴 그분의 승리는 주변의 냉소적 태도와 '초인'으로 살아가기에 지쳐버린 많은 영혼들에게, 영광의 신학을 십자가의 신학으로 대체할 준비가 되어 있는 많은 사람들에게 뻗어 나가고 있다. "수고하고 무거운 짐 진 자들아, 다 내게로 오라. 내가 너희를 쉬게 하리라"(마 11:28).

4장

하나님은 과연 크신 분인가?

미국에서 자생적으로 성장한 실용주의(pragmatism)의 대부 윌리엄 제임스는, 종교적 주장의 평가는 실험적 조건에 입각한 현금 가치에 의해 결정된다고 말했다. "실용주의 원칙에 의하면, 신에 대한 가정은 언어의 광의적 의미에서 만족스럽게 기능할 때 진리로 받아들여지게 된다." 실용주의 개념에 의하면, 종교는 "단순히 치료적 효과를 가지고 있을 뿐이다." 제임스는 "하나님은 경배의 대상이 아니라 [인간에 의해] 이용되고 있다"라고 말했다. 우리는 우리의 삶을 보다 나은 것으로 만들기 위해 종교를 선택하기도, 때론 버리기도 한다. 제임스의 주장은 간단히 말해, 종교가 진리이기 때문이 아니라 효과가 있기 때문에 우리가 믿는다는 것이다.[1]

유력한 사회학자인 크리스천 스미스(Christian Smith)의 최근 연구에 의하면, 미국의 십대들은 반종교적 성향을 보이는 것이 아니라 속칭 '도덕적, 치료적 이신론'(moralistic, therapeutic deism)에 빠져 있다고 한다.[2] 자신을 비기독교적 사회학자로 소개하는 마샤 위튼

(Marsha G. Witten)이 복음주의 교회와 주류 교회들의 설교를 분석한 자료에 의하면, 복음주의와 좀 더 '자유주의적'인 교회들에서 선포되는 설교의 내용은 거의 차이가 없다.[3]

물론 이 분석은 우리가 하나님—우리 자신과 구별되는 존재—을 실제로 만나는 것은 전혀 불가능하며 개인적, 국가적, 문화적 관념으로 형상화된 '신'을 만나는 것이라는 가정을 하고 있다. 즉, 우리는 결코 하나님을 경험할 수 없으며 하나님에 대한 경험만을 가질 수 있다는 말이다. 그러므로 하나님은 "무엇이든 우리가 필요한 것"과 같다.

대중문화가 우리의 삶에서 하나님의 역할을 단순히 치료 산업으로만 치부하고 있다는 사실은 이미 지적했다. 물론 이것은 새로운 관찰이 아니다. 근대 무신론(포이어바흐, 니체, 마르크스, 프로이트)은 '신'에 대해, 엄청난 압박감 아래 사는 인간이 초월적 위안에 대한 필요 때문에 만들어 낸 일종의 심리적 투사라고 일관되게 주장해 왔다. 오직 약한 인간들만이 '신'을 필요로 하며, 종교는 계속해서 개인이 자신의 인생에 책임을 지지 않도록 강화한다. 이전 장에서 이야기했던 것처럼, 종교에 대한 이런 반대는 하나님에 대한 우리의 개념과 관련된다. 과연 하나님은 우리가 느끼는 필요에 대한 심리적 투사에 불과한 것인가? 과연 우리는 우리의 경험과 부합하고 예상된 관념과 기대를 강화하는 개념들을 받아들이게 되는 것인가?

물론 이런 것들이 진리일 수 없다. 우리는 현실의 소용돌이가 우리를 강하게 밀어내어 균형을 잃어버리게 할 때, 그 현실 속으로 오히려 더 깊이 파고들어가는 경향이 있다. 그러나 자기 자신의 심리적 투사들과 마주 대하는 작업이 이미 존재하던 가정들을 강화하는 것인가? 거기에 아무런 외적 요소는 존재하지 않는다는 말인가? 여기서 내가 실제로 말하고자 하는 것은 우상숭배다. 결국, 거기 존재하시고, 예언자들과 사도들을 통해 말씀하시고, 당신의 아들을 보내신 참된 하나님을 만나는 것은 우리 자신을 불안하게 하는 일이다. 우상들은 현실에 대해 이미 우리가 갖고 있던 가정들을 확증할 뿐이다. 이스라엘의 하나님은 우리를 혼동케 하신다.

수년 전, J. B. 필립스(Phillips)는 자신의 책 「네 하나님은 너무 작다」(*Your God Is Too Small*)에서, 많은 그리스도인들의 신(deity) 개념이 사춘기와 성인기의 위기를 견뎌 내기엔 너무 연약하다고 주장했다. 감상적 이미지 외에는 하나님을 경험해 보지 못한 많은 이들이 어려운 상황을 만나게 되면, 하나님을 신뢰할 만한 존재로 느끼지 못하는 경우가 많다는 것이다.

최근 복음주의 진영에서 있었던 토론에서, 경험 중심주의(치료로서의 종교)와 감상적 이미지의 하나님의 조합이 특별히 문제가 되었다. 점점 더 많은 복음주의 신학자와 목회자들이 고전적인 기독교 신론에 도전하며, 하나님은 일어나는 모든 일을 통제하지 않으시고, 무슨 일이 일어날지에 대해서도 완전히 알지 못한다고 주장한다. "사랑이 담긴 대화를 통해 하나님은 미래를 현재화하는 작업에 우리가 참여하도록 초청하신다"라고 그들은 말한다. 절실하게 필요한 것은 "하나님에 대한 관계적 경험을, 문제화하기보다는 강화시키는" 신학이라고 그들은 주장한다.[4] 그러나 이런 진술은 신학의 치명적 조합을 보여줄 뿐이다. 경험 중심주의와 감상적 이미지의 하나님! 삶 속에서 비극적인 상황이 발생할 때, 감상적 하나님에 대한 이미지는 어린 시절 갖고 있던 믿음을 완전히 깨뜨려 버리고 만다.

경험이 우리를 안내하도록 내버려 두는 것은 표면적으로는 아주 논리적이다. 그렇게 생각되지 않는가? 결국 우리의 감각들은 단순히 데이터를 수집하는 '촉각'일 뿐이요, 우리의 경험은 단순히 특정한 경우의 사실만을 기록할 뿐이라고 생각할 수 있지 않은가? 사실 이런 태도는 경험 혹은 인간의 능력에 대한 아주 순진한 견해에 불과하다. 오늘날 우리가 점점 더 깨닫게 되는 것처럼 인간의 경험(우리의 생각보다 넓은 범위를 포괄하는)은 조건화된다. 가치 중립적인 데이터는 없다. 존재에 대한 순수한 사실, 곧 해석의 필요성이 없는 사실은 존재하지 않는다. 우리의 경험은 이미 암시적이고 명시적인 전제들로 가득차 있다.

우리는 경험을 해석하기 위해 부지불식간에 사용하게 되는 다양한 전제들을 잘 인지하지 못한다. 예를 들어 플리머스(Plymouth)의 청교도들이 그들이 감내해야 했던 겹겹의 고난들에 대해 생생한 언어로 묘사한 것을 읽어 보면, 하나님의 섭리에 대한 확신이 그들의 시험을 해석하도록 인도했다. 이는 오늘날 번영 복음(prosperity gospel)의 추종자들이 인생의 장애물을 설명하는 방식과는 아주 다르다. 신학이 담기지 않은 경험은 있을 수 없다. 모든 것은 해석의 단계를 거쳐 우리에게 전달된다. 문제는 우리의 경험을 비판하는 어떤 기준이 우리 밖에 존재하고 있는지의 여부다. 만일 경험이 규범적—판사와 배심원 같은—기준이라면, '신'은 우리의 투사 밖에 존재하는 객관적인 실재가 아니라 우리가 '만들어 낸' 것—상상 속에서 만들어 낸 유아기 친구—이라고 주장하는 근대 무신론이 아마 더 그럴듯하게 들릴 수도 있다.

경험을 따른다는 것은 우리가 이미 받아들여 믿고 있는 것들의 포로가 된다는 것을 의미한다. 만일 단순히 우리의 마음이 우리를 안내하도록 내버려 둔다면, 우리는 결코 도전하고, 정정하고, 놀라고, 혹은 보다 해방적인 방향으로 변화하지 않을 것이다. 이것은 무신론자가 현실을 경험하는 데 실패하게 된다는 것을 의미하는 것이 아니라, 하나님 없는 삶을 경험하게 됨을 의미한다. 해석(곧 신학, 심지어 무신론자에게도 존재하는)은 한 개인이 어떻게 사물을 경험하게 되는지를 결정지으며, 이것은 심지어 다른 두 사람이 똑같은 위기를 경험하게 될 때에도 그 둘 사이에 다른 결과를 가져온다. 만일 어떤 사람이 예수는 우리를 구하기 위해 오신 하나님이라는 사실을 부인한다면, 부활을 증명하기 위해 과연 어떤 경험이 필요하다고 말할 수 있을까? 이는 예수께서 종교 지도자들에게 말씀하신 바와 차이가 없다. 그들은 "비록 죽은 자 가운데서 살아나는 자가 있을지라도 권함을 받지 아니하리라"(눅 16:31).

하나님의 조건에 따라

아이러니하게도, 우리의 경험에 도전을 가하는 것이 경험 자체이며, 경험은 또한 그것이 우리의 재판관이 될지 피고의 자리에 앉아야 할지를 결정하도록 강요하고 있다. 끔찍한 악, 재난, 유혹, 의심 등에 직면했을 때 추정적으로 경험을 구하는 것은 잘못된 것이다. 사실 우리의 경험이 우리에게 결론을 제시해 줄 수 없다는 것은 좋은 소식이다. 하나님은 경험적으로 하나님이 가장 먼 곳에 계시며 우리의 삶에 가장 무관심하다고 느낄 바로 그때, 오히려 우리의 삶에 구원하는 자비로 임재하신다. 이것이 십자가의 신학의 핵심이다. 하나님은 가장 부재한 것처럼 보이는 곳에 가장 명확하게 임재하신다. 다시 말하지만, 이것은 모든 증거가 반대의 경우를 지지하고 있을지라도 상황을 받아들이는, 쉬운 방식의 일반적 사변이 아니다. 오히려 이것은, 그리스도 안에서 주어진 하나님의 구원 사역에 대한 경험적 사실에 근거하고 있다. 하나님의 목적에 대한 우리의 질문과 그에 대한 확신 모두는 경험적 현실에 의해 촉발된다. 하나님의 신실하심을 증명하는 사건들은 이에 도전하는 사건들과 같은 역사의 평면 위에 일어난다. 그러므로 그 의미를 알 수 없는 일상의 사건들이 아니라, 십자가와 부활의 경험적 사건들이 하나님의 신실하심을 설명한다.

경험을 통해 진리를 도출해 내는 것이 현대 (자유주의) 신학의 특징이라고 하지만, 실제로 이런 태도는 신학적 스펙트럼과 상관없이 폭넓게 받아들여지고 있다. 나는 전통적 신론을 거부하고 하나님과의 관계적 경험을 강화하고자 시도하는 기독교 신학자들을 발견할 때마다 놀라곤 한다. 예수께서 하나님의 나라를 선포하실 때마다 이를 거부하고 그 곁을 떠나갔던 제자들을 생각해 보자. 바울이 말한 것처럼 과연 복음은 "멸망하는 자들에게는 미련한 것"이다(고전 1:18).

사실 설교의 목적은 영적으로 죽은 이들을 살리고 돌처럼 굳은 마음을 새살처럼 부드럽게 하여, 회개—자신의 경험과 이성이 얼마나 잘못되었는지를 깨닫는 마음의 변화—하고 그리스도에 대한 믿음을 갖도록 이끌어 내는 데 있다. 우리는 이 세상의 사고방식을 따를 것이 아니라 하나님의 말씀으로 새롭게 되어야 한다(롬 12:2).

물론 이것은 현실이 우리의 생각과 감정의 투사가 아니라 우리 존재 밖에 있다는 것을 의미한다. C. S. 루이스는 범신론—모든 것에 신이 깃들어 있다고 보기 때문에 창조주와 창조물을 혼동하는 주장—과 연관지어 이 문제를 잘 지적했다. "사람들은 추상적이고 부정적인 신 개념에서 살아 계신 하나님에 대한 개념으로 발전해 나가는 것을 거부하는 경향이 있다." 루이스는 계속해서 말한다.

나에게는 인간의 이런 성향이 사실 별로 놀라운 일이 아니다. 여기에서 범신론의 깊은 뿌리와 기독교의 전통적 이미지에 대한 반항적 태도가 발견된다. 사람들이 창조주의 개념을 싫어하는 것은 성경이 하나님을 사람으로 묘사하고 있기 때문이 아니라 왕, 혹은 심지어 전사로 묘사하고 있기 때문이다. 범신론자의 하나님은 아무 일도 하지 않을 뿐 아니라 사람들에게도 무언가를 요구하지 않는다. 그들에게 신은 원하는 이들에게 마치 책꽂이에 놓인 책처럼 가까이 존재한다. 그 신은 당신을 향해 다가가지 않는다.……그러나 우리가 홀로 있다고 여겨지는 곳에서 생명을 만나는 것은 늘 놀라운 일이다. 우리는 "이것 좀 봐! 살아 있어!"라고 소리친다. 그래서 우리는 기독교로부터 한 발자국 물러서고 싶어 한다. 나도 전에는 그랬다. 우리는 '비인격적인 신'을 더 좋아하는 경향이 있다. 아름다움, 진리, 선함의 주관적인 신, 우리 머리 속에 존재하는 신은 더 좋다. 우리를 관통하는 형태가 없는 생명, 우리가 가두어 둘 수 있는 그런 신이 가장 좋다. 그러나 사냥꾼으로, 왕으로, 남편으로서 무한한 속도로 우리 곁에 다가오시는, 살아 계신 하나님은 우리가 원하는 신과는 사뭇 다르다.[5]

확실히 전통적 신론에 도전하는 기독교 진영의 사람들은 범신론자가 아니다. 하지만 왜 그들은 인간의 경험이 진리를 결정하도록 허용하는 것일까? 하나님이 내재(우리의 삶에 가까이 관여하심)하실 뿐 아니라 초월(우리 위에, 우리를 넘어서, 우리와 다르게 능력과 지혜로 영화로움)하신다면, 그분의 현실 해석은 우리가 경험하는 현실을 포함하여 우리 경험의 심판이 되어야 한다. 우리는 우리의 경험(우리의 현실 해석)으로부터 하나님에 대해 신뢰할 수 있는 지식을 얻을 수 없다. 이것은 하나님의 계시(하나님의 현실 해석)를 통해서 가능하다. 이것이 모든 건전한 신학의 기초적인 출발점이다.

사실 기독교 신학은 우리와 하나님의 관계에서 발생하는 문제를 다루는 과제에 초점이 맞춰져 있다. 그러나 우리와 다른 사람들에게 계시로 다가오시는 하나님은 투사가 아니라 인격체이시다. 그분은 우리와 더불어 씨름하시며, 우리의 교만함을 제한하시고, 절뚝거리며 걷게 하셔서 우리로 하여금 그분과의 만남을 결코 잊지 못하도록 만드신다.

우리의 경험이 아닌 성경이 이런 문제들을 결정해야 한다고 주장한다면 다음의 질문이 뒤따른다. 성경이 우리에게 제시하는 하나님은 과연 어떤 하나님이신가? 성경이 이 문제들을 결정해야 한다고 말하기는 쉽지만, 우리는 곧 성경도 우리가 해석해야 할 대상임을 깨닫는다. 그렇다면 어떻게 성경을 신실하게 해석할 수 있을까?

내가 이 책에서 반복하는 전제는 우리가 성경을 그리스도를 중심으로 읽어야만 제대로 읽을 수 있다는 사실이다. 그리스도는 살아 있는 하나님의 말씀이시며, 육신을 통해 드러난 하나님 자신의 계시다. 우리가 좋아하는 성경 구절들을 끄집어내어 그 조합이 곧 우리가 생각하는 하나님과 일치된다고 말하는 사람도 있겠지만, 오직 그리스도 안에서만 하나님의 초월(우리와의 차이 및 거리)과 내재(우리와의 근접성), 권능과 약함, 주권과 은혜, 정의와 자비, 분노와 사랑 등 모두가 가장 분명한 형태로 드러나게 된다. 그리스도인의 관점에서 볼 때, 단순한 유신론―유일신론자들(유대인, 무슬림, 기독교인)이 공통적으로 가지고 있는 견해에 대한 변론―은 악의 문제에 대해 어떠한 형태의 해답도 제시하지 못하고 있다. '하나님'은 문제이지 해답이 아니다. 그러나 우리는 흔히 이신론(하나님은 세상에 관여하지 않음)이나 범신론(하나님은 창조물과 구별되지 않음)의 오류에 빠지고 만다.

그러나 그리스도 안에서 하나님은, 창조물과 분명히 구별되면서도 그 일부가 되셨다. 또한 그 일부가 되셨음에도 불구하고 동시에 그 초월성을 잃지 않으신다. "말씀이 육신이 되어 우리 중에 천막을 세우셨다"(요 1:14, 저자 사역). 하나님은 결코 세계에 의존하지 않으시지만, 그분은 우리의 육신을 입고 우리의 손에 놓여진 고통을 친히 겪으시며, 우리에게 합당한 십자가형을 대신 지실 만큼 우리의 삶에 깊이 관여하신다.

그렇다면 이제 우리에게 다가오는 도전들을 보다 구체적으로 살펴보자.

하나님의 능력에 대한 도전

대부분의 그리스도인들은 하나님을 우리의 경험으로 재단하거나 그분의 전지전능하심을 인정하지 않는 최근의 경향이 사도신경의 첫 구절을 직접적으로 부정하는 것이라고 결론 내려 왔다. "전능하사 천지를 만드신 하나님 아버지를 내가 믿사오며." 어떤 신학자들은, 만일 하나님이 선하시고 전능하시다면, 그분은 홀로코스트를 분명히 중단시키셨을 것이라고 주장한다. 그러나 홀로코스트는 이미 일어났고, 따라서 그분은 그것을 방지할 수 있는 능력이 없음이 분명하다는 논리를 편다. 특별히 끔찍한 역사적 사건과 그 사건의 의미에 대해 제대로 가르치지 못한 지난 세대들을 생각하면, 우리가 이런 딜레마에 봉착해 있는 것은 당연한 결과다. 유대교 랍비인 해럴드 쿠쉬너(Harold Kushner)의 베스트셀러 「왜 착한 사람에게 나쁜 일이 일어날까?」(When Bad Things Happen to Good People)는 악과 고통을 허용하는 하나님보다는, 나쁜 일이 일어나는 것을 막을 수 있다면 그렇게 하시는 하나님이 더 좋다고 말하는 현대인들의 태도를 잘 보여준다.

이런 견해에 의하면 창조주와 그의 창조물들은 거의 합일될 수 있다. 그러나 범신론과 무신론 사이에 놓인 거리는 그리 멀지 않다(사실 불교에서는 이 둘이 하나다). 결국 모든 것 안에 신성이 깃들어 있다면, 인격적인 하나님을 위한 자리는 실제로 존재하지 않는다. 1960년대 「타임」지에 '신의 죽음'이라는 제목으로 실린 표제 기사에서, 신학자들은 이 문제에 대해 설득력 있는 의견을 피력하기도 했다.

다른 이들은 이보다 좀 더 제한적인 의견을 내놓기도 했다. 만일 하나님이 죽지 않았다면 그는 고통받고 있다는 주장이 그중 하나다. 이들에 의하면 하나님은 우리와 마찬가지로 피해자다. 하나님은 우리를 위해 좀 더 나은 환경을 만들어 주고 싶어하지만, 할 수 있는 능력이 없거나 혹은 그렇게 하려는 의지가 없다. 왜냐하면 그는 우리의 자유를 더 소중하게 생각하기 때문이다.

비록 보수적인 신학자는 아니지만, 성경보다는 헤겔(19세기 독일 철학자)의 영향을 더 많이 받은 한스 큉(Hans Küng)은 이런 입장에 대해 적절한 비판을 제공하고 있다. 큉은 스위스의 가톨릭 신학자로서 인생의 대부분을 홀로코스트 관련 연구로 보냈다. 그는 우리가 하나님의 '선하심'을 떠나서는 고통의 문제에 대해 답을 찾을 수 없다는 사실을 발견했다. 그는 다음과 같이 말한다.

성경을 살펴보면 이런 추론의 가치가 잘 드러난다. 히브리성서에 나타난 신인동형적 언어(anthropomorphic language)는 인간의 감정과 태도를 하나님께 적용시킨다. 그러나 히브리성서의 그 어느 곳에도 하나님과 인간 사이에 존재하는 차이를 부정하거나 인간의 고통과 고난을 단순히 하나님의 고통과 고난으로 선포하지 않는다. 하나님의 하나님 되심과 신실하심, 혹은 그분의 신뢰성이 부정되거나, 그분의 거룩한 자비가 인간의 연약함으로 대체될 수 없다. 인간은 비록 실패할지라도 하나님은 실패하지 않음을 히브리성서는 잘 보여준다. 호세아서는 "내가 하나님이요 사람이 아니라. 네 가운데 있는 거룩한 이"라고 선포하며 하나님과 인간의 차이를 가르치고 있다(호 1:9). 당신의 백성에 대한 하나님의 '자비'를 신인동형적 언어로 표현하고 있는 이 구절은 오히려 하나님의 인간화를 거부하는 표현이다.[6]

불변하는 하나님의 성품과 관련해 신약성경도 같은 이야기를 말한다. 예수는 그 아버지 하나님께 "나의 하나님, 나의 하나님, 어찌하여 나를 버리셨나이까"(마 27:46)라고 부르짖으셨다. 이것은 단순히 예수께서 우리와 똑같이 고통받으시기 때문이 아니라, 그 아들이 경험하신 것처럼 "모든 일에 우리와 똑같이 시험을 받으신 이로되 죄는 없으시기" 때문이다(히 4:15). 큉은 "마치 연약한 하나님이 영원한 고통을 피하기 위해 스스로 고통과 죽음의 자리에 앉아 부활했다고 하는 식의 피가학적이고 관대한 하나님 이해에 단호하게 저항"할 것을 가르치고 있다.[7]

지난 수백 년간 성경을 읽어 온 많은 신자들이, 여전히 하나님께서 세상을 다스리고 계심을 다음과 같은 증거를 들어 강조해 왔다. 첫째, 하나님은 스스로 충분하신 분이다. 홀로 삶의 모든 기원이시며 그분의 존재와 행복은 모든 사람, 모든 존재로부터 독립적이다. 이것은 하나님께서 그 창조물과 관계를 세워 나가실 때 그 과정과 결정이 완전히 그분의 자유의지에 달려 있음을 의미한다. 그리스 신화에 나오는 신들과 달리, 진정한 하나님은 "무엇이 부족한 것처럼 사람의 손으로 섬김을 받으시는 것이 아니니 이는 만민에게 생명과 호흡과 만물을 친히 주시는" 분이기 때문이다(행 17:25). 하나님은 외롭거나 심심해서 우리를 만드신 것이 아니라, 그 충만한 생명과 기쁨 때문에 그분의 자유로운 선택에 의해 당신 자신을 우리와 나누기로 결정하신 것이다! 우리를 창조하실 필요가 없는 분이셨지만 그분은 그렇게 하셨다. 우리는 하나님의 자유와 사랑의 결과이지, 그분의 필요나 부족 때문에 만들어진 존재가 아니다.

둘째, 하나님의 본성과 목적은 변하지 않는다. 비록 하나님의 드러난 계획은 언약의 협력자인 인간의 행위에 달려 있기도 하지만, 하나님의 비밀스러운 계획은 우리가 이 땅에 태어나기 훨씬 전에 이미 완료되었다. 시편 기자는 비록 하나님께서 하늘과 땅을 유모가 아기의 기저귀를 갈듯 바꾸시지만 하나님 자신은 영원히 변하지 않으심을 증거하고 있다. "천지는 없어지려니와 주는 영존하시겠고, 그것들은 다 옷 같이 낡으리니 의복 같이 바꾸시면 바뀌려니와 주는 한결같으시고 주의 연대는 무궁하리이다"(시 102:26-27). 하나님은 스스로 "나 여호와는 변하지 아니하나니"라고 선언하신다. 바로 이 이유 때문에 이스라엘이 진노의 불길에 사로잡히지 않고 보존될 수 있었던 것이다(말 3:6). 인간의 행위가 하나님을 변화시킬 수 있다면 이스라엘은 이 땅에 존재하지 않을 것이다. 바울은 사람들이 "썩어지지 아니하는 하나님의 영광을 썩어질 사람과 새와 짐승과 기어다니는 동물 모양의 우상으로" 바꾸었음을 언급한다(롬 1:23).

셋째, 하나님은 어떤 상황 속에서도 모든 지식과 권세를 소유하신다. 하나님께는 경계가 없으며 그분의 통치가 미치지 않는 곳은 그 어디에도 존재하지 않는다(욥 37:16). 그리고 하나님의 지식에는 실수가 없다. 그분의 지식은 완전하다. "너희는 옛적 일을 기억하라.

나는 하나님이라. 나 외에 다른 이가 없느니라. 나는 하나님이라. 나 같은 이가 없느니라. 내가 시초부터 종말을 알리며 아직 이루지 아니한 일을 옛적부터 보이고 이르기를, 나의 뜻이 설 것이니 내가 나의 모든 기뻐하는 것을 이루리라 하였노라. 내가 동쪽에서 사나운 날짐승을 부르며 먼 나라에서 나의 뜻을 이룰 사람을 부를 것이라. 내가 말하였은즉 반드시 이룰 것이요 계획하였은즉 반드시 시행하리라"(사 46:9-11). 다시 강조하지만, 우리에게 이것은 위협인 동시에 약속이다. 하나님은 우리에 관한 모든 것을 알고 계시며 우리의 운명에 대해 절대적인 주권을 갖고 계시기 때문에, 만일 중재자가 우리에게 없다면 이것은 나쁜 소식일 수밖에 없다.

그러나 그리스도 안에서 우리는 의로 옷 입었다. 하나님의 지식은 구원을 향해 나아가는 우리 앞에 놓인 모든 장애물을 헤아리고 계시며, 그 능력으로 말미암아 우리 앞에 놓인 모든 장애물을 물리쳐 주실 것이다. 바울은 "모든 일을 그의 뜻의 결정대로 일하시는 이의 계획을 따라 우리가 예정을 입어 그 안에서 기업이 되었으니"(엡 1:11)라고 기록하고 있다. 그는 또한 우리의 구원이 궁극적으로 "택하심을 따라 되는 하나님의 뜻"(롬 9:11)에 달려 있다고 말한다. "그런즉 원하는 자로 말미암음도 아니요 달음박질하는 자로 말미암음도 아니요 오직 긍휼히 여기시는 하나님으로 말미암음이니라"(롬 9:16). 바울은 이 문제에 대해 심지어 바로조차도 우리에게 증인이 되고 있다고 가르친다(롬 9:17). 하나님은 "진흙 한 덩이" 전체—인류—를 당신의 지혜에 따라 통치하신다(롬 9:11-24). 심지어 우리가 던지는 주사위조차도 하나님의 뜻에 달려 있다(잠 16:33).

넷째, 하나님은 무소부재하시며 공간이라는 범주 자체를 초월하신다. 이것은 그분의 능력과 지식, 지혜가 먼 곳에서 행사되는 것이 아니라, 창조물의 자유와 우발성을 제거하지 않는 범위 내에서 모든 것 속에 임재하심을 의미한다. 하나님은 우리가 충분하게 열심히 기도하면 가끔 내려오시는 '위층에 계신 분'이 아니다. 하나님은 천국이든 뉴욕의 어느 거리든 동일하게 존재하신다.

특히 욥의 이야기를 통해 앞으로 보게 될 것처럼, 바울이 로마서 1:20에서 "그의 보이지 아니하는 것들"이라 불렀던 것들은 위기 중에 소망을 불러일으킬 만큼 충분하지 않다. 그러나 그럼에도 불구하고 이 보이지 아니하는 것들은 꼭 필요한 전제들이다. 하나님께서 하나님이 아니라면 다른 모든 것은 중요하지 않다. 우리는 모두, 적어도 실제적 의미에서 "세상에서 소망이 없고 하나님도 없는 자"였다(엡 2:12). 우리는 인간에 불과한 그리스의 신들을 우리의 신으로 함께 섬기게 될 수도 있었다.

약한 하나님이 우리의 (해석된) 고통의 경험에 비추어 볼 때 더 의미가 있지만, 약한 하나님은 성경뿐만 아니라 소망과도 배치된다. 단지 우리의 고통을 함께 느낄 수 있는 신이 곁에 있다고 생각하면 치료의 측면에서 때로 유용하게 느껴질 수도 있겠지만, 그 고통에 대해 아무런 조치도 취할 수 없는 신이라면 그 신을 찬양하고 그에게 기도하고 의지하는 것이 과연 가능할까? 하나님께서 우리의 삶에 간섭하실 수도 있지만 그렇게 하지 않는 이유가 우리의 자유를 존중하시기 때문이라고 말한다고 해도, 우리의 경험에 비추어 볼 때 하나님의 성품을 이해하는 데는 같은 문제에 직면하게 된다. 제

1차 세계대전에서부터 르완다 내전에 이르기까지, 20세기에 일어났던 말도 안 되는 대학살에 하나님이 개입하기를 거부하시는 이유가 단순히 인간의 자유를 외적 통제로부터 지켜 내기 위함이라고 말할 수 있는 사람이 있을까? 성경은 인간의 일에 매우 직접적으로 개입하셨던 하나님의 모습을 잘 보여주고 있는데, 그렇다면 왜 아우슈비츠에는 개입하지 않으셨을까? 이집트에서의 유대인들의 노예살이는 홀로코스트에 비하면 아무것도 아니다. 홀로코스트의 생존자들에게, 하나님은 모든 것을 합하여 선을 이루시기 위해 경기장 밖에서 그저 기다리며 바라만 보고 계신다고 말한다면 그들에게 과연 위로가 될까? 만일 하나님을 방관자로 본다면—악의 가능성을 미리 알지 못한 채—우리는 더 큰 문제에 직면하게 된다. 이것은 우리가 삶에서 겪게 되는 비극과 우리의 삶에 대한 하나님의 더 큰 계획들로부터 위로받을 수 없다는 것을 의미한다. 예를 들어, 딸의 생명을 앗아간 교통사고와 같은 일은 그저 의미 없는 사고일 뿐이라는 믿음을 갖고 있다면, 과연 하나님께 기도하는 일이 가능할까? 그리고 만일 그렇게 하고자 하는 사람이 있다면 과연 어떤 일이 중요하게 여겨질까?

만일 불타는 건물 속에 있는 엘리베이터에 갇힌 사람이 있다면, 그 사람에게는 문제에 대해 이해하고 있지만 함께 갇혀 있는 동료보다는, 밖에서부터 그 문을 열어 줄 수 있는 소방관이 훨씬 더 절실한 존재라는 사실은 두말할 필요가 없다. 전지하신 하나님은 우리의 고통을 아시고 우리의 부르짖음에 귀를 기울이신다. 그리고 그리스도 안에서 하나님은 '신-인간'으로서 우리 인간의 고통을 경험하신다. 그러나 그분은 하나님으로서 우리가 갖지 못한 속성과 능력을 갖고 계시기 때문에 우리를 충분히 구하실 수 있다. 그분의 능력, 지혜, 지식은 그 누구도 당할 수 없으며 그분이 약속한 미래의 실현을 방해할 수 있는 이는 아무도 없다.

심지어 교만한 바벨론 왕 느부갓네살(이라크의 독재자 사담 후세인이 자신의 선임자로 칭송함)조차도 이 교훈을 힘들게 배워야 했다. 어느 날 느부갓네살은 자신의 궁궐 옥상을 걸으며 자신이 건설한 왕국의 영화에 찬탄하고 자신의 성공을 자랑했으나, 하나님은 그에게 소모병(wasting disease)을 주셔서 이 위대한 왕을 동물과 다름없이 사는 비참한 농부로 전락시키셨다. 겸손해진 느부갓네살은 자신의 이야기를 다음과 같이 말한다.

그 기한이 차매 나 느부갓네살이 하늘을 우러러보았더니 내 총명이 다시 내게로 돌아온지라. 이에 내가 지극히 높으신 이에게 감사하며 영생하시는 이를 찬양하고 경배하였나니, 그 권세는 영원한 권세요, 그 나라는 대대에 이르리로다. 땅의 모든 사람들을 없는 것 같이 여기시며 하늘의 군대에게든지 땅의 사람에게든지 그는 자기 뜻대로 행하시나니, 그의 손을 금하든지 혹시 이르기를 네가 무엇을 하느냐고 할 자가 아무도 없도다. 그 때에 내 총명이 내게로 돌아왔고, 또 내 나라의 영광에 대하여도 내 위엄과 광명이 내게로 돌아왔고, 또 나의 모사들과 관원들이 내게 찾아오니 내가 내 나라에서 다시 세움을 받고 또 지극한 위세가 내게 더하였느니라. 그러므로 지금 나 느부갓네살은 하늘의 왕을 찬양하며 칭송하며 경배하노니, 그의 일이 다 진실하고 그의 행하심이 의로우시므로 교만하게 행하는 자를 그가 능히 낮추심이라(단 4:34-37).

하나님께서 어떤 일을 행하실 때는 약함, 부족, 의존, 강제가 아니라 강함, 풍부함, 자기 충족, 자유 속에서 일하신다.

　여기에서 정말 소름끼치도록 놀라운 사실이 발견된다. 이 사실이 여러 시대를 살아간 대부분의 그리스도인들을 놀라게 하지는 않겠지만, 적어도 지금 우리에게는 충격적으로 들릴 수 있다. 하나님은 우리를 위해 존재하지 않으신다. 우리가 하나님을 위해 존재한다. 인간중심적 시대에 사는 우리는 하나님과 그분의 목적을 우리에게 가장 유용한 방식으로만 적용하려는 경향이 있다. 이런 관점에서 보면 죄, 심판, 구원, 저주의 전인적 지평은 우리의 행복으로 축소되어 버린다. 하나님의 진노와 영원한 심판이 관심 밖에 있다는 것은 그리 놀랄 만한 일이 아니다. 결국에 지옥이 어떻게 사람들을 치유할 수 있단 말인가? 하나님은 보다 만족스러운 삶을 위해 우리가 그분의 원칙을 따르지 않았다는 사실에 대해 실망하실지도 모른다. 그러나 주관적이고 치유적인 세계관 어디에 하나님의 진노가 자리할 수 있겠는가?

　하지만 성경적 전망에서, 우리는 하나님의 목적이 우리의 개인적 행복보다 더 폭넓다는 사실을 받아들여야 한다. 하나님은 자비뿐 아니라 정의를 통해서도 자신의 영광을 드러내신다(롬 9장). "온 세상은 무대다"―하나님의 무대―라고 말했던 셰익스피어의 말은 옳았다. 인간의 역사는 극작가이자 중심인물인 하나님과 함께 펼쳐지는 드라마다. 오직 신자들만이 하나님께서 그들의 구원을 위해 모든 것을 합력하여 선을 이루신다는 사실을 확신한다(롬 8:28). 신자들에게 이것은 고통이나 악마적 억압, 죄가 하나님의 사랑으로부터 우리를 끊어낼 수 없음을 의미한다(롬 8:29-39). 반대로, 그리스도 안에서 주어지는 하나님의 용서를 거부하는 이들은, 인간의 번영을 통해 드러나는 하나님의 일반 은총조차 자신의 마음을 더욱 굳어 버리게 만드는 근거로 삼을 뿐이다. 어떤 경우든 하나님은 영광받으신다. 하나님의 목적은 우리의 개인적 행복보다 더 크다.

여기에서 다른 중요한 점이 발견된다. 하나님은 모든 신자들의 구원을 위해 모든 것을 합력하여 선을 이루게 하시지만, 그분은 또한 우리의 고통을 통해 우리의 영원한 "영광의 중한 것"을 더하실 뿐만 아니라 다른 이들의 선도 배가하신다. 때때로 우리는 과거를 돌아보며 삶의 다양한 상황들을 기억해 낼 수 있다. 예를 들어 가족 중 그리스도를 떠났던 이가 사랑하는 사람의 죽음을 보며 다시 교회로 돌아올 수도 있다. 대부분의 경우 우리는 하나님의 보이지 않는 손을 결코 볼 수 없지만, 이 타락한 세상에서 우리의 고통에 함께하시며 자신의 영광을 위해 은혜의 태피스트리(tapestry)를 직조해 내시는 그분의 약속을 우리는 가지고 있다.

강한 구원의 손길

비록 하나님에 대한 이러한 진리들을 아는 것이, 악과 고통의 문제에 대한 우리의 의문을 완전히 충족시키지는 못할지라도, 실제로 고통받고 있는 사람들에게는 좋은 소식이다. 우리의 아버지 하나님은 구원에 충분할 만큼 강하시다. 이것은 하나님께서 우리의 눈에서 흐르는 모든 눈물을 닦아 주실 수 있으며, 또 그렇게 하실 것임을 의미한다. 비록 우리의 이성을 만족시키거나 우리의 경험과 어울리지는 않지만, 악과 고통의 문제에 대해 하나님의 진리보다 더 실제적인 해결책은 존재하지 않는다.

우리는 우리를 사랑하지만 연약한 신, 혹은 강하지만 자비가 없는 신이라는 두 가지 모두를 거부해야 한다. 신에 대한 이 두 가지 방식의 설명은 믿음을 잃어버린 이 세대에, 특별히 악과 억압, 폭력과 죽음을 목격하며 사는 우리의 마음과 생각을 사로잡기에는 충분하지 않다. 보다 중요한 점은 이 두 가지 모두 성경이 말하는 하나님을 보여주고 있지 못하다는 점이다. 그 위대한 비전은 아들 예수께서 우리에게 "전능하신 아버지 하나님"을 계시하는 삼위일체에 대한 전통적인 개념 속에서 발견된다.

바울이 아테네의 아레오바고 가운데 서서 말할 때, 한편에는 에피쿠로스학파 철학자들이, 다른 한편에는 스토아학파 철학자들이 있었다. 에피쿠로스학파 철학자들은 기본적으로 이신론자(자기 마음 편한 대로 살 수 있게끔 하나님을 밀어내 버리는)이고, 스토아학파 철학자들은 범신론자(하나님을 창조물과 동일시하는)이다. 아이러니하게도 스토아학파 철학자들은 줄곧 고전적 신론에 대한 비판을 일삼았기 때문에, 사도 바울은 (스토아 철학에 반론을 제기하는) 이 상황 속에서 이방인들에게 예수와 부활에 대해 선포하며, 그 근거로서 다음과 같이 변론한다.

우주와 그 가운데 있는 만물을 지으신 하나님께서는 천지의 주재시니, 손으로 지은 전에 계시지 아니하시고 또 무엇이 부족한 것처럼 사람의 손으로 섬김을 받으시는 것이 아니니, 이는 만민에게 생명과 호흡과 만물을 친히 주시는 이심이라. 인류의 모든 족속을 한 혈통으로 만드사 온 땅에 살게 하시고 그들의 연대를 정하시며 거주의 경계를 한정하셨으니(행 17:24-26).

달리 말하면, 신을 아무것도 느끼지 못하며 변화를 추구할 수 없는 정적 존재로 보는 스토아 철학은, 창조주와 창조물을 구별하지 못하는 오늘날의 사조과 매우 유사하다. 역사적 기독교 안에서 유지된 기독교 신론은 과도적 내재론(범신론)과 과도적 초월론(이신론) 모두를 무효화한다. 예수 그리스도는 이스라엘의 하나님이 우리 위에서, 우리를 초월하시는 임마누엘—"하나님이 우리와 함께하신다"—의 하나님이심을 가르치셨을 뿐만 아니라 그것을 몸소 보여주셨다. 하나님은 무언가를 필요로 하는 존재가 아니다. 우리가 그런 존재다. 하나님은 우리에게 의존하지 않으신다. 그러나 그분이 없는 우리는 의지할 데 없는 연약한 존재에 불과하다. 하나님께서 미래를 결정하시기 때문에, 우리는 예수 그리스도 안에서 우리를 위한 그분의 고난에 대해 확신을 가질 수 있다. 고통 없는 세상에서 누릴 영원한 평화와, 하나님은 우리의 모든 것이 되신다는 확신 말이다.

5장

거기 위에 누가 계신가요?

임신 중 체내 호르몬 변화로 인해 심한 우울증에 빠졌던 나의 아내에게 시편 51:12의 부르짖음은 곧 그녀 자신의 부르짖음이었다. "주의 구원의 즐거움을 내게 회복시켜 주시고 자원하는 심령을 주사 나를 붙드소서." 어두운 생각의 그림자조차 없었던 그녀가 이제는 불신의 바닷속에 빠지는 위협을 느끼게 된 것이다.

리사는 나와 달리 하나님과 그분의 목적에 대해 실제로 의심한 적이 없었다. 비록 우리는 비슷한 기독교 가정에서 자랐지만 문제를 해결하는 방식은 서로 사뭇 달랐다. 그녀는 내가 하나님께 내 의견을 표현하는 방식과 하나님께서 문제를 해결하시는 방식, 하나님에 대한 작은 실망 때문에 늘어놓는 불평들 때문에 종종 혼란을 느끼곤 했다.

하지만 현재 상황은 완전히 정반대다. 리사는 지금, 부분적으로는 화학적 이유 때문이기도 하지만, 실제로 우울증에 빠졌다. 나는 어려운 일이 있을 때 하나님께 소리 내어 표현하지만, 리사는 조용하게 혼자서 분노한다. 그런 그녀에게 하나님은 수만 리 떨어져 있는 분으로 느껴진다(아니 어쩌면 너무 가까이 계신지도 모른다). 하나님께서는 의도적으로 리사를 시험하시는지도 모른다. 이런 상황은 리사로 하여금 하나님의 선하심에 대해 의심을 갖게 만들었다. 리사가 계속 입을 다물었다면 그녀는 모든 소망을 포기했을지도 모른다.

그러나 그녀 스스로 아무것도 할 수 없는 그 순간에 하나님께서 그녀의 믿음을 지탱해 주셨다. 절망에서 희망으로 주목할 만한 변화를 나타내는 확실한 전환점—특정한 날이나 주—은 없었다. 우리는 성경을 통해 우리가 죄인인 동시에 의인이며, 의심하는 자인 동시에 신자임을 알고 있었으므로 이 둘은 항상 함께 존재했다. 리사는 그녀 자신에게 스스로 말씀을 선포할 수는 없음을 깨달았다. 그녀는 자신의 내적 경험과는 다르게 외적으로 그녀에게 복음을 선포해 줄 누군가, 하나님께서 보내신 그 누군가가 필요했다. 우리가 위기에 처했을 때 할 수 있는 가장 중요한 일은 교회에 달려가는 것이다. 교회는 바로 우리의 개인적 판단과 상반되는 '외적 말씀'이 하나님의 사자를 통해 선포되는 곳이다. 우리의 내적 경험과 생각의 흐름에 반대되는 이 선포는 히말라야에서 쏟아지는 물살처럼 흘러내린다. "네 죄가 용서함 받았다. 평안히 가라." 그곳은 바로 그리스도께서 당신 자신을 우리에게 새롭게 주시는 곳이요, 성찬을 통해 우리의 구원을 향한 당신의 신실함을 인치시는 곳이며, 당신의 자비로운 임재, 고백, 기도, 찬양을 통한 성도와의 교제를 가능케 하시는 곳이다. 우리의 걱정, 의심, 두려움, 유혹에도 불구하고 그곳이 바로 우리의 자리가 된다. 조롱꾼 및 교만한 자들과 함께하는 자리가 아니라 동료 순례자들과 함께하는 자리다.

　점차적으로 여러 요소들(출산 이후의 호르몬 변화 및 시험을 통해 새로워진 단순한 진리에 대한 경이)이 복합적으로 작용하면서, 리사는 다시금 감사의 눈으로 천국을 바라보게 되었다. 조산한 세쌍둥이와 두 살배기 아들을 통해 다시금 겪게 된 엄청난 새로운 시험 앞에, 아내와 나는 하나님께 의지하는 삶의 겸손뿐 아니라 그 안에 감추인 엄청난 보화를 발견하게 되었고, 우리의 이웃 및 성도들과의 교제는 하나님께서 우리에게 오실 때 그 얼굴에 쓰시는 놀라운 '가면들'처럼 느껴졌다.

　우리 시대는 신체적 진단과 영적 진단 사이에 잘못된 선택을 강요하는 경향이 있다. 우리는 흔히 약으로 고칠 수 있는 화학적 불균형에서 기인된 우울증과 악마적 억압, 죄, 하나님을 불신하는 것에서 비롯된 우울증을 구별하는 경향이 있다. 전자가 무신론적 물질론에 이르는 길이라고 한다면, 후자는 육체적 실체를 부정하는 영지주의로 이어질 수 있다. 정신적 질환들을 순전히 육체적 증세에 따라 진단하고 치료할 수 있다는 사실이, "하늘의 정사와 권세 잡은 자들"이 우리의 육체적 약함을 하나님의 은혜의 약속에 대한 확신을 약화시키는 데 사용하지 않는다고 보장할 수는 없다. 의학을 통해 우리의 육체적 건강을 증진시킬 수 있다면, 우리는 또한 그리스도께서 복음을 통해 주시는 영적 무기들을 가지고 시험을 이기도록 준비해야 한다.

　우리의 몸과 영혼을 칼로 베듯 나눌 수 없는 것처럼, 우리는 육체적 우울증과 영적 우울증(또는 고통의 매듭들)을 따로 풀어낼 수 없다. 양자 모두 똑같이 실제적이며 서로 영향을 주고받는다. 그래서 심한 육체적 고통은 종종 영적인 의심을 가져오며, 그 반대의 경우도 마찬가지다. 이 모든 문제의 핵심에 하나님의 임재에 관한 물음이 있다. 우리가 하나님을 가장 필요로 할 때 과연 하나님은 어디에 계시는가? "거기 위에 누가 계신가요?" 방관자의 입장에서 신문을 읽고 있을 때보다 삶의 한가운데에서 고민하고 싸울 때 우리는 이런 질문을 던지게 된다. 만일 이 질문을 던지지 않는 사람이 있다면 그는 살아 있지 않은 것이라고 해도 과언이 아니다.

현실적인 의미에서 하나님은 거기에 계시지 않는다. 이 말은 하나님은 우리가 필요할 때마다 바로바로 경험할 수 있는 존재는 아니라는 의미다. 중세 신학자들이 데우스 압스콘디투스(*Deus absconditus*, 숨겨진 하나님)에 대해 사색하기 훨씬 전 시대를 살았던 예언자 이사야는 다음과 같이 부르짖었다. 최근 급진적 신학자들이 '신의 죽음'이라고 부르는, "구원자 이스라엘의 하나님이여, 진실로 주는 스스로 숨어 계시는 하나님이시니이다"(사 45:15). 이 얼마나 이상한, 그리고 명백히 모순되는 표현인가! 스스로를 숨기시는 하나님이 바로 우리의 구원자란 말인가? 포로생활을 하던 이스라엘 백성들은 왜 하나님께서 당신의 얼굴을 그들로부터 돌리셨는지, 왜 그들로 하여금 하나님의 임재 없이 버려진 상태에 놓아두셨는지 질문을 던질 수밖에 없었다. 근래의 위기들은 또한 20세기에도 존재했던 위기들이며 아마 그와 견줄 만큼 끔찍한 신학도 없을 것이다. 자유주의 신학의 낙관주의는 항상 축복만 하고 결코 우리를 심판하지 않는, 언제나 우리에게 호의적인 하나님의 섭리만을 인정하고 찬양한다. 여기서 말하는 섭리란 인간의 진보를 위해 덤으로 주어지는 동력과 같은 것이다. 철학적 사변의 결과이든 혹은 개인적 경험의 결과이든(둘 다일 가능성이 많다), 하나님의 임재는 우리 시대에 더 이상 당연한 것으로 간주되지 않는다.

심지어 홀로코스트 이전인 '계몽 시대'에도 절망에 빠진 인간의 모습이 당연한 것으로 받아들여졌는데, 이는 마치 아물지 않는 상처를 대하듯 치료에 대한 기대를 하지 못한 채 무작정 참아 내야 하는 고통과 같이 여겨졌다. 「비극의 탄생」(*The Birth of Tragedy*, 1872)에서 프리드리히 니체는 아폴론과 디오니소스에 대한 고전 신화를 소개한다. 아폴론은 빛과 질서, 온전함의 신이요, 디오니소스는 어두움과 무질서, 광기의 신이다. 아폴론은 천상의 신이요, 디오니소스는 자연의 신이다. 아폴론은 자신을 잘 다스리고 다른 이들도 그와 같이할 것을 기대하는 반면, 디오니소스는 거칠고 술에 절어 음악과 방탕함에 자신을 내맡기는 신이다.

아폴론보다 디오니소스에게서 자신들의 모습을 발견한 니체와 그의 제자들은, 언젠가 '초인'—세상을 정복할 권력에의 의지를 지닌 디오니소스적 영웅—이 도래할 날만을 기다린다. 이 영웅은 '열등'한 유대인 신화에 나오는 신, 우리에게 연약한 상태 그대로 이 세상에서 주어진 운명을 받아들일 것을 가르치는 성경적 하나님과는 날카롭게 대비된다. "십자가에 달린 신은 삶에 대한 저주요, 삶으로부터의 구속을 추구하는 증표다." 하지만 "디오니소스는 삶에 대한 약속이자, 파괴로부터 다시 태어나고 다시 돌아오리라는 영원한 약속이다."[1] 니체의 글을 보면 이 영웅은 원래 신을 추구하던 광인이었으나, 마지막에는 신의 죽음을 선언하게 된다.

"신은 어디에 있는가?" 그는 부르짖었다. "내가 대답해 주겠다. 우리,
곧 당신과 내가 그 신을 죽였다. 우리 모두는 그를 죽인 살인자들이다.
그러나 우리가 어떻게 이 일을 했겠는가? 어떻게 우리가 바닷물을 다
들이마실 수 있단 말인가? 그 누가 수평선 전체를 흡수해 버릴 만한
거대한 스펀지를 우리에게 주었단 말인가? 이 지구를 태양의 굴레로
부터 벗어나게 할 때 과연 우리는 무엇을 하고 있었는가? 지금 지구는
움직이고 있는가? 우리는 움직이고 있는 것인가? 태양으로부터 멀어
지고 있는가? 우리는 끊임없이 가라앉고 있는가? 뒤로, 옆으로, 앞으
로, 모든 방향으로 가라앉고 있단 말인가? 여전히 위와 아래를 구별할
수 있는가? 영원한 무한 지경에서 방황하고 있진 않는가? 텅 빈 공간
이 숨결을 느끼고 있는가? 더 차가워진 느낌이 들진 않는가? 끊임없이
우리를 옥죄는 흑암이 아니겠는가? 미명에 일어나 사용할 등불조차
우리에게는 필요 없지 않겠는가?[2]

'신의 죽음'은 이 세상을 더욱 차갑게, 더 살기 힘들게 만들지만 '초
인'은 이 광대하고 활짝 열려 있는 세상을 정복할 수 있다. 적어도
니체는, 이 무료하고 지루한 유신론과 더불어 흑암의 공허를 뛰어넘
을 수 있는 어떤 존재를 제시하고 있다.

그렇다면 루트비히 포이어바흐(1804-1872)가 신에 대해 "인간
정신이 갖는 꿈이자 인간이 만들어 낸 투사에 불과하다"라고 주장
한 것은 놀랄 만한 일이 아니다.[3] 그에게 있어 기독교의 모든 교리는

인간이 자신들의 힘과 영광스러운 숙명을 이루는 데 방해되는 장애물일 뿐이다. 그는 "이신칭의의 기독교 교리는 도덕적 노력에 대한 비겁한 부정에 근거"하고 있으며, 내세에 대한 믿음은 "탈출의 메커니즘"이라고 말했다. 훗날 마르크스가 되풀이했듯이, 포이어바흐에게 있어 종교는 사람들이 현실에 대해 제대로 느끼지 못하도록 방해하는 마취제에 불과했다.

그러나 신의 죽음을 선포하는 역할의 부담은 니체(1844-1900)의 몫이었다. 곧 이어 지그문트 프로이트(1856-1939)는 이런 비판을 유사과학적 이론으로 변형해, 종교는 삶의 트라우마를 이겨 내기 위한 심리기제나 환영에 불과하다고 주장했다. 윌리엄 제임스의 실용주의와 결합한 프로이트의 이론은, 특히 미국에서, 기독교를 하나님의 계시나 하나님에 대한 우리의 참된 필요를 보여주는 지침이 아닌, 우리가 필요로 하는 그 무언가를 보여주는 일종의 치료제로 만들었다.

지금까지 살펴본 것처럼, 우리 시대에서 발견되는 비극들이 발생하기 오래전부터 근대는 하나님 없이 사는 삶을 준비해 왔다. 즉, "거기 위에 누가 계신가요?"라는 질문을 제기한 것은 우리가 처음이 아니라는 말이다. 하나님의 임재와 그분의 가까이 계심에 대한 질문은, 우리가 고통의 문제에 봉착할 때 더 절실하게 다가온다.

오 주님, 당신의 얼굴을 우리에게서 돌리지 마옵소서
모세가 하나님의 얼굴 보기를 구했을 때 하나님은 "네가 내 얼굴을 보지 못하리니 나를 보고 살 자가 없음이니라"고 경고하셨다(출

33:20). 이스라엘 백성들이 율법을 받기 위해 시내 산에 다다랐을 때 하나님은 모세에게 산 주변에 경계를 두도록 명하셨다. "내려가서 백성을 경고하라. 백성이 밀고 들어와 나 여호와에게로 와서 보려고 하다가 많이 죽을까 하노라"(출 19:21). 하나님의 말씀, 번개, 천둥, 연기에 겁먹은 그들은 하나님께 말씀하지 마시기를 간구했다(출 19:16-25, 20:18-21). 대신 몇 주 후 그들은 보다 '구도자 친화적'인 형태의 금송아지를 만들어 섬기기 시작했다. 자신들이 만들었기 때문에 스스로 조종할 수 있는 신을 만들어 낸 것이다(출 32장). 우상숭배의 본질은 참된 하나님을 만나기 두려워하는 것이며, 이것은 그분의 거룩함 앞에 우리의 죄악된 모습이 드러나고, 따라서 두려움을 안겨 주기 때문이다.

그러므로 성경적 역사를 통틀어 (일반 역사를 포함해) 권능과 영광의 하나님으로부터 도망치려는 모습들이 여러 곳에서 관찰된다. 우리의 양심은 하나님을 증거하지만 우리의 악함은 이 사실을 억누르려 한다. 우리는 깊이 갈라진 틈을 만들어 무지함(회의주의)에 호소하거나, 우리의 상상이나 필요(우상숭배)를 좇아 하나님을 대치하고 투사한다. 우리는 너무 멀리 있어 어떤 해도 끼칠 수 없고 우리를 위협할 수 없는 신, 혹은 친절하고 유용하며 심판하지 않는다고 여겨질 만한 아주 가까이에 있는 신을 만들어 낸다. 과연 이런 신들은 우리 자신의 투사에 불과하다(롬 1-2장). 이런 점에서 포이어바흐, 마르크스, 니체, 프로이트는 많은 현대 신학자들보다 더 유능한 사람들이다. 종교는 사실 우리가 느끼는 필요의 투사요, 우리의 죄를 가리기 위한 무화과나무 잎이며, 눈부신 하나님의 영광으로부터 우리가 숨을 수 있는 금송아지다. 이런 종교는 계시가 아니다. 세상 종교는 우리의 갈망을 표현한다. 하지만 계시는 하나님의 갈망을 전달한다.

시내 산에서 이스라엘 백성들의 불순종 이후 하나님의 임재는 계속해서 문제가 되었다. 이렇게 말하니 이상하게 들리지 않는가? 우리는 대개, 하나님과의 관계에 있어 진정한 문제는 무신론—곧 하나님의 부재—이라고 생각한다. 그러나 실제로 하나님의 계시를 경험했던 이스라엘 백성들의 경우는 오히려 하나님의 임재가 문제를 불러일으킬 수도 있다는 사실을 가르쳐 준다. 만일 하나님이 죄에 빠진 자신의 백성들 중에 계속 거하신다면 그분은 진노로 그들을 치실 수도 있다. 그렇다. 그러나 그렇게 되면 모세가 출애굽기 32장에서 말한 것처럼, 세상 사람들은 하나님께서 이스라엘 백성을 이집트에서 불러내어 사막에서 죽게 하셨다고 말할 수 있다. 그래서 하나님은 그들의 백성 중에 거하셨으나 "진 밖에" 거하셨던 것이다. 그분의 영광은 장막 안에 숨겨져야만 했다.

종교는 하나님과 우리 사이에 아무런 문제가 없다고 가정한다. 우리는 기본적으로 선한 사람이고 하나님은 오직 사랑만 하실 수 있는 분이라고 생각한다. 우리는 하나님을 우리 편에 두고 있는 것이다! 그러나 계시는 이 기분 좋은 분위기를 헤쳐 버린다. 하나님의 임재는 축복일 뿐만 아니라 위험으로 다가오기 시작한다. 하나님과 우리 사이에 거리가 필요한 것이다.

하나님께서 그 백성들을 약속의 땅으로 이끄신 후, 마침내 솔로몬은 휘황찬란한 성전을 하나님 앞에 봉헌했고, 하나님께서 임재하시는 이 땅의 성전은 영광의 구름으로 가득 채워졌다. 일 년에 한 번 대제사장은 지성소에 들어가 속죄소 위에 희생의 피를 뿌려야 했다. 그리고 속죄양의 머리에 안수하여 이스라엘의 모든 죄를 짊어지게 한 뒤 광야로 내보냈다. 그러나 이스라엘의 죄는 점점 더 커져만 갔고, 이제는 야훼 하나님으로부터 떠나 이방의 신들을 섬기기 시작했다. 하나님의 영광은 에덴에서 그랬듯 성전을 떠나갔고, 하나님의 성전은 다시금 하늘로 옮겨져야 했다. 하나님은 당신의 얼굴을 이스라엘로부터 숨기셨고, 이스라엘 백성들은 곧 사로잡힌 바 될 운명에 처했다.

이런 상황에서 이사야는 예언자로 부름받았다. 비록 하나님께서는 당신의 얼굴을 야곱의 집에서 거두셨지만, 이사야와 남은 자들은 하나님에 대한 소망을 저버리지 않았다(사 8:17). "내가 넘치는 진노로 내 얼굴을 네게서 잠시 가렸으나 영원한 자비로 너를 긍휼히 여기리라. 네 구속자 여호와께서 말씀하셨느니라"(사 54:8). 하나님의 가까이 계심과 멀리 계심은 공간적 용어로 은유적으로 표현되었지만(가깝고/멀고, 위/아래), 요점은 창조주와 창조물 사이의 질적 구별이다. "이는 내 생각이 너희의 생각과 다르며 내 길은 너희의 길과 다름이니라. 여호와의 말씀이니라. 이는 하늘이 땅보다 높음 같이 내 길은 너희의 길보다 높으며, 내 생각은 너희의 생각보다 높음이니라"(사 55:8-9).

이스라엘 백성은 그들의 '숨겨진 하나님'을 볼 수 없다는 사실을 깨달아야 했다. "나를 보고 살 자가 없음이니라." 만일 죄인들이 구원받기를 원한다면, 그들은 먼저 말씀을 통해 계시된 하나님을 받아들여야 한다. 거짓된 종교로부터 벗어나, 이스라엘 백성은 그들 자신의 상상과 사색, 경험을 자신들의 신앙과 실천의 근거로 삼는 태도를 버리고, 오직 복음의 약속에 의지하고 하나님의 법을 따라야 한다. 그러므로 성전과 약속의 땅에서 유배된 와중에도 남은 자들은 하나님의 자비로운 임재를 누리며 살 수 있었다.

하지만 하나님은 왜 숨어 계시는가?

하나님은 어디에나 계신다. 그렇지 않은가? 우리는 하나님의 무소부재를 믿고 있지 않은가? 확실한 것은 하나님은 영이시며, 이 우주는 하나님을 제한할 수 없다는 점이다(대하 2:6). 그러나 이 사실이 과연 지금 우리에게 어떤 도움이 될까? 이것은 하나님의 존재를 증명하려는 시도와 다름없다. 그러나 만일 우리가 하나님의 존재를 증명할 수 있다면 상황이 어떻게 될까? 한 찬송시가 고백하듯 만일 우리가 "나부끼는 풀잎 사이에 지나는 그분의 소리를 들을 수 있다면," 그리고 "모든 곳에서 우리에게 말씀하시는 그 목소리"를 들을 수 있다면 어떨까? 그러나 더 중요한 질문은 이런 것들이다. 그분은 무엇을 말씀하고 계시는가? 우리는 그분의 임재를 정복자, 혹은 해방자로 경험하고 있는가? 그분의 목소리가 우리에 대해 양심의 심판을 확증하시고 계시는가? 하나님을 모르는 이들을 구속하시고 의롭다 하시는 음성을 듣고 있는가? 하나님은 우리 편에 계시는가? 하나님의 임재는 애매모호하게 느껴지거나, 혹은 복음을 떠나 있는 최악의 경우에는 무시무시한 현실일 수밖에 없다.

심지어 니체도 이 점을 이해했다. 신이 단순히 존재하고 무소부재하며 우리가 이해할 수 없는 초월적 존재라는 사실은 우리와 상관이 없다. 만일 '천상의 영역'이 존재한다고 해도 "그런 지식은 모든 지식 중에 가장 쓸데없는 지식이다."[4] 만일 하나님이 거하시는 '다른 세상'이 존재한다면 어떻게 될까? 만일 그분의 임재가 세상을 가득 채운다고 해도 이것이 우리의 경험에 어떤 의미를 가질 수 있을까? 지저분한 도랑이 그랜드캐니언이 될 수 있겠는가?

이스라엘 민족에게 있어 이 문제는 하나님의 초월(거리둠)과 내재(가까움)에 대한 단순한 철학적 문제가 아니라, 정말 추하고 더러운 윤리적 도랑이었다. 하나님의 임재와 존재 자체는 죄 많은 우리에게 전혀 좋은 소식이 될 수 없다. 만일 우리가 본질적으로 의롭다면, 모든 면에서 하나님의 거룩한 의지에 충실하게 합일한다면, 하나님의 무소부재는 정말 좋은 소식일 수 있다. 그러나 아담과 하와는 상황을 그런 식으로 이해하지 못했다. 죄를 지은 그들은 이전에 주어진 하나님의 친밀한 임재로부터 떠나가야 했다. 그들은 창조주로부터 구별될 장막도 없었으니, 에덴동산 전체가 하나의 거대한 지성소였다. 이와 유사하게, 이스라엘 백성은 하나님께서 당신의 거룩함 가운데 임하셔서 말씀하셨을 때, 처음에는 호기심에 폭풍의 한가운데를 쳐다보았지만 이내 곧 하나님께 더 이상 말씀하지 마시기를 간구했다.

하나님의 위엄, 권능, 영광, 거룩함, 정의의 소식은 죄 없는 이들에게만 위로가 될 수 있다. 이것이 바로, 하나님께서 당신의 자비하심으로 하나님의 얼굴 보기를 구하던 모세의 요청을 거절하고 오직 뒷모습만을 보여주신 이유다. 하나님은 당신의 선하심과 자비로 말씀하신다. "내가……여호와의 이름을 네 앞에 반포하리라. 나는 은혜 베풀 자에게 은혜를 베풀고 긍휼히 여길 자에게 긍휼을 베푸느니라"(출 33:19).

참된 구도자이신 하나님의 은혜로 구속된 아담과 하와와 마찬가지로, 하나님은 우리에게 복음을 허락하시고 무화과나무 잎으로 만들어진 치마 대신 희생의 가죽옷을 입히셨다. 이제 이스라엘 백성은 그들을 위해 간구하며 속죄소 위에 희생의 피를 뿌린 대제사장을 통해 하늘의 위로를 받을 수 있게 되었다. 앞으로 살펴보겠지만 욥의 삶은 하나님의 임재가 왜 부담(위협)이 될 수 있는지를 보여준다. 하나님의 의로움, 거룩, 정의, 영광을 인정하는 이들에게 하나님의 임재는 심판과 형벌과 쉽게(정확하게) 상관할 수 있다. 복음을 통해 우리에게 선언된 바와 같이 하나님의 선하심을 떠나 우리가 경험할 수 있는 것은 오직 하나님의 임재에 대한 두려움뿐이다. 물론 이것은 우리가 우리 자신의 의롭지 못함을 숨기지 않았을 때에만 인지할 수 있는 사실이다.

마틴 루터에 의하면, 영광의 신학자들은 하나님을 모든 장소와 사물에서 발견한다. 하나님은 어디에서나 나타나시며 그분의 임재는 언제나 행복한 상황을 연출해야 한다. 그러나 우리는 이미 하나님의 무소부재하심을 인정하고 있지 않은가! 그렇다. 루터와 다른 종교개혁자들이 비판한 것은 이런 것이 아니다. 종교개혁을 통해 루터와 칼빈이 이루고자 한 것은 다음과 같다. 영광의 하나님을 중재자 없이 직접 만나기를 구하는 자들에게는 "하늘이 하나님의 영광을 선포"하는 것으로도 충분하다(시 19:1). 그런 신학은 복음의 특별 계시가 필요하지 않다. 바울이 로마서 첫 장에서 말한 것처럼 심지어 이방인들조차 단순히 자연만 바라보아도 하나님을 발견할 수 있기 때문이다. 그들은 하나님의 위엄을 두려움 없이 묵상할 수 있다고 생각하는데, 이것은 그들이 그들 자신을 잘 모르기 때문이다. 그러나 자신을 절박한 죄인이라고 여기는 자들에게 이런 사실은 위로가 되지 않는다.

칼빈은 「기독교 강요」(Institutes of the Christian Religion)의 첫 부분에서 이 사실을 분명히 했다.[5] 별빛 반짝이는 밤, 한여름의 시원한 산들바람, 순회 관현악단의 연주, 드라마틱한 공연들, 그리고 하나님의 영광을 가시적으로 보여주는 증거들—불타는 램프처럼 빛나는—은 오직 우리 자신을 대적해 증언하는 우리의 양심을 오히려 확증할 뿐이다. 관현악단이나 저물어 가는 노을의 아름다움, 이 우주의 광대함은 사람들로 하여금 그 벌어진 입을 다물 수 없게 한다. 철학자 임마누엘 칸트가 말했던 것처럼, 저 하늘 위에 빛나는 별들과 우리 안에 존재하는 도덕률은 부인할 수 없는 진리다. 그러나 이런 많은 지식들도 이 질문 하나에 답하지 못한다. 이 혼동의 한가운데 있는 나에게, 또 우리에게 꼭 필요한 그 하나님은 바로 지금 어디에 계시는가? 하나님이 추상적으로 '모든 곳'에 계심을 아는 것은, 그분이 나의 유익을 위해 가까이 존재하신다는 사실을 알기 전에는 아무런 위로가 되지 못한다. 이 문제가 해결되기 전에는, 가시적인 방식을 통해 하나님에 대한 일반적 지식을 얻게 되는 것은 절망 외에 그 무엇도 가져다주지 못한다.

하나님의 영광은 하나님의 존재와 완전함을 증거하지만, 하나님께서 나의 구원에 관심을 갖고 계신다는 사실을 증거하지는 않는다. 하나님의 영광은 하나님과 나를 화해시키지 못한다. 이는 또한 하나님을 모르는 자들을 의롭다고 선언하지 못하며, 오히려 하나님의 크심과 하나님의 사역 가운데 우리의 작음을 선언할 뿐이다(시 8편). 우리의 구원을 위한 하나님의 뜻을 드러내기 위해서는 자연에 보이는 영역 그 이상이 필요하다. 우리에게는 일반적 약속이 아닌, 나에게만 주어지는 특별한 약속이 필요하다. "내가 너의 죄를 용서했으니 내게로 오라. 두려워 말라." 이러한 약속이 없다면 하나님의 임재 가운데 서 있는 것은 위험한 일이다.

창조와 구속에 대한 하나님의 사역을 묵상했던 시편 기자는 다음과 같이 고백한다. "주의 길이 바다에 있었고 주의 곧은 길이 큰 물에 있었으나 주의 발자취를 알 수 없었나이다"(시 77:19). 이것은 우리가 겪는 시험들과 연관해 중요한 의미를 갖는다. 우리는 하나님의 자취를 하나님의 섭리로 해석하려는 성향이 아주 강하기 때문이다. 신비주의자와 합리주의자들은 이 심연 속에서 흥청대며 떠든다. 이스라엘 백성은 쳐다보지 말 것을 경고하신 감추어진 하나님을 인정하기보다는, 자신들의 에너지와 열정을 하나님의 비밀을 규명하고 사색하며, 의견을 말하고 경험하며 상상하는 데 쏟아부었다. 그러나 반대로 그들이 만나게 될 하나님은 불붙는 진노의 하나님이다. 이는 마치 거대한 대양의 큰 파도에 한순간 경외감을 가졌다가, 그 파도의 힘에 의해 순식간에 모든 것을 잃어버리게 되는 상황과 유사하다.

하나님은 자신을 신뢰하고 그 날개 그늘 아래 숨는 자들을 숨겨

주시지만(시 17:8), 그분은 또한 당신의 대적들에게 그 얼굴을 숨기신다(시 10:11). 엄청난 죄를 지었던 시편 기자는 하나님께 그 얼굴을 숨기시지 말 것을 간구한다(시 51:11). 하나님은 은신처이시나(시 32:7), 하나님께서 진노로 임하실 때 이 땅의 거민들은 하나님의 영광보다는 차라리 돌들이 자신들의 머리 위로 떨어질 것을 구하게 될 것이다(계 6:16). 그러므로 하나님은 은신처인 동시에 우리가 우리 자신을 감추는 이유이기도 하다. 하나님은 우리에게 있어 엄청난 문제일 뿐만 아니라 해결책이다. 하나님의 임재는 최악의 소식인 동시에 최고의 소식이며, 가장 무서운 위협인 동시에 가장 큰 기쁨의 위로가 된다. 창세기부터 요한계시록까지, 하나님의 임재와 그 얼굴을 이야기할 때 우리에게는 표현할 수 없는 기쁨부터 극심한 공포에 이르는 투쟁과 서투름이 있다

이런 사실은 이 주제를 너무도 하찮게 다루는 현대인들의 태도와 크게 대조된다. 우리는 하나님이 우리 곁에 가까이 계시며, 더 이상 듣고 말할 여지도 없이 이것은 좋은 소식이라고 가정한다. 반대로 삶의 특정한 상황 속에서 고통받고 있을 때면 하나님이 아주 멀리 계신다고 생각한다. 그러나 바울이 자신의 고통을 통해 증거했던 것처럼, 십자가가 우리 삶에 드리워지는 바로 그 순간 하나님은 우리에게 가장 가까이 계신다. 이것은 역설이다. 우리의 경험은 진리와는 다르기 때문이다. 눈에 보이는 것은 실제와는 차이가 있다. 하나님은 우리가 그분을 가장 경험하지 못하는 때, 우리의 삶에 가장 친밀하게 관여하신다. 일상 경험에서 겪는 이런 모순은 자연과학에서 많이 찾아볼 수 있다. 옛날에 사람들이 지구가 평평하고 태양과

달의 크기가 비슷하며 지구가 우주의 중심이라고 생각했던 것은 충분히 이해할 수 있는 생각이다. 결국 이것은 일반인들이 일상에서 경험하는 우주의 모습과 일치한다. 그러나 현재 우리는 우주에 대해 과거보다 더 많이 알고 있다. 더 철저하고 정교한 분석이 우리의 일반적 개념들에 도전했기 때문이다. 그렇다면 하나님의 계시가 주어질 때, 우리가 일상적으로 하나님을 경험하는 방식이 얼마나 잘못되었을지 상상이나 할 수 있을까!

복음을 떠나 살펴보면 하나님의 임재는 애매모호하게 느껴질 뿐이다. 예언자 아모스를 통해 주어진 말씀이 우리에게는 해당되지 않는다고 어떻게 단언할 수 있는가?

> 화 있을진저 여호와의 날을 사모하는 자여. 너희가 어찌하여 여호와의 날을 사모하느냐. 그날은 어둠이요 빛이 아니라. 마치 사람이 사자를 피하다가 곰을 만나거나 혹은 집에 들어가서 손을 벽에 대었다가 뱀에게 물림 같도다. 여호와의 날은 빛 없는 어둠이 아니며 빛남 없는 캄캄함이 아니냐(암 5:18-20).

왜 우리는 하나님의 나타나심이 좋은 소식일 것이라고 생각하는가? 적어도 니체는 오늘날 우리가 우리 자신을 아는 것보다 자신에 대해 더 잘 알았다. 그는 하나님과 자신 둘 중의 하나는 부정되어야 한다는 사실을 잘 알았다. 그는 하나님께서 인류를 구원하기 위해 이 땅에 오셨다는 제3의 가능성을 생각하지 않았을 것이다. 니체는 '초인'에게 구원이 필요하지 않다고 생각했기 때문에, 하나님의 임재는 그 자신의 죽음을 의미하는 것으로 결론 내렸다. 니체는 이것이 바로 자신의 광기의 원인이라고 인정했고, 실제로 그는 미친 상태로 죽음을 맞았다. 그러나 그 어디에도 숨을 곳은 없었다.

하나님께만 속한 비밀들

전도자는 말하기를, "너는 하나님 앞에서 함부로 입을 열지 말며 급한 마음으로 말을 내지 말라. 하나님은 하늘에 계시고 너는 땅에 있음이니라"고 가르쳤다(전 5:2). 몇몇 대담한 영혼들은 이 가르침을 잊어버리고, 천국의 문을 열고 들어가 하나님께 속한 비밀의 방을 찾아보려고, 시도한다. 그들은 곧잘 이렇게 말한다. "하나님께서 나에게 캔자스로 이주하라고 말씀하셨습니다." "하나님께서 내게 당신을 향한 계시를 주셨습니다." "하나님께서 당신의 아들을 치유하십니다." 이런 종류의 말들은 하나님께서 예레미야로 하여금 이스라엘 백성들에게 경고하라고 말씀하신 것이다. 특별히 '거짓 예언자들'을 향한 이 고소는, 그들이 자신들의 입에 재갈을 물리기보다는 오히려 하나님의 이름을 망령되이 일컬었음을 의미한다.

> 이 선지자들은 내가 보내지 아니하였어도 달음질하며 내가 그들에게 이르지 아니하였어도 예언하였은즉……여호와의 말씀이니라. 나는 가까운 데에 있는 하나님이요, 먼 데에 있는 하나님은 아니냐……여호와의 말씀이니라. 보라. 그들이 혀를 놀려 여호와가 말씀하셨다 하는 선지자들을 내가 치리라. 여호와의 말씀이니라. 보라. 거짓 꿈을 예언하여 이르며 거짓과 헛된 자만으로 내 백성을 미혹하게 하는 자를

내가 치리라. 내가 그들을 보내지 아니하였으며 명령하지 아니하였나니 그들은 이 백성에게 아무 유익이 없느니라. 여호와의 말씀이니라 (렘 23:21, 23, 31-32).

심지어 우리가 하나님의 자비로운 택하심에 대해 논의할 때조차, 우리의 자연적 호기심은 우리로 하여금 성경의 거룩한 페이지 너머를 조사하도록 인도한다. 예정에 대해 논의한 후, 사도 바울은 자신의 가르침을 추측이 아닌 찬양으로 매듭짓는다.

깊도다. 하나님의 지혜와 지식의 풍성함이여. 그의 판단은 헤아리지 못할 것이며 그의 길은 찾지 못할 것이로다. 누가 주의 마음을 알았느냐, 누가 그의 모사가 되었느냐, 누가 주께 먼저 드려서 갚으심을 받겠느냐. 이는 만물이 주에게서 나오고 주로 말미암고 주에게로 돌아감이라. 그에게 영광이 세세에 있을지어다. 아멘(롬 11:33-36).

칼빈은 말했다. "인간의 호기심은 이미 충분히 어려운 예정론을 보다 혼동스럽게 만들 뿐 아니라 심지어 위험한 지경으로 몰아간다. 금지된 길로 이리저리 방랑하며 언덕 끝자락까지 올라가 보려는 그들의 호기심은 주체할 수 없다. 만일 가능하기만 하다면, 그들은 하나님에 관한 모든 것을 알아내려 들 것이다."[6] 이것은 칼빈이, 우리가 하나님의 비밀스러운 예정론에 대해 고민하기보다는, 그분을 통해 우리가 선택되었고 하나님 안에서 구주로 계시된 그리스도를 묵상해야 한다고 주장한 이유다.

우리는 하나님께서 당신의 신비 가운데 깊이 감춰진 그분의 영역에서 어떤 결정을 하시는지 알 수 없다. 우리는 단지 하나님께서 근접 불가능한 당신의 빛을 겸손과 연약함으로 감추시고 우리에게 내려오셨다는 사실을 알고 있을 뿐이다. 우리는 하나님께 올라갈 수 없지만, 하나님은 우리에게 내려오실 수 있다. 이것이 복음의 핵심이요, 고통 중에서도 우리를 지탱해 주는 힘이다. 우리가 사다리의 첫 가로대를 오를 수 없을 때, 우리 믿음의 불꽃이 깜빡깜빡 꺼져갈 때, 우리의 구주는 우리를 짊어지고 죽음의 골짜기를 걸어가신다.

하나님 자신을 계시하는 주도권을 쥐신 분은 하나님이다. 하나님께서 이 세상을 지으셨지만, 지으신 만물(자연계시) 안에서도 그분은 여전히 숨어 계신다. 우리는 그분을 권능과 위엄의 하나님, 통치자, 지혜로운 창조자, 섭리하시는 분, 심판자로 알고 있다. 그러나 에덴의 동쪽에 거하며 개인적 죄와 집단적 죄에 물들어 있는 우리에게 이런 지식이 무슨 의미가 있는가? 우리가 엄청난 시험과 유혹 가운데 있을 때, 우리의 양심이 (우리의 경험처럼) 우리를 고소한다. 그러나 복음은 하나님과 우리 사이의 거리를 우리와 전도자 사이의 거리만큼이나 좁혀 준다(롬 10:8).

"추수는 지난 일이요, 여름은 끝났으며, 우리는 구원받지 못했다"
때가 이르매 "말씀이 육신이 되어 우리 가운데" 거하셨다[문자적으로 해석할 때, "당신의 천막을 치시매"](요 1:14). 연기와 폭풍으로 인해 접근할 수 없었던 그 산에서 말씀하시던 바로 그 말씀이 성육신하셔서, 한 명의 유대인으로 이 땅에 오셨다. 자신의 놀라운 광채를 가리고 오신 그분은 능력, 영광, 심판으로 오신 것이 아니라 약함, 겸손, 고통받는 모습으로 오셨다. '신-인간'이신 예수 그리스도 안에서, 파괴된 성전 대신 진정한 성전이 재건되었다. 헤롯 성전의 성소와 지성소를 나누던 휘장과 같이 그분의 몸이 찢기셨고, 자신의 피를 통해 우리에게 지성소로 나아갈 수 있는 길을 열어 주셨다. 대제사장이신 동시에 희생양이신 그분은, 심판과 파괴가 아닌 자비로 우리에게 임하신 하나님의 임재 자체다.

그러나 우리는 여전히 이스라엘과 더불어 유배 가운데서 "추수할 때가 지나고 여름이 다하였으나 우리는 구원을 얻지 못한다"고 말하고 있다(렘 8:20). 심지어 십자가와 부활의 사건 이후에도 여전히 하나님 나라의 완성을 기다리고 있다. 베드로는 다음과 같이 말한다.

사랑하는 자들아, 내가 이제 이 둘째 편지를 너희에게 쓰노니 이 두 편지로 너희의 진실한 마음을 일깨워 생각나게 하여, 곧 거룩한 선지자들이 예언한 말씀과 주 되신 구주께서 너희의 사도들로 말미암아 명하신 것을 기억하게 하려 하노라. 먼저 이것을 알지니 말세에 조롱하는 자들이 와서 자기의 정욕을 따라 행하며 조롱하여 이르되, 주께서 강림하신다는 약속이 어디 있느냐, 조상들이 잔 후로부터 만물이 처음 창조될 때와 같이 그냥 있다 하니……주의 약속은 어떤 이들이 더디다고 생각하는 것 같이 더딘 것이 아니라. 오직 주께서는 너희를 대하여 오래 참으사 아무도 멸망하지 아니하고 다 회개하기에 이르기를 원하시느니라(벧후 3:1-4, 9).

하나님의 구원에는 우리가 아직 경험하지 못한 것들이 포함되어 있다는 사실을 알지 못하면, 위기의 순간에 우리는 우리 자신과 다른 사람들을 돕지 못한다. 우리의 운명은 안전하게 정해졌지만, 이 사실이 우리가 가는 순례길에 비극이 없을 것이라고 보장해 주지는 않는다.

이 중간 시대에 명백한 하나님의 부재도, 사실은 세상에 드러나 보이는 현상―혹은 세례받기 이전의 경험, 곧 비극에는 분명한 기원이 없으며 (정치적 실수로 인한 경우를 제외하고) 따라서 하나님의 계획에 속해 있다고 해서 희망을 가질 근거는 충분치 않다고 보는 태도―과는 정반대다. 불의, 탐욕, 가난, 잔인함, 고통, 그칠 줄 모르는 위기의 소식이 끊이지 않는 시대를 사는 우리는 하나님이, 만일 그런 존재가 있다면, 장기간 휴가를 떠나 버렸다고 여긴다. 먼 곳에 있는 마을에서 일어난 대학살이나 엄청난 대지진이 일어난 지 일주일 후, "오, 이제 우리는 왜 하나님께서 그런 일을 허용하셨는지를 이해할 수 있어"라고 말하는 경우는 거의 없다. 우리는 재난을 당한 사람들이 자신들의 경험을 이성적으로 이해하고 받아들일 수 있도록 도와주기 위해 노력함으로써 오히려 그들을 모욕하는 어리석은 일을 할 필요가 없다. 특별 계시로 주어진 복음의 선포가 없이, 그리스도에 비추어 자연과 역사를 읽지 않고 인간 경험을 포함하는 자연계시만 가지고 자비로운 하나님이 존재하신다고 결론지을 수 없다.

만일 하나님께서 조롱하는 자들이 틀렸다는 것을 즉각 보여주신다면 그들에게는 회개할 기회가 있을 수 없다. 베드로가 말한 것처럼 주의 약속이 더딘 것이 아니라, 하나님은 그 누구도 멸망하지 않고 회개하여 하나님께 돌아오기를 기다리고 계신다. 왜 하나님께서 이 세상을 당장 심판하지 않으실까, 왜 불의를 내버려 두실까 하고 고민하는 대신, 과연 심판이 아직 이르지 않았음에 대해서 깊이 생각하고, 모든 것이 바로잡히며 우리가 참여했던 사악한 일들이 중단되어 가고 있는지 돌아보아야 한다. 하나님께서 악과 고통에 대해 인내하시며 우리를 급히 심판하지 않으심에 대해 우리는 과연 감사하고 있는가? 방주 안에 안전하게 들어가 있는 우리가, 밖에 있는 가족과 이웃들이 들어오지 못하도록 문을 잠그려 하고 있지는 않은가? 만물의 갱신과 고통의 종결은 최후의 심판 후에 일어날 사건이다. 우리가 장차 다가올 시대를 인내하며 기다리고 있는 동안, 우리는 또한 이 중간 시대에 죄인들을 회개케 하시는 하나님의 인내를 기뻐하며 감사해야 한다.

하나님께서 이 사악한 시대를 왜 당장 끝내지 않으시지에 대해 알았다면, 이제 우리는 모든 악을 제하실 하나님에 대한 소망을 견지해 나갈 뿐만 아니라, 하나님과 우리에게 고통을 끼치는 사람들(우리 자신을 포함하여) 사이의 신적인 화해에 참여할 수 있다. 그리스도는 피해자와 가해자 모두를 구원하신다. 하나님의 심판이 지연되는 것을 이용해 억압, 폭력, 불의를 일삼던 모든 이들은, 선포되는 하나님의 말씀을 듣고 회개해야 한다.

그들은 하나님의 영을 통해, 그리스도께서 화해의 목적을 위해 건설하신 불완전한 공동체를 통해 말씀을 받을 준비를 할 수 있다. 사회정의를 위해 일하는 흑인 목회자 존 퍼킨스(John M. Perkins)와 전 KKK 단원이었던 토미 태런츠(Tommy Tarrants)는 「그는 나의 형제다」(He's My Brother)라는 책을 함께 저술해 인종 간의 화해를 가져오는 복음의 능력에 대해 증언한 바 있다. 내가 소속된 교회는 주로 제2차 세계대전 이후 이민 온 네덜란드계 이민자들과 그 후손들로 구성되어 있는데, 그들 중에는 목숨을 걸고 유대인들을 숨겨 주었던 평범한 그리스도인들과 그들을 통해 그리스도에게 돌아온 유대인들의 이야기를 경험한 사람들이 포함되어 있다. 하나님의 심판이 지연되는 것이 더욱 향내 나는 사건일 수밖에 없음은, 회심한 사람들이 유대인들뿐만은 아니었다는 사실이다. 심지어 나치 군인과 장교들 중에서도 그리스도께로 돌아온 이들이 있었다.

최후의 심판의 지연과 전쟁, 질병, 폭력, 불의, 고통으로부터의 궁극적 안식의 지연은 단순히 통화 대기 중에 나오는 배경음악이 아니다. 이 기간은 하나님께서 당신의 구속의 목적을 성취하기 위해 두시는 생산적인 지연 기간이다. 그러므로 우리는 악을 행하는 자들을 저주받은 이들로 볼 것이 아니요, 그들 또한 우리와 같이 회개하고 회복되어야 하는 사람들로 보아야 한다. 악을 행하는 자들이 해결해야 하는 이 땅의 정의도 있지만, 지금 이 땅은 하나님의 마지막 정의를 위한 때와 장소로 무르익지 못했다. 예수의 꾸짖음을 들어야 했던 '우뢰의 아들들'은 이 사실을 어렵게 배웠다(눅 9:51-56). 야고보와 요한은 예수께서 약함과 은혜로 사명을 감당하는 동안 자신들을 위한 심판의 권세와 영광을 구했다.

세상이 가장 약한 하나님을 보았던 그 순간을 우리는 결코 잊지 말아야 한다. 하나님께서 구속의 놀라운 사역을 보여주셨던 그 순간, 부끄러움과 죄악을 짊어진 아들의 모습을 보신 하나님께서 그 얼굴을 숨기셨던 그 순간은, 출애굽의 사건조차도 그 앞에서 아무런 빛을 발하지 못하는 놀라운 사건이다. 그래서 우리는, 세상이 하나님의 부재를 보는 곳에서도 구원하시는 하나님의 임재를 믿음으로 보게 된다. 예수께서 바울에게 말씀하셨듯이, "내 은혜가 네게 족하도다. 이는 내 능력이 약한 데서 온전하여짐이라"(고후 12:9). 그래서 베드로는, 세상이 하나님의 명백한 부재에 대해 비웃고 있는 동안 교회는 하나님의 사랑을 더 가까이에서 목격하게 된다고 가르쳤다.

하나님이 두 번째 나타나실 때에 영광과 심판으로 임하실 것이기 때문에, 불신으로 가득 찬 이 세상은 하나님의 임재와 정의를 고대하지 않는다. 그러나 오늘날의 교회는 모든 영혼들이 십자가 앞으로 나아오도록 잠잠히 기다리시는 하나님의 임재를 목격하고 있다. "유대인은 표적을 구하고 헬라인은 지혜를 찾으나 우리는 십자가에 못 박힌 그리스도를 전하니 유대인에게는 거리끼는 것이요 이방인에게는 미련한 것이로되"(고전 1:22-23). 하나님께서 세상으로부터 긴 휴가를 떠나신 것처럼 보일 때조차도 그분은 사실 자신의 왕국을 건설하기 위해 부지런히 일하고 계시며, 지옥의 권세조차도 이 위대한 사역을 방해하지 못한다. 무대 뒤 보이지 않는 곳에서 그분은 죄인들을 불러 회복시키시며, 더불어 그들의 깨어진 관계들을 회복시키신다.

그러므로 종교가 "하나님은 부유하게, 인간은 가난하게 만들어 하나님은 모든 것이요, 인간은 아무것도 아닌 것처럼 만든다"라는 포이어바흐의 확신은 이제 오히려 그 머리 위로 떨어지게 되었다.[7]

"우리 주 예수 그리스도의 은혜를 너희가 알거니와 부요하신 이로서 너희를 위하여 가난하게 되심은 그의 가난함으로 말미암아 너희를 부요하게 하려 하심이라"(고후 8:9).

비극을 통해 승리를, 약함을 통해 권능을, 어리석음을 통해 지혜를 이루시는 이 하나님의 이야기는 우리의 양심, 마음과 생각이 우리를 괴롭힐 때 우리를 위로하기에 충분하지 않은가? 만일 구원의 자비 속에 임하시는 하나님의 임재가 십자가의 약함 속에서 강력하게 드러난다면, 저 하늘 위에 그 아무도 존재하지 않는 듯 보이는 순간에도 우리는 하나님을 신뢰할 수 있다. 모든 것이 하나님의 존재를 부정하는 듯 보이는 순간에도 우리는 하나님의 임재에 대한 확신을 가질 수 있다. 우리가 고통받을 때, 우리가 부당한 취급을 당할 때, 우리가 하나님을 실망시킬 때, 우리가 이 세상에서 지치고 외로울 때, 우리는 하나님을 신뢰할 수 있다. 자신들의 선배인 고대 그리스 철학자들과 더불어 이 시대의 철학자들은 이런 메시지를 어리석음, 약한 자들을 위해 준비된 목발, '민중의 아편'이라고 말할지 모른다. 그러나 유대인과 그리스인의 구별 없이, 부르심을 받은 모든 이들에게 그리스도는 하나님의 능력이요, 지혜다. 왜냐하면 "하나님의 어리석음이 사람보다 지혜롭고 하나님의 약하심이 사람보다 강하"기 때문이다(고전 1:25). 자신의 목숨을 지키고자 하는 자들은 잃을 것이요, 자신의 목숨을 버리는 자들은 찾게 될 것이다.

"그 폭이 넓고 더러운 도랑"은 우리가 건넌 것이 아니고, 하나님께서 우리를 위해 건너셨다. 하나님께서 우리를 위해 '신-인간'의 인격과 사역을 통해 다리를 건설하셨다. 우리는 우리 힘으로 이 도랑을 건널 수 없을 뿐만 아니라 우리의 이성적, 도덕적, 감성적 능력으로 하늘에 계신 하나님을 끌어내릴 수 없다. 하나님께서 우리에게 내려오셨다. 그분은 인간이 되셨을 뿐만 아니라 우리를 대신해 고통을 당하셨고, 당신의 부활을 통해 우리의 부활을 위한 보증금을 지불하셨다. 그분은 이제 말씀과 성례의 목회 가운데 우리 안에 임하신다. 바울은 다음과 같이 기록했다.

> 믿음으로 말미암는 의는 이같이 말하되 네 마음에 누가 하늘에 올라가겠느냐 하지 말라 하니, 올라가겠느냐 함은 그리스도를 모셔 내리려는 것이요, 혹은 누가 무저갱에 내려가겠느냐 하지 말라 하니 내려가겠느냐 함은 그리스도를 죽은 자 가운데서 모셔 올리려는 것이라. 그러면 무엇을 말하느냐. 말씀이 네게 가까워 네 입에 있으며 네 마음에 있다 하였으니 곧 우리가 전파하는 믿음의 말씀이라. 네가 만일 네 입으로 예수를 주로 시인하며 또 하나님께서 그를 죽은 자 가운데서 살리신 것을 네 마음에 믿으면 구원을 받으리라(롬 10:6-9).

우리 가운데 거하시는 하나님은 우리에게 영원히 좋은 소식이요, 우리의 마음을 공포가 아닌 기쁨으로 채우신다. 영광의 신학은 표적과 기사로, 이 세상에서의 성공과 인기로, 사변과 신비주의와 주관주의적 경향으로, 오늘날 교회에 편만한 승리주의의 모습으로 우리 주변에 가득하다. 십자가를 통해 위로받은 우리는 이제 이 영광의 신학을 버려야 한다. 그리스도와 함께 죽는 것에 기뻐하는 우리는 새 생명으로 다시 태어났다. 이 시대의 '초인'이 대중을 위한 아편으로 여겼던 약함을 향한 그리스도의 의지는, 근대 인간이 가졌던 권력에의 의지보다 강력하다. "이 복음은 모든 믿는 자에게 구원을 주시는 하나님의 능력이 됨이라"(롬 1:16).

6장

하나님의 의도를 알 수만 있다면

2004년 성탄절 다음 날, 인도양에서 일어난 지진으로 인한 대규모 해일이 약 2만 명의 목숨을 앗아간 사건이 일어났다. 이 소식에 온 지구인이 한 목소리로 외친 말은 바로 "왜입니까, 하나님?"이었다. CBS 뉴스 기자는 "인도의 힌두교 지도자들은 이 현상을 '지구에 감금되었던 엄청나게 큰 인간'과 더불어 행성들의 위치가 변화되면서 이런 재난이 일어났다고 설명했다"고 보도했다. 이스라엘의 최고 랍비 지도자인 슐로모 아마르는 "세상이 죗값을 치르고 있다"고 논평했다.[1] 수많은 이슬람교 성직자들은 해일은 피해자의 다수를 차지한 신실한 무슬림들이 아니라 해변을 더럽히는 기독교 관광객들에게 임한 하나님의 심판이었다고 주장했다. 다른 한편으로 하나님은 이 재난과 전혀 상관이 없다고 주장하던 다양한 색깔의 자유주의 성직자들의 목소리 역시 그 독단적 태도에 있어서는 기본적으로 전혀 다르지 않았다. 우리는 대개 하나님께서 무슨 일을 하고 계신지 정확하게 알고 있는 것처럼 말하거나(특정한 사람들의 특정한 죄 때문에 벌하시는 것이라는 주장), 혹은 정반대로 하나님이 세상을 주관하고 계신다는 사실을 부정한다. 2005년 미국 남부에 허리케인 카트리나와 리타가 지나간 후에도 비슷한 상황이 벌어졌다. 이 두 가지 극단은 모두 위기가 닥칠 때 너무도 자주 접하는 평범한 반응들이다.

내가 처음으로 편집한 책에서 전 의무국장이었던 에버렛 쿱(Everett Koop)이 유명한 신앙 치유자에 대한 탐색을 담은 장을 기고한 적이 있다.[2] 전도자들의 모임 중 하나에 참석했던 쿱은 몇몇 '치유받은' 개인들을 추적했다. 그중 한 나이 든 노인이 있었는데 청중들에게 맹인이라고 소개된 사람이었다. 전도자가 큰 성경책을 그에게 주고 밝은 빛 아래서 읽어 보라고 하자, 그는 더듬더듬 읽을 수 있었다. 드라마틱한 상황을 연출하기 위해 전도자는 그 사람에게 안경을 벗으라고 하고는 그 안경을 무대 위로 던져 부쉈다. 어두침침한 아파트로 돌아온 그 노인은 이제 성경을 읽을 수 없었을 뿐만 아니라 성경을 찾을 수조차 없었다. 안경이 없었기 때문이다. 쿱은 자신의 글에서 신앙 치유 산업의 진위에 대해 도전하며, 독자들이 하나님께서 창조하시고 유지하시는 의사들과 자연적 과정을 통해 이루어지는 하나님의 일상적 섭리에 감사와 경이의 마음을 회복할 것을 장려했다.

왜 우리는 기적적인 일들을 바랄 때만 하나님을 찾는가? 왜 우리는 암이 방사선 치료와 수술을 통해 치료될 때는 하나님께 감사하지 않고, 암 종양이 극적으로 없어져야만 하나님께서 역사하셨다고 감사하는 것일까? 다양한 인간의 수단을 통해서 상처가 차츰 아물어 가는 것 역시 기적적인 개입 못지않게 하나님의 치유를 보여주는 것이 아닌가?

이번 장의 목표는 우리의 삶과 역사의 흐름 속에서 일상적 섭리를 통해 역사하시는, 따라서 우리가 대개 볼 수 없고 알 수 없지만 우리 삶의 풍성함을 위해 그리스도와 성령을 통해 역사하시는 하나님에 대해 인정하고 감사하게 하는 데 있다. 내가 도전하고자 하는 가정은 하나님을 기적적인 일에만 제한하는 것이다. 이 오해는 종종 두 가지 분명히 반대되는 형태로 나타난다. 하나는 하나님께서 우리를 기적적으로 치유하실 의무가 있다고 여기는 믿음이고, 다른 하나는 고통이 늘 하나님의 직접적이고 즉각적인 활동과 연관이 있다고 보는 견해다. 두 가지 경우 모두 하나님께서 창조하시고 지탱하시는 일상적 수단과 과정들을 통해 역사하시는 것에 대한 확신—달리 말하면, 섭리에 대한 우리의 믿음—을 약화시킨다. 게다가 이런 가정은 하나님의 역사를 인간의 활동이나 날씨 패턴, 하나님 안에서 인간이 만들어 낸 각종 요인으로 제거하거나 보잘것없는 것으로 치부해 버린다.

욥의 친구들처럼, 우리의 형제자매들은 고통을 통해 하나님께서 우리에게 가르치고자 하시는 것이 무엇인지 찾아보라고, 물론 좋은 의도로 격려한다. 그들은 하나님께서 우리로 하여금 특정한 일을 하게끔 하기 위해, 혹은 하나님께 영광을 돌리기 위해, 궁극적인 선을 이루기 위해 우리에게 고통을 직접 사용하신다고 가정한다. 이런 말은 사실 진리에 매우 가깝기 때문에, 성경적 관점에서 이 문제를 정확하게 이해하기 위해서는 이 장 전체를 할애해야 한다. 하나님은 이 세상에서 일어나는 크고 작은 모든 일들을 주관하시며 우리에게 득이 되지 않는 시험은 받게 하지 않으시지만, 우리가 당하는 많은 재난들은 세상의 일상적인 원인과 결과의 상관관계 속에서 일어나는 일부다. 암에 걸린 사실을 발견하게 된 사람이 먼저 기억해야 할 것은, 하나님께서 당신의 손가락을 들어 그 사람에게 "암에 걸려라!"고 명령하지 않으셨다는 사실이다. 반대로 하나님께서 이런 일에 전혀 상관이 없다고 가정하는 것도 잘못된 생각이다. 하나님은 이 세상의 모든 일들을 직접적으로(수단들을 사용하지 않고) 주관하시지는 않으며, 반대로 일어나는 모든 사건들을 감당할 수 없어 방관하고 있는 창조물도 아니다.

우리가 당하는 시험들을 간접적인 원인들이 복잡하게 얽혀 일어나는 결과로 이해하지 않고 직접적인 '하나님의 행위'로 보게 되면, 그 일들의 의미는 일견 명약관화하게 여겨질 수 있다. 고통 자체의 의미뿐만 아니라 하나님의 마음을 읽어 낼 수 있어야 한다고 여길 것이며, 고통을 통해 우리가 배워야 하는 기회들을 놓치지 않도록 모든 어려움을 예측할 수 있어야 한다고 생각하게 된다. 이런 태도는, 고통받는 이들의 괴로움뿐만 아니라 다른 방식으로 고통받고 있는 그들의 가족과 친구들의 괴로움까지도 하찮게 여긴다. 나는 육신의 아버지의 고통을 통해 하나님께서 나를 위해 무언가를 하실 것이라는 하나님의 약속을 신뢰하지만, 그것이 무엇인지는 과거나 현재에도 모를 뿐만 아니라 미래에 알게 될지도 확신할 수 없다. 알게 될 수도, 혹은 그렇지 못할 수도 있다. 적어도 위기의 한가운데에서 내 마음에 자리잡은 큰 문제는, 내가 아버지의 고통을 통해 무엇을 배울 것인지가 아니라, 아버지가 어떤 과정을 겪으셨을 것인지였다.

시험을 당하고 있는 신자들에게 있어 마지막으로 중요한 점은, 왜 그런 일이 일어났는지 알아내고자 하는 마음의 부담이 생길 수밖에 없다는 사실이다. 그러나 성경 어디에서도 우리가 이것을 알 수 있다고 가르치지 않는다는 점은 좋은 소식이다. 하나님의 비밀은 비밀로 남을 것이다. 우리는 여기에서 두 가지 극단을 피해야 한다. 하나는 우리의 삶과 섭리에 대한 하나님의 비밀스러운 목적들이 일반적으로 우리에게 주어져 있다고 생각하는 태도다. 다른 하나는 하나님은 우리에게 일어나는 가장 작은 것에서부터 가장 큰 것에 이르기까지, 모든 일의 세부 사항에 대해 특정한 목적을 갖지 않으신다고 결론짓는 일이다.

하나님께서 주신 '두 권의 책'

우리가 어떻게 해서 모든 일의 직접적이고 즉각적인 원인이 하나님이라는 생각, 혹은 그 반대로 하나님은 일반적으로 우리 삶에 관여하지 않으신다는 생각의 잘못된 딜레마에 이르게 되었는지 먼저 언급할 필요가 있다.

중세 신학자 토마스 아퀴나스(Thomas Aquinas)는 하나님의 섭리에 대해 콘쿠르수스(concursus)—만물에 대한 하나님의 주권적 통치는 주로 제2의 (혹은 자연적) 수단을 통해 정확히 이루어진다—라는 용어를 통해 잘 설명했다. 그럼에도 불구하고, 중세인들이 신봉하던 기독교는 점점 미신적 종교로 변해 갔다. 흔히 '흑사병'으로 알려진 강력한 전염병은 중세 유럽 인구 삼 분의 일의 생명을 앗아 갔다. 그런 상황 속에서 사람들은 아무것도 할 수 없는 무력한 피해자가 되는 것을 원하지 않았다. 그들은 자신들의 운명을 스스로 통제해 나갈 수 있기를 원했다. 그래서 그들은 종종 마법에 의존했다. 그들의 태도는 현대인들이 수정 구슬을 쳐다보고 있거나, 다양한 주문을 외우거나, 최신 유행의 영적 공식들을 받아들여 실천하거나, 자신들의 희망을 TV 설교자에게 거는 모습과 크게 다르지 않았다. 세상을 선한 힘과 악한 힘이 서로 겨루고 있는 '마법에 걸린 세계'로 생각했던 중세인들의 세계관은 부상하는 과학, 특히 의학이 대중들의 상상력에서 성공하지 못하도록 했다.

그러나 16세기의 종교개혁은 중세인들의 미신적 세계관에 도전장을 던졌다. 우리 그리스도인들은 보이지 않는 세계에 심취하기보다는, 하나님께서 자연을 통해 우리에게 주신 계시(과학적 탐구의 대상)와 성경을 통해 우리에게 주신 계시, 이 두 가지에 집중해야 한다. 자연과 성경은 하나님께서 주신 '두 권의 책'이라고 불리기도 한다. 종교개혁자들은 우리가 매일 경험하는 일반적인 사건들을, 세상 속에 존재하는 하나님의 일상적 임재와 사역의 표징이라고 가르쳤다. 종교개혁자들은, 만일 어떤 과학자가 특정한 질병에 대한 치료법을 개발했다면 우리는 그를 하나님의 '가면'으로 보아야 한다고 말했다. 달리 말하면, 그 과학자는 고통 중에 있는 인간을 위해 하나님께서 사용하신 도구로 보아야 한다는 의미다. 이러한 의미에서, 심지어 빵 굽는 제빵사도 일용할 양식을 구하는 우리 기도에 대한 하나님의 '가면', 곧 하나님의 응답이다.

그러나 계몽주의 시대에 접어든 서구 사회는, 교황뿐만 아니라 성경 자체를 거부하는 상황에 이르게 된다. 오직 우리의 이성과 경험만이 진리를 결정하는 도구가 되어 버린 것이다. '두 권의 책'은 하나로 축소되었을 뿐 아니라, 세상 속에서의 하나님의 일상적 활동(섭리)과 특별한 활동(기적) 사이의 구별은 두 가지 모두를 부정하는 양상으로 변화했다. 특별한 활동이 일상적 활동으로 축소되었을 뿐만 아니라, 섭리라는 용어 자체가 (비록 이 용어는 아직도 사용되고 있지만) 아무런 초자연적 목적이나 주권적인 간섭을 인정하지 않는, 메마른 '자연'을 의미하는 것으로 전락했다. 만물의 첫 시작을 위해서는 하나님이 필요함을 인정했을지 모르지만, 창조 이후의 세상은 이제 스스로 움직여 나간다고 생각한 것이다. 아이작 뉴턴에게 이 세상은 하나의 거대한 기계일 뿐이었다. 하나님은 이상적인 근대 군주의 모습으로 전락해, 개막식의 리본을 자르거나 아이들에게 축복의 키스를 해주는 분에 불과한, 우리의 가치와 열망들을 상징하는 존재로밖에 이해되지 않았다. 그들에게 하나님은 인간의 길을 가로막지 않는 존재였다.

이런 현상에 대한 반작용으로 일어난 낭만주의와 심령주의(spiritualism)는 중세 미신적 세계관으로의 회귀였다. 이런 현상은 우리에게 심각한 영향을 미치고 있다. 오늘날 우리는 종종 자연주의와 극단적 초자연주의(hyper-supernaturalism) 사이에서 선택을 강요받는다. 달리 표현하면, 하나님은 과학—우리가 필요로 하는 모든 것을 실제로 공급해 주는 수단—의 뒷자리에 앉아 계신다고 생각하거나, 그 반대로 하나님께서 기적을 통해 현재 우리에게 무언가를 보여주실 때만 하나님을 믿는다는 태도다. 하나님께서 일상적, 자연적, 혹은 비교적 믿을 만한 창조물과 과정들을 통해 우리에게 필요한 것을 공급해 주신다는 생각은, 적어도 주류 문화 속에서는 많이 사라졌다. 하나님은 적어도 극적으로 역사하시든지, 아니면 거의 역사하지 않으신다. 예를 들어, 우리 형제자매들이 그리 중요하지 않은 (때로는 심지어 하찮은) 결정에 대한 하나님의 명확한 징표와 하나님의 직접적인 계시를 기다리고 있다면, 이는 극단적 초자연주의에 해당된다.

무엇이 차이를 만드는가?

하나님의 섭리적 돌봄에 대한 새로운 인식을 위해서는 다음의 구별들을 확인하며 균형을 잡는 것이 필요하다고 나는 생각한다.

:: 감추어진 것들과 드러난 것들

"감추어진 일은 우리 하나님 여호와께 속하였거니와 나타난 일은 영원히 우리와 우리 자손에게 속하였나니"(신 29:29). 감추어진 것과 드러난 것 사이의 이 구별은 성경 전체를 통틀어 일관성 있게 유지되고 있다. 사실 구약성경에서 예언 성취는 점진적으로 드러나는 구속의 계획 가운데 이루어지는 정확한 형식으로, "은밀한 가운데 있는 하나님의 지혜를 말하는 것으로서 곧 감추어졌던 것인데 하나님이 우리의 영광을 위하여 만세 전에 미리 정하신 것"이며, "하나님이 성령으로" 복음에서 보여주신 것이다(고전 2:7, 10). 사도 바울의 이런 반응은 고등 지식을 지녔다고 느낀 몇몇 '슈퍼 사도들'의 공격에서 촉발되었다. 이 '슈퍼 사도들'은 천국에 있는 하나님의 금고 비밀번호를 자신들이 알아냈다고 주장했다. 이런 식으로 사적 지식 (*gnosis*)을 주장하던 사람들에 대해 바울은 자신과 다른 사도들에게 주신 하나님의 말씀을 통해 드러나는 공적 지식을 강조했는데, 이는 때가 되면 성취될 하나님의 구원 계획에 대한 계시를 의미한다. 이 드러난 지식은 하나님의 성품, 목적, 그리스도 안에서 우리를 구속하시는 하나님의 뜻, 영원한 하나님의 영광을 완성하는 것과 관련된다. 이것은 모든 사람에게 개방되어 있는 역사적 진리이자 우주적 계시이지, 특정한 개인에게 일어날 일에 대한 사적 진리가 아니다.

비록 하나님께서 옛 언약의 시대보다 새 언약의 시대에 훨씬 많은 것들을 계시하셨지만, 그렇다고 모든 것을 계시하지는 않으신다. 사실 성경은 우리가 모든 것을 다 알거나 모든 질문에 대한 대답을 갖게 될 것이라고 가르치지 않는다. 하나님은 우리가 알아야 하는 모든 것을 계시하셨지만, 우리가 알기를 원하는 모든 것을 계시하지는 않으신다. 그분은 모든 이들 위에 좌정하시는 주인이다. 우리는 장차 일어날 것이라고 그분이 선포하신 모든 것을 잘 알고 있지만 (예를 들어, 시 139:16, 잠 16:4; 33, 행 13:48; 17:26, 엡 1:4-5; 2:10 참조), 그렇다고 해서 특정한 공식을 통해 이 정보에 접근할 수 있다고 약속받지는 못했다. 사실 하나님께서 실제로 계시하신 것보다 더 많이 알고자 하는 것은 기독교적 경건의 모습이 아닌 미신과 마법의 특징이다.

그렇다면 로마서 12:2 말씀, "하나님의 선하시고 기뻐하시고 온전하신 뜻이 무엇인지 분별하도록 하라"는 어떻게 이해해야 할까?

늘 그렇듯 우리는 이 구절을 상황 속에서 해석해야 한다. "너희는 이 세대를 본받지 말고 오직 마음을 새롭게 함으로 변화를 받아 하나님의 선하시고 기뻐하시고 온전하신 뜻이 무엇인지 분별하도록 하라." 달리 말하면, 우리는 반드시 성경 연구에 몰두하여 우리의 마음을 새롭게 하고 우리 자신을 시험(test)—우리의 믿음과 실천을 하나님의 말씀에 비추어—해야 한다. 그렇게 함으로써 우리는 하나님의 뜻을 보다 잘 알 수 있다. 우리에게 감추어져 있는 하나님의 비밀 계획을 알게 된다는 것이 아니라 성경을 통해 드러난 그분의 선하고 온전한 뜻을 이해하게 됨을 의미한다. 이것이 바로 바울이 '추측', '유추', '유발', '징조' 등의 단어가 아닌, 이 지식에 대한 하나님의 말씀이라는 표현을 사용한 이유다. 하나님의 선하고 온전한 뜻은 비밀이 아니다. 그것은 하나님의 영원한 뜻이 감추어진 방식으로 우리에게 감추어지지 않는다. 비록 우리는 하나님께서 "온 땅에 살게 하시고 그들의 연대를 정하시며 거주의 경계를 한정"하셨음을 알고 있지만, 우리가 누구와 결혼해야 하고 어떤 직장을 선택해야 하며 어디에 살아야 하는지 등에 대해 하나님께서 우리에게 특별하게, 초자연적으로 계시하셔야 한다고 믿어야 할 이유가 전혀 없다. 그럼에도 우리는 하나님께서 우리에게 구원과 경건한 삶을 위해 필요한 모든 것을 계시하셨음을 확신할 수 있다.

이것은 하나님의 주권 또는 삶의 세부 사항들에 대한 그분의 관심을 경시하는 것이 아니다. 하나님의 비밀스러운 예정에 대해 존 칼빈보다 강력하고 설득력 있게 기록한 사람은 거의 없을 것이다. 그러나 칼빈은 또한 이렇게 말했다.

만물이 하나님의 계획에 의해 확실한 분배에 따라 정해졌으나, 우리에게는 우연적인 것으로 여겨질 뿐이다. 운명이 세상과 사람을 지배하며 돌발적인 상황들 속에서 만물을 되는 대로 상하로 굴러가게 한다는 말이 아니다. 왜냐하면 이런 어리석은 생각은 그리스도인의 가슴속에는 없어야 하기 때문이다. 그러나 이것들의 질서, 이성, 목적, 필연성은 대부분 하나님의 목적 가운데 감추어져 있고 인간의 생각으로는 이해할 수 없는 것들이기 때문에, 확실히 하나님의 뜻에 따라 일어나는 일들도 어떤 의미에서는 우연적인 일들인 것이다. 왜냐하면 그 자체의 본성으로 여겨지든, 우리의 지식과 판단에 따라 평가되든, 그것들은 표면상으로는 다른 모습을 나타내지 않기 때문이다.[3]

이보다 앞서 칼빈은 "하나님께서 스스로 숨기기를 원하신다는 사실을 아는 것조차 우리에게 유용하지 않다"고 선언했다. 그는 아우구스티누스의 반박을 상기하면서, "부끄러움을 모르는 어떤 사람이 경건한 노인에게 하나님께서 세상을 창조하시기 전에 무슨 일을 하셨느냐고 조롱하며 묻자, 그 노인은 호기심 많은 이들을 위해 지옥을 만들고 계셨다고 슬기롭게 대답했다"고 덧붙였다.[4] 아우구스티누스와 마찬가지로 칼빈은 겸손한 태도로 성경을 받아들였는데, 이는 곧 하나님께서 그 비밀을 유지하시도록 하며 하나님의 위엄을 인정하는 것을 의미한다.

:: 일반적 은혜와 구속의 은혜
이것은 하나님께서 세상에서 일하시는 방식에 대해 우리가 생각할 때 유념해야 할 또 하나의 중요한 구별이다. 우리가 종종 하나님의 사역을 기적적인 일들에만 제한하듯, 우리는 하나님의 사역을 구속에 관련된 범위에만 제한하려는 경향이 있다. 출애굽 사건에서, 이스라엘 백성을 약속의 땅으로 인도하신 과정 중에서, 그리스도의 인격과 사역 속에서, 성령을 보내심에서, 교회의 삶 속에서 우리는 하나님의 손길을 발견한다. 그러나 타락 이후에도 세상을 유지하시는 하나님의 손길까지 우리는 과연 보고 있을까? 아벨을 죽인 가인을 보호하시는 것은 어떤가? 우리는 예루살렘에서 하나님의 손길을 인식한다. 그렇다면 바벨론이나 로마에서는 어떤가? 만일 우리가 하나님의 일반적 은혜(섭리에 상응)와 구속의 은혜(기적에 상응)를 혼동한다면, 우리는 그 반대의 실수를 할 수 있다. 즉, 하나님의 세상에 대한 섭리적 관심, 선이 풍성하도록 악을 제한하는 것이 그 자체로 구원이라는 것이다.

만일 우리가 하나님의 "언덕 위에 빛나는 도시"가 천상의 시온이 아니라 미국이라고 생각한다면, 시민 종교는 위에서 말한 것의 명백한 예다. 하나님의 섭리를 완전히 거부하는 것과 오직 기적적인 일만을 하나님의 사역으로 생각하는 두 극단적 태도를 피해야 하는 것처럼, 비록 반역적인 우리의 모습에도 불구하고 세상을 돌보시는 하나님의 은혜와 그리스도 안에서 자신의 백성을 구속하시는 하나님의 계획을 혼동하는 것을 피해야 한다. 우리가 하나님의 섭리에 대한 성경적 의미를 바르게 이해하려면, 이 두 가지를 구별하고 지지하는 것은 어렵지만 필요한 과제다.

장로교 신학자 존 머레이(John Murray)는 일반 은총의 교리에 대해 "칼빈은 이 문제에 대한 새로운 시야를 열어 주었을 뿐만 아니라 이 교리의 신학적 공식화에서도 새로운 시대를 열었다"고 적절하게 말했다.[5] 비록 그 용어 자체는 훨씬 나중에 사용되기 시작했지만, 우리가 지금 '일반 은총'이라고 부르는 것은 칼빈이 하나님의 섭리에 대해 논의한 것에서부터 유래되었다.

그리스도인으로서, 우리는 당연히 신자들의 삶 속에 역사하시는 성령의 사역에 대해 생각한다. 성경이 많은 곳에서 이 점에 대해 언급한 것을 생각하면 더욱 그렇다. 그러나 우리는 또한 수면 위에 운행하시던 하나님의 영이 (성부, 성자와 더불어) 만물을 붙들고 계심과 지성, 우정, 사랑, 열정, 직업, 가족, 문화, 정부, 예술, 과학 등 모든 곳에서 하나님의 백성뿐 아니라 비그리스도인에게도 같은 은총을 베풀고 계심을 간과하지 말아야 한다.

몇몇 그리스도인들이 그들의 삶에 대한 하나님의 직접적인 간섭을 요구하며 마치 그분의 비밀스러운 계획을 다 알아야 하는 것처럼 목소리를 높이듯, 몇몇 그리스도인들은 성경이 그들 삶의 모든 일에 대해 가르침을 주어야 한다고 생각한다. 우리는 "여호와께서 이르시되"라는 표현을 하나님께서 실제로 말씀하신 것들에만(성경에 기록된 것) 제한해야 하는 한편, 진리, 선, 아름다움을 추구하는 삶을 성경에만 제한해서는 안 된다. 하나님의 일반 은총은 언제든 하나님의 영이 진리, 선, 아름다움을 흩으실 때, 이것들을 심지어 세속적인 자료들 속에서도 적극적으로 추구할 자유가 있음을—또한 실제로 추구하는 모습이 기대되고 있음을—의미한다.

달리 말하면, 우리는 하나님께서 우리 삶의 모든 부분에 직접적으로 간섭하시거나 반대로 전혀 간섭하지 않으신다는 잘못된 이분법을 거부해야 한다. 우리는 성경이 일반 은총과 겹치는 점에서 우리를 오류가 없는 진리로 이끌어 주는 반면에, 하나님께서는 다양한 소명과 삶의 추구가 가능하도록, 신자든 비신자든 똑같이 모든 사람에게 은사를 주셨음을 기억해야 한다.

존 머레이가 지적했듯이 일반 은총은 하나님께서 모든 사람에게 구별 없이 주신 다양한 혜택이다. 그 이유는 다음과 같다. 첫째, 일반 은총은 죄를 제한한다. 9·11 사태 이후 사람들은 왜 세상에 악이 존재하는지에 대해 다시 한번 그리스도인들에게 질문을 던졌다. 악의 불가사의함을 인정하면서도 이런 질문에 대해 내가 보였던 반응은, 그들이 제기한 질문에 "그렇다면 선의 존재는 어떻게 설명할 수 있는가?"라는 되물음이었다. 달리 말하면, 우리 대부분은 테러리스트가 될 가능성은 매우 적지만, 하나님의 법에 비추어 보면 모두가 악하다. 우리는 하나님과 이웃들을 사랑하는 데 계속해서 실패한다. 그렇다면 우리가 정말 던져야 하는 실제적 질문은 "왜 세상에는 선이 존재할 수 있을까?"이다. 하나님의 섭리와 상관없이 말하면 9월 11일은 그저 정상적인 날일 뿐이었다. 그러나 우리 모두는 그날이 사실상 비정상적인 날이었음을 알고 있다. 테러리즘의 위협은 우리 주변에 늘 상존하지만, 하나님의 일반 은총은 대개 이런 일들이 일어나는 것을 억제한다. 인간 마음의 타락과 죄의 습관으로 뿌리 깊은 각종 기관들의 부패 때문에 세상은 종종 악하지만, 하나님의 일반 은총 때문에 악한 것이 선해진다. 구원의 은혜는 아닐지라도 하나님의 일반 은총은 폭력적인 가인에게 '표'를 주셨고, 후에 가인은 한 도시를 건설하기까지 한다(창 4:15, 17).

둘째, 일반 은총을 통해 하나님은 당신의 정당한 진노를 제한하신다. 이 은혜 때문에 "노아의 날 방주를 준비할 동안" 하나님은 인간의 부패에도 불구하고 "오래 참고" 기다리신 것이다(벧전 3:20). 홍수 이후 하나님은 인간 및 모든 창조물과 더불어 이제 다시는 이 땅을 물로 심판하지 않겠다고 언약을 맺으셨다(창 9:8-17). 다시 한번 (당신의 백성들을 구원하시기 위한 계획과 시간과 공간이 중복됨에도 불구하고) 일반 은총으로 인해 그리스도 이전의 사람들이 가졌던 인간의 무지를 하나님은 의도적으로 간과해 주셨으며(행 17:30), 이제 인간을 위해 최후의 심판을 늦추고 계시는 것이다(롬 2:4, 벧후 3:9).

셋째, 일반 은총은 죄와 하나님의 진노를 자비롭게 제한할 뿐만 아니라, 우리가 삶에서 만져서 알 수 있는 선을 공급하시는 하나님의 수단이다. 존 머레이는 다음과 같이 기록했다.

> [하나님께서는] 인간의 악을 제한하실 뿐만 아니라 그들에게 은사, 재능, 소질을 주신다. 하나님은 인간들이 미덕의 실천과 가치 있는 과제들의 추구에 관심과 목적을 두도록 촉진하시고, 예술과 과학 등에 인류의 유익과 문명을 위해 인간의 시간, 활동, 에너지를 사용하게 하신다. 그분은 권리의 보호와 증진, 자유의 보존, 지식의 진보, 육체적이고 도덕적인 조건의 향상을 위해 다양한 기관들을 주관하신다.[6]

성경, 특히 시편은 하나님의 섭리적 선함으로 가득차 있다. "여호와께서는 모든 것을 선대하시며 그 지으신 모든 것에 긍휼을 베푸시는도다.……주는……손을 펴사 모든 생물의 소원을 만족하게 하시나이다"(시 145:9, 16).

어떤 그리스도인들은 중생이 신자들로 하여금 탁월한 예술가, 정치가, 사업가, 심지어 부모가 되게 하는 특별한 혜택이라고 생각한다. 그러나 성경과 우리의 경험 속에서, 우리는 비신자들이 그들의 직업에서 탁월함을 발휘하는 동안 신자들이 실패하는 것을 종종 목격하게 된다. 하나님의 창조와 섭리로 통치되는 일반적 원칙 속에서, 재능과 능력에 대한 신자와 비신자의 차이는 없다.

예수는 바로 이 이유 때문에 자신을 따르는 이들에게 그들의 원수들을 위해 기도하라고 가르치셨다. "이는 하나님이 그 해를 악인과 선인에게 비추시며 비를 의로운 자와 불의한 자에게 내려주심이라"(마 5:45). 그리스도인들은 이런 신적인 태도를 모방해야 한다. 사실 씨 뿌리는 자의 비유는, 비신자들도 말씀을 통해 역사하시는 성령의 사역을 통해 혜택을 누림을 분명히 보여준다(마 13:1-9). 뿐만 아니라, '기독교 국가'(Christendom)의 이름으로 많은 해악들이 인류에 가해졌음도 사실이지만, 성경의 영향으로 인해 그보다 훨씬 많은 혜택들이 인간의 문명에 주어졌음도 부인할 수 없는 진실이다. 우리는 비그리스도인들, 심지어 기독교 메시지에 적대적인 국가들조차도 환대, 친절, 정의, 자비를 보여주고 위대한 예술 작품, 문학, 과학을 창조하는 것을 보지만, 모든 인간이 결국에는 기본적으로 선하다고 결론 내리지 않는다. 오히려 우리는 우리의 신실하지 않음에도 불구하고 하나님은 창조물에 신실하시다고 결론 내린다. 또한 하나님의 형상은 그것을 지워 버리려는 인간의 시도에도 불구하고, 하나님의 영에 의해 여전히 보존된다고 결론 내린다.

일반 은총은 이 시대의 타락한 인간에게 혜택을 끼치지만, 장차 다가올 시대, 곧 하나님의 나라를 도래하게 하지는 않는다. 또한 일반 은총은 행악자들이 임박한 심판을 피할 수 있게 해주지 않으며, 예술, 문화, 국가, 가정들을 구속(救贖)하지 않는다. 구원의 은혜와 달리, 일반 은총은 최후의 심판 이전의 세상에만 제한되며 그 무서운 날이 임할 때 하나님의 정의의 손길을 통해 사라지게 될 것이다.

그러나 이런 사실들이 일반 은총이 구원의 은혜와 상반됨을 의미하지는 않는다. 존 머레이가 말했던 것처럼 "특별 은총은 자연적 또는 일반적 은사를 폐기하지 않고 오히려 모든 일반적 은사들에 구속적, 중생적, 성화적 영향을 미친다. 특별 은총은 모든 활동과 삶의 모든 부분을 변형시키고, 모든 선한 은사들이 하나님의 나라를 섬기는 데 사용되도록 한다. 기독교는 자연으로부터 도피하게 하지 않고 자연을 갱신하고 성화하게 한다."[7] 존 머레이는 이런 관점이, "하나님께서 지으신 모든 것이 선하매 감사함으로 받으면 버릴 것이 없나니, 하나님의 말씀과 기도로 거룩하여짐이라"(딤전 4:4-5)는 실천적 전망 때문에 금욕적이고 수도원적인 영성에 도전한다고 바르게 진술했다.

우리 그리스도인들이 일반 은총을 확증할 때, 우리는 이 세상—그 모든 선함뿐만 아니라 악함—을 하나님께서 창조하시고 지탱하심을 진지하게 바라보게 된다. 우리는 그리스도를 택함받은 이들을 위한 구원의 은혜의 중재자로 볼 뿐만 아니라, 저주 아래 놓인 세상에 대한 하나님의 일반적 축복으로 본다. 그렇기 때문에 우리는 세속 문화에 참여하고, 비신자들과의 관계를 즐기며, 목회와 봉사활동이라는 말로 그러한 협력과 공동생활에 대해 정당화하지 않고 그들과 더불어 공동의 소명과 공동의 목표를 이루며 함께 일할 수 있는 것이다. 이 점이 바로 나에게 가장 해방적이고 실천적인 성경적 가르침이다. 그러나 이것은 그리스도인들 사이에서 경시되는 부분이며, 세상에서 일하지 않고 교회 안에 머물러 있고자 하는 많은 그리스도인들의 모습을 정당화시켜 주는 이유이기도 하다.

일반 은총에 의해 비신자들은 자신들의 재화, 진리, 아름다움을 유지할 뿐만 아니라 신자들의 삶을 풍요롭게 한다. 이는 타락한 세상을 유지하기 위해 아버지 하나님의 계획, 그리스도의 중재, 생명을 주시는 성령의 능력이 필수적이기 때문이다. 세상을 유지하시는 이 능력은, 역사의 종말에 죄인들을 구속하고 창조를 새롭게 하는 사역 못지않게 중요하다. 이것은 인간의 타락의 깊이뿐만 아니라, 하나님의 창조와 일반 은총에 대한 인식을 통해 주어지는 인간의 존엄성의 깊이를 인식하는 것을 도와준다. 존 칼빈은 저 유명한 「기독교 강요」에서, 그리스도인들을 모든 세속적 영향으로부터 차단시키는 광신적 행위들에 대해 경고하는 한편, 우리가 비신자들 가운데에서 발견되는 진리, 선, 아름다움을 폄하하는 것은 성령을 향해 조롱을 퍼붓는 것과 다름없다고 말했다.

세속 작가들이 이런 문제들에 대하여 기록한 것을 보면, 그 안에 진리의 놀라운 빛이 비치고 있음을 볼 수 있다. 우리 인간의 지성은 비록 그 완전한 상태로부터 타락하여 부패했지만, 하나님께서 주신 탁월한 재능을 아름다운 옷처럼 입고 있다는 사실을 깨달아야 한다. 우리가 하나님의 영을 진리의 유일한 원천이라고 인정한다면, 적어도 하나님의 영을 모욕하지 않는 한 진리가 그 어디에서 나타나든 결코 그것을 거부하거나 멸시하지 않을 것이다. 성령의 은사를 경시하는 것은 곧 성령 자체를 경멸하며 비난하는 결과가 되기 때문이다. 그러면 어떻게 할 것인가? 시민 질서와 규율을 아주 공정하게 수립했던 고대 법률가들에게 진리가 비추었다는 것을 우리는 부정해야 할까? 자연을 세밀히 관찰하여 교묘히 묘사한 철학자들을 우리는 눈이 멀었다고 말해야 할까? 논쟁의 기술을 창안하고 합리적으로 말하는 것을 가르친 사람들에게 이해력이 결여되었다고 말해야 할까? 의학을 통해 우리의 건강을 위해서 전력을 다한 사람들에게 제정신이 아니라고 말해야 할까? 수학자들에게는 뭐라고 말해야 할까? 미친 사람들의 광기라고 불러야 할까? 그럴 수는 없다! 이런 주제들에 대한 고대인들의 저술들을 읽으면 경탄을 금할 수가 없는데, 그들의 탁월함을 인정하지 않을 수 없기 때문이다. 그러나 우리가 어떤 일은 훌륭하다, 혹은 고귀하다고 인정하면서 동시에 그것이 하나님께로부터 왔다는 사실은 인정하지 않을 수 있을까?……성경(고전 2:14)에서 "육에 속한 사람"이라고 불렀던 그들은, 사실 저속한 주제를 연구할지언정 자신들의 연구에 있어서는 투철하고 예리한 사람들이었다. 따라서 우리는 인간의 본성에─그 진정한 선을 잃어버렸음에도 불구하고─주께서 얼마나 많은 선물을 여전히 남겨 두셨는지 깨달아야 한다.[8]

「기독교 강요」의 다른 곳에서도 칼빈은 종교적인 주제에 대해 논하는 이방 시인들과 철학자들을 인용했다. 이런 모습은 사도행전 17장에서 사도 바울의 모범을 통해 인정된 관행이다. 확실히, 우리가 성경을 현실을 바라보는 '안경'으로 사용할 때, 흔히 '세속적'인 것으로 치부되는 일상적인 것들도 우리에게 새로운 관점을 제시한다. 하나님의 지혜는 우리로 하여금 모든 것을 다른 관점에서 볼 수 있도록 지도한다. 하나님의 선함과 지혜는 계시된 하나님의 말씀을 인정하지 않는 이들에게게조차 드러난다.

심지어 이방 통지자들도 하나님의 섭리에 따라 그들의 나라를 통치한다(롬 13:1-7, 벧전 2:14). 여기서 바울과 베드로는 그리스도께 대하여 적대적인 정부들도 고려해 말하고 있다. 하나님은 당신의 교회를 통치하심과 마찬가지로 이런 권세들을 통해 국가들을 통치하신다. 정부가 "각 국가들의 일반 법률"에 의해 세워지기보다는 "모세의 정치적 체제"에 의해 세워져야 한다고 믿는 것은, "잘못되고 어리석을" 뿐만 아니라 "위험하고 선동적"이라고 칼빈은 말했다.[9] 모세의 신정 정치는 옛 언약에 따라 제한되며, 선택된 국가가 아닌 때에는 더 이상 국가의 청사진이 될 수 없다. 모든 사람의 양심에 새겨진 하나님의 법은, 적어도 그들이 "공정성이 모든 법률의 목표, 규정, 한계가 되어야 한다"는 원칙을 준수하는 한 놀랍도록 다양한 헌법과 정부 형태, 법을 허용한다.[10]

이런 구별을 이해하는 것은 우리가 모든 것—거룩뿐 아니라 일상, 기적뿐 아니라 섭리—에 대한 하나님의 간섭하심을 볼 수 있게 도와주며, 따라서 우리는 모든 사건에 대한 '영적' 해석을 찾지 않아도 된다. 게다가 우리는 하나님께서 무대 뒤에서 하고 계신 것을 이해하려고 하기보다는 자연적 설명들을 충분하게 제공할 수 있다.

:: 하나님의 직간접적인 정부

요셉이 자신의 형제들에게 그들의 과거 잘못에 대해 말했던 고백—
"당신들은 나를 해하려 하였으나 하나님은 그것을 선으로 바꾸사
오늘과 같이 많은 백성의 생명을 구원하게 하시려 하셨나니"(창
50:20)—이 우리가 여기서 고려하려는 구별의 패러다임이다. 베드
로가 그리스도의 죽음에 대해, 십자가형에 개입된 모든 사람에게 책
임을 돌리는 동시에 그것이 하나님의 예정 및 계획에 따라 된 것임
을 가르치는 사도행전 2장 역시 그런 패러다임이다. 하나님께서 당
신의 창조물들에 관한 일들을 기적보다는 섭리를 통해, 또는 구원의
은총보다는 일반 은총을 통해 다스리심과 같이, 창조물과 별개로 자
신의 계획을 직접적으로 성취했을 때처럼, 그분은 창조물을 통하여
일하실 때에도 활동적이시다.

　성경은 인간들의 활동에 대해 책임을 묻고 있지만 하나님의 주권
역시 확증한다. 물론 우리도 그래야 한다. 이 두 가지 진리는 성경
속에서 결코 해소되지 않지만, 항상 병행되며 그 신비로움을 드러내
고 있다. 잔악한 살인사건 피해자의 누이는 최근 한 인터뷰에서, 어
느 현명한 목회자가 "이 사건은 하나님의 행위가 아니요, 인간의 잔
악함에서 일어난 것이다"라고 말해 주기 전까지는 그 누구보다 하
나님을 비난했다고 말했다. 그 목회자의 말은 옳다. 하나님은 아들
의 죽음에 직접적으로 관련되어 계시지만, 그 여인의 동생의 죽음에
직접적으로 관련되어 계신 것은 아니다. 비록 하나님은 모든 사건

위에 주권을 행사하시며 궁극적으로 악을 통해서도 선을 이루어 내시지만, 그분은 가해자가 아니다. 또한 그분은 만물의 주가 되시기 때문에 악이 끼칠 수 있는 피해들을 제한하시며, 심판의 날에 그 일들을 기억하신다.

하나님의 주권에 대한 고전적 기독교 개념을 인정하지 않는 오늘날의 많은 이들이, 어쨌거나 하나님께서 아무런 방편도 사용하지 않고 직접적이고 즉각적으로 인간의 모든 삶에 개입하시는 것처럼 종종 말하는 것은 아이러니다. 만일 어떤 사람이 질병으로부터 놀랍게 회복된 것이 의사의 기술 때문이라고 생각하면, 선의의 그리스도인들은 종종 "그렇습니다. 하지만 당신을 치유하신 분은 하나님이십니다"라고 대답한다. 때때로 신자들은, 자신의 게으름과 지혜 및 준비의 부족을 인정하지 않고 하나님의 주권에 대해 이야기한다. "일단 기도해 보세요" 혹은 "글쎄, 하나님께서 일어나도록 하신 일이라면 일어날 수밖에 없겠지요" 등으로 말한다.

하나님의 섭리에 대한 믿음은 궁극적으로 우리의 시대가 하나님의 손에 달려 있음을 확신하게 한다. 그러나 하나님은 당신의 모든 목적을 직접적이고 즉각적으로 이루시지 않는다. 하나님은 대개 각종 수단을 동원하신다. 사람이든, 기상이든, 사회적 격변이든, 동물의 집단 이동이든, 다양한 직업이든, 자신의 궁극적인 통치 아래 있는 수많은 요인들을 통해 세상을 다스리신다. 심지어 그분은 정치 조직들이 맺는 세속적 조약을 통해서도 자신의 백성들을 향한 언약의 관계를 실행하신다.

칼빈은 하나님의 섭리를 '만물의 결정적 원리'라고 부르는데, 이 섭리는 "때로는 매개체를 통해, 때로는 매개체 없이, 때로는 모든 매개체와 반대로" 작용한다.[11] 이것은 하나님께서 전혀 통치하지 않으시거나 모든 창조물에게 필요할 때마다 자유를 부여한다고 보는 오늘날의 논쟁에서 종종 간과되는 미묘한 점이다. 칼빈은 하나님의 계시된 뜻이 친근하게 나타나는 것과 대조적으로, 하나님의 숨겨진 뜻을 '깊은 심연'으로 비교했다.

> 과연 율법과 복음에는 우리의 감각을 초월하여 이해해야 하는 신비가 담겨 있음이 사실이다. 그러나 하나님께서는 우리가 이 신비를 이해하도록 하기 위해 신자들의 마음을 말씀과 더불어 총명의 영으로 조명하시기 때문에, 이제 더 이상 심연은 없다. 이제는 우리가 안전하게 걸을 수 있는 길, 발걸음을 인도하는 등불, 생명의 빛, 확실하며 분명한 진리의 학교가 있을 따름이다. 그러나 우주를 지배하시는 하나님의 이 놀라운 방법은 당연히 심연이라고 불리는데, 이것은 비록 감추어져 있지만 우리는 그것을 경건하게 경배해야 하기 때문이다.[12] (저자 강조)

동시에 칼빈은, 하나님께서 숨겨진 의도를 드러내시는 제2의 원인들을 연구함으로써 우주가 어떻게 운행되는지를 배울 수 있다고 확언했다. 따라서 그는 하나님의 섭리의 교리를 숙명론적 사고를 변호하기 위해 사용하는 사람을 질책했다. "하나님께서는 삶의 한계를 정해 주셨으며 동시에 그것을 잘 돌보도록 우리에게 위탁하셨다. 그분은 생명을 보존하는 수단과 도움을 예비하셨다. 또한 하나님께서는 우리들로 하여금 위험을 미리 예측하고 준비하여 대책 없이 난 처해지지 않도록 경계와 구제책을 마련해 주셨다."[13] 그러므로 우리는 이러한 제2의 원인들을 활용할 수 있도록 연구해야 할 책임이 있다. 하나님께서 우리의 미래를 계획하시고 적극적으로 이를 성취하신다는 것에는 의심의 여지가 없다. 그러나 "그럼에도 불구하고 경건한 사람은 제2의 원인들을 간과하지 않을 것이다."[14]

만일 누군가가 암에 걸렸다면 그 사람은 하나님께서 기적적으로 간섭하시도록 기다려서는 안 된다. 가능한 가장 좋은 병원을 찾아가야 한다. 만일 어떤 이의 자녀들이 하나님을 따르지 않는다면 그 부모는 그저 하나님께서 그들의 마음을 바꾸어 주시도록 수동적으로 기다릴 것이 아니라, 하나님께 기도하며 친구와 동료들을 동원해 자녀들이 주께로 돌아오도록 촉구해야 한다. 누구와 결혼하고 어디서 살아야 할지 고민하고 있다면, 그저 어떤 징조를 기다리고 있을 것이 아니라 하나님께 지혜를 구하며 현명한 결정을 내리도록 노력해야 한다. 만일 결혼 생활이 파탄에 이르렀다면, 그저 피해의식 속에 사로잡혀 왜 하나님께서 그런 일을 허용하셨는지 기이하게 여기지 말고, 제2의 원인을 자세히 조사해야 한다. 우리는 좋은 충고를 구해야 하며, 경건한 사람들과 더불어 교제하고, 우리의 이기심을 공격함으로 촉진할 수 있는 믿음의 서약을 새롭게 하고, 매일 기도하고 성경을 읽으며, 특히 은혜의 방편―공적 예배에서 말씀과 성례에 참여하는 것―을 활용해야 한다.

그래서 우리는 경건을 손상하지 않으면서, 의사가 특정한 질병으로부터 우리를 치료했고 동시에 하나님께서 우리를 치유하셨다고 말할 수 있다. 마치 우리에게 일용할 양식을 공급해 주시는 하나님과 이를 길러 낸 농부에게 동시에 감사하는 것처럼 말이다. 자연재해가 닥쳤을 때 우리의 운명이 궁극적으로 연방비상대책기관(FEMA)의 손에 의해 좌우되는 것은 아니지만, 그렇다고 해서 우리가 이 기관의 도움을 받아 삶의 터전을 회복해 나가는 것이 하나님의 방법이 아니라고 말해서도 안 된다. 이런 관점은 우리로 하여금 삶의 모든 것에서, 하나님을 기대하지 못할 만한 곳에서 하나님을 발견할 수 있도록 우리의 지평을 열어주며, 비록 하나님을 찾을 수 없을 때에도 그분이 이미 거기에 계심을 믿을 수 있게 도와준다.

나는 삶 속에 기적이 일어날 수 있다는 가능성을 부정하는 것이 아니다. 그러나 인간의 정교함과 의료 기술을 통해 건강을 회복한 수많은 사람들의 경우를 어떻게 설명할 것인가? 왜 우리는 한 아이의 출생―아마도 일상적인 하나님의 섭리에 관한 가장 놀라운 예―을 '기적'이라고 불러야만 하나님을 인정하는 것이라고 생각하는 것일까? 한 아이의 출생은 분명히 기적이 아니다. 그것은 하나님께서 사물의 자연적 과정 속에 직접적이고 즉각적으로 개입하셔서 일어난 일이 아니다. 이것은 잉태에서 출산에 이르기까지 주어진 수단과 과정을 통해 일어난 일상적 결과다. 그러나 하나님의 섭리를 증거하는 데 이보다 더 놀라운 예는 없을 것이다.

그리스도인들은 반드시 기적의 놀라움뿐만 아니라 섭리의 빛남을 인지해야 한다. 여기서 다시 한번 칼빈의 통찰력이 우리에게 도움이 된다. "겨울이 지나면 봄으로, 봄에서 여름으로, 여름에서 가을로 바뀌는 것보다 더 자연스러운 것은 없다. 그러나 이 일련의 순서에는 매우 크고 한결같지 않은 다양성이 있음을 우리는 보며, 하나님의 새롭고 특별한 섭리가 매년, 매월, 매일을 지배한다는 것을 쉽게 본다."[15] 자연을 엄격하고 위배될 수 없는 법칙을 따르는 거대한 우주적 기계로 보는 자연주의적 이신론은, 경험과 자연과학이 드러내는 다양성을 단순하게 설명할 수 없다. 이것이, 성경에 입각해 뉴턴주의적 설명을 거부해야 하듯이, 현대 과학이 엄격한 뉴턴주의적 설명을 거부했던 이유다. 그러나 극단적 초자연주의가 하나님을 기대하기 가장 힘든 시기와 장소에서 왜 아직도 하나님께서 일하고 계신지를 설명해 준다고 볼 수는 없다.

섭리와 십자가

이 책 전반에서 우리는 십자가와 부활의 렌즈를 통해 고통을 조망해 왔다. 따라서 이번 장은 섭리와 관련된 짤막한 논평과 함께 결론 지으려 한다. 수많은 행성들, 조수 간만, 떨어지는 새, 제국의 발흥에 대한 하나님의 세밀한 돌보심은 에덴의 저편에서 일어나고 있다. 이것이 바로 우리가 하나님의 돌보심을 일반 은총이라고 부르는 이유다. 은혜는 타락 이후에 발생한 현상이다. 인간을 포함한 이 세상은 완전하게 창조되었다. 그러나 하나님의 은혜와 자비는 죄악에 빠진 세상 속에 존재한다. 타락 이후 하나님의 섭리는 십자가와 상응한다.

골로새서에서 볼 수 있는 것과 마찬가지로, 그리스도는 구속뿐만 아니라 창조의 중심이시며("만물이 다 그로 말미암고 그를 위하여 창조되었고", 1:16), 섭리의 중심이시다("만물이 그 안에 함께 섰느니라", 1:17). 섭리 안에서 이루어지는 그분의 통치는 구속 안에서 그분의 통치를 이루어 나가기 위해 준비되었으며, 따라서 모든 인간의 역사는—비록 우리에겐 숨겨졌을지언정—당신의 백성들을 모으기 위해 준비되었다. "그는 몸인 교회의 머리시라.……아버지께서는 모든 충만으로 예수 안에 거하게 하시고 그의 십자가의 피로 화평을 이루사 만물 곧 땅에 있는 것들이나 하늘에 있는 것들이 그로 말미암아 자기와 화목하게 되기를 기뻐하심이라"(골 1:18-20). 더불어 바울은 말하기를, "그 안에는 신성의 모든 충만이 육체로 거하시고 너희도 그 안에서 충만하여졌으니, 그는 모든 통치자와 권세의 머리시라"(골 2:9-10). 심지어 지금도 그리스도는 섭리 가운데 세상을 통치하시며 모든 세대 가운데 당신의 교회를 세우고 계신다. 모든 일들이 합력하여 하나님의 백성들의 선을 위해 이뤄지는 것은 그리 놀랄 만한 일이 아니다!

십자가 위에서 하나님의 능력이 약함 가운데 숨겨진 것처럼 그분의 지혜는 어리석음 가운데 가려져 있어, 세상은 모든 재난, 에이즈, 암, 태풍, 9·11 사건, 그리고 셀 수 없이 많은 개인적인 비극들 가운데 존재하는 하나님의 능력과 지혜를 볼 수 없게 되었다. 하나님의 섭리는 복음 밖에서는, 성금요일을 부활의 아침으로 변화시키는 하나님에 대한 지식을 떠나서는 전혀 발견될 수 없다. 낙담한 제자들이 그리스도의 고난 속에서 궁극적 비극 외에는 아무것도 볼 수 없었던 것처럼, 우리는 뉴스를 보면서 모든 것이 세상과 더불어 옳다고 결론지을 수 없다. 이제는 부활의 문제로 초점을 돌릴 때다.

2부

빈 무덤의
하나님

7장

소용돌이 밖에서

지금 나의 증인이 하늘에 계시고 나의 중보자가 높은 데 계시니라. 나의 친구는 나를 조롱하고 내 눈은 하나님을 향하여 눈물을 흘리니 사람과 하나님 사이에와 인자와 그 이웃 사이에 중재하시기를 원하노니(욥 16:19-21).

내가 알기에는 나의 대속자가 살아 계시니 마침내 그가 땅 위에 서실 것이라. 내 가죽이 벗김을 당한 뒤에도 내가 육체 밖에서 하나님을 보리라. 내가 그를 보리니 내 눈으로 그를 보기를 낯선 사람처럼 하지 않을 것이라. 내 마음이 초조하구나(욥 19:25-27).

욥의 이야기는 시험에 압도당하여 어쩔 줄 몰라 하는 우리들이 늘 찾게 되는, 간지러운 곳을 시원하게 긁어 주는 이야기다. 나는 몇 년 전 목회자였던 한 친한 친구가 자신의 생명을 스스로 버렸던 사건이 일어난 이후, 욥기에 새로운 방식으로 마음이 끌리게 되었다. 이야기를 쉽게 전개하기 위해 그 친구를 스티브라는 가명으로 부르기로 하겠다.

스티브와 그의 헌신적인 아내는 자녀들의 병으로 인해 오랜 기간 고통받고 있었다. 그러다 마터호른을 등정한지 일 년여 후, 이 열정적인 야외 활동가는 로키 산맥의 짙은 안개 속에서 길을 찾아 헤매던 중 달려오는 기차에 치여 큰 부상을 입었다. 두 다리는 절단되었고, 이후 스티브는 신경 조직이 계속해서 사고 당시의 고통을 느끼는 환지통에 시달렸다. 잠조차 잘 수 없어 매일 밤 잠들기 위해 엄청난 양의 약을 억지로 삼켜야만 했다.

우리는 캘리포니아에서 처음 만나 친구가 되었지만 그는 동부로 이주했고, 그 이후 우리는 서로 자주 연락하지 못했다. 지금 깨닫게 된 일이지만, 나는 스티브가 위기를 겪던 기간에 좀 더 그의 삶에 관여했어야 했다. 물론 내가 그토록 연락하지 않았던 이유가, 사고 이후 달라진 그의 모습 때문이었음은 잘 알고 있다(물론 말하기 쉽지 않은 일이다). 스티브는 목회에 성공했을 뿐만 아니라 운동도 잘하고 세상을 포용하는 남자다운 남자였지만, 사고 이후의 그는 끝없는 비통에서 헤어나지 못했다. 우리 부모님이 운영했던 요양원에서 자란 나는 사실 이런 모습을 많이 목격했다. 노부모의 자녀들이, 단순히 죽음이라는 피할 수 없는 숙명을 마주 대할 수 없어 부모를 실제적으로 버리는 경우도 많이 보았다.

성공적으로 인간의 수명을 연장시켜 주는 엄청난 수준의 의료 기술에도 불구하고, 우리는 늙고 아프고 장애를 가진(정신적으로 혹은 육체적으로) 사람들이 외롭게 고통받으며 살아야 하는 문화 속에 살고 있다. 물론 깨어지기 쉬운 육신의 건강은 때로 우리를 아연실색케 한다. 심지어 그리스도인인 우리들도 때때로 질병과 죽음을 아무 의미 없는 무작위적 사건들로, 비용은 얼마든지 들여서라도 반드시 치료해야 하는 것으로만 여긴다. 때로 우리는 인류의 타락―인간이 처한 상황의 일부로서의 죄—과 육체적, 정신적 건강 사이의 관계를 잊어버린다.

매일 우리는 오늘의 나에서 내일은 다른 사람으로 변신해야 하는 현실에 직면하고 있다. 나는 법률회사에서 장차 대표의 위치를 바라보며 잘나가던 한 젊은 변호사가, 퇴근 후 뺑소니 차량에 교통사고를 당한 경우를 보았다. 자라나는 아이들을 돌보며 자신의 삶을 쏟아붓던 한 어머니가 말기 암 선고를 받은 경우도 보았다. 20여 년 동안 성공적인 결혼을 영위해 왔다고 생각했던 한 아내가, 남편과 아이들을 버려두고 다른 남자를 따라 떠나는 일도 있었다. 이런 모든 일들은 내가 목회 중에 직접 목격했던 일들이다. 그리고 이제는 한 동료 목회자가 더 이상 위로조차 해줄 수 없는 비극에 처해 버린 것이다.

잠 못 이루는 수많은 밤을 보내며, 한편으로는 수많은 약들로 인해 온전한 정신상태를 유지하기 힘들었던 그 친구는, 심한 자폐증을 앓던 어린 딸로 인해 이미 스트레스를 받는 가족들에게 더 이상은 짐이 되고 싶지 않아 괴로워하다가, 차고에서 일산화탄소 중독으로 목숨을 끊었다. 이 비통한 상황 속에서 장례를 준비하던 그의 아내가 추도예배 때 설교해 달라고 내게 요청했다.

스티브는 도심에 위치한 교회의 유명한 목회자였으며, 지역 내에서 크게 존경받던 사람이었다. 그가 세상을 떠났을 때, 많은 사람들이 제각각 그의 죽음에 대한 신학적 견해들을 내놓았다. 몇몇 사람들은 언론과의 인터뷰에서 스티브는 자살했기 때문에 영원히 저주받았다는 말까지 했다. 이 모든 말들의 수렁 속에서 욥의 이야기가 내 머리에 떠올랐고, 그 혼란스럽던 날, 나는 용기를 가지고 설교했다.

자살은 극단적 절망의 행위다. 때로 우리는 우리 자신이 다양한 감정들—연민, 슬픔, 분노, 당황, 노여움—로 가득차 있음을 발견할 뿐만 아니라, 어떻게 해서 그런 감정을 갖게 되었는지 스스로 의아해하기도 한다. 그러나 하나님의 말씀으로 충분함을 믿으며 삶의 시험 속에서도 그분의 은혜를 설교하던 그 사람이, 어떻게 한여름 날 오후 우리 곁을 떠나기로 결심했는지에 대해서는 의아할 수밖에 없다. 그래서 우리는 스스로에게 묻게 된다. "그러한 사람에게도 하나님이 충분하지 않았다면 과연 나에게는 충분할까? 기독교가 정말 믿을 만한 종교가 아니라면 우리는 어떻게 해야 할까?"

우리는 실용적이고 즉각적인 효과를 보여주는 것들만 가치 있게 여기는 문화 속에 살고 있다. 모든 생각과 확신은 그 유용성에 의해 판단된다. 그것이 내가 자녀들을 키우는 데, 성공적인 결혼 생활에, 건강한 삶을 사는 데 도움이 될까? 가지고 있던 생각이나 확신이 효용성이 없어 보일 때면 우리는 쉽게 다른 상품으로 옮겨 간다. 이런 문화는 교회에서도 다르지 않다. 사람들이 그리스도께로 나아올 때, 그들에게는 '예수 안에서의 승리'가 약속된다. 사람들은 웃으며 그들이 과거 얼마나 불행했는지, 하지만 지금은 얼마나 행복에 겨워 둥둥 떠다니고 있는지에 대해 간증하곤 한다. 깨진 결혼 생활이 새롭게 되고, 고집스럽던 자녀들이 좁고 곧은 길로 돌아오며, 우울증이 사라졌다고 선언한다.

그러나 물론 순진한 승리주의는 스티브가 준 메시지가 아니다.

그는 기독교가 이 땅의 모든 문제에 대한 해결책이라고 말하거나 예수가 모든 것을 고치는 분이라고 여기지 않았다. 스티브는 예수를 죄인들의 친구, 구속자, 양떼를 돌보는 목자로 보았다. 그는 타락한 우리 인간들이 직면한 더 큰 문제들에 대해 잘 알고 있었다. 그는 이 땅의 도전들을 우리와 상관없거나 하찮은 일로 여기지 않았다. 그는 영원한 관점으로 적합하게 이 도전들을 바라보았다. 삶이 산산이 부서질지라도 하나님은 하나님이시며, 그분의 목적은 실패하지 않음을 알고 있었다. 그분이 당신의 아들을 죽음에서 부활시키심으로써 이를 증명해 주셨음을 알고 있었다. 우리가 이생에서 갖는 모든 문제에 대한 대답을 기독교가 제공해 주지 않는다고 해도, 영원한 관점이 문제들을 대하는 우리에게 도움이 됨을 그는 알고 있었다.

그래서 우리는 의아해한다. "그렇다면 왜 우리의 아버지, 형제, 남편, 친구, 목회자는 스스로 목숨을 끊었을까?"

고대의 드라마: 욥기

욥은 하나님께 지극히 헌신한 사람이었다. 가족을 지극히 아꼈던 그는, 출가한 자녀들이 자신의 집에 찾아와 며칠 지내다 돌아갈 때면, 그들이 각자의 집으로 돌아가고 있는 동안 혹시 지었을지도 모르는 죄를 위해 하나님께 번제를 드렸다. 그러나 이런 그를, 사탄은 하나님 앞에서 깎아내렸다. "어찌 까닭 없이 신실하겠습니까?" 사탄이 물었다. 욥은 진정 멋진 인생을 살았다. 그는 행복하고 부유하며 지혜로웠고, 그의 집에는 걱정할 일이 없었다. 노먼 록웰(Norman Rockwell)의 엽서에 묘사될 만한 이상적 가정이랄까. 그래서 하나님은 사탄이 욥을 시험(test)하는 것을 허용하셨다. 여기서 다음의 사실은 명백하다. 하나님은 사탄의 시험을 미리 아셨을 뿐만 아니라 그것을 허용하셨다(욥 1:6-12). 하나님께서 허락하지 않으셨다면 사탄이 욥에게 접근할 수 없었음은 분명한 사실이다.

그 다음 날부터 재난이 꼬리를 물었고, 하룻밤 사이에 욥은 소중한 모든 것을 잃어버렸다. 그럼에도 불구하고 욥은 이렇게 말했다. "내가 모태에서 알몸으로 나왔사온즉 또한 알몸이 그리로 돌아가올지라. 주신 이도 여호와시요 거두신 이도 여호와시오니 여호와의 이름이 찬송을 받으실지니이다"(1:21). 욥은 하나님을 비난하는 것을 거부했다.

사탄은 하나님께 다시 돌아와 악담을 퍼부었다. "이제 주의 손을 펴서 그의 뼈와 살을 치소서. 그리하시면 틀림없이 주를 향하여 욕하지 않겠나이까"(2:5). 욥의 몸은 이제 수많은 종기들로 뒤덮였다. 참다 못한 그의 아내가 소리친다. "하나님을 욕하고 죽으라!" 하지만 욥은 이렇게 대답했다. "우리가 하나님께 복을 받았은즉 화도 받지 아니하겠느냐"(2:9-10).

바로 이때 저 유명한 상담자들이 욥을 찾아왔다. 그들은 처음에는 적절히 반응했다. 욥의 극심한 고통을 목격하며 일주일 동안은 그저 욥의 곁에 조용히 앉아서 말을 삼갔던 것이다. 과연, 고통에 빠진 욥에게 필요했던 것은 우정이지, 줄줄이 이어지는 설교가 아니었다. 그들은 욥이 자신이 태어난 날을 저주하는 것과 절망의 탄식을 조용히 듣고 있었다. 검고 깊은 우울의 구름이 욥의 머리 위에 짙게 드리웠을 때, 욥이 원한 것은 자신이 차라리 태어나지 않았더라면 하는 절규였다.

그러나 그때, 욥의 친구들은 욥의 삶에 지금 무슨 일이 일어나고 있는지에 대해 각자의 의견을 피력하기 시작했다. 엘리바스가 먼저 말을 꺼냈다. "보라, 전에 네가 여러 사람을 훈계하였고 손이 늘어진 자를 강하게 하였고 넘어지는 자를 말로 붙들어 주었고 무릎이 약한 자를 강하게 하였거늘, 이제 이 일이 네게 이르매 네가 힘들어 하고 이 일이 네게 닥치매 네가 놀라는구나. 네 경외함이 네 자랑이 아니냐, 네 소망이 네 온전한 길이 아니냐"(4:3-6). 이것이 바로 자연인의 종교다. 본성적으로 우리는 우리 자신이 기본적으로 선하며, 다만 가끔 부패한 모습을 보일 뿐이라고 생각한다. 궁극적으로는 선이 악을 이기고 사람들은 좋은 것을 얻게 된다고 본다. 이것이 바로 자연인들이 사물을 바라보는 관점이다. 몇 년 전 유대교 랍비 해럴드 쿠쉬너가 자신의 아들을 잃은 후 「왜 착한 사람에게 나쁜 일이 일어날까?」라는 책을 썼는데, 그 책의 기본적인 가정은 우리들 대부분이 선하기 때문에, 우리는 현재 우리에게 주어진 것보다 더 좋은 것을 얻을 자격이 있다는 것이었다.

엘리바스는 욥에게 계속해서 말한다. "생각하여 보라. 죄 없이 망한 자가 누구인가. 정직한 자의 끊어짐이 어디 있는가. 내가 보건대 악을 밭 갈고 독을 뿌리는 자는 그대로 거두나니"(4:7-8). 이것 역시 말이 된다. "선한 사람이 먼저 끝낸다. 속이는 자는 결코 잘살 수 없다."

엘리바스는 욥에게, 믿고 순종하는 사람들이 늘 그렇듯 일의 결국이 좋게 풀릴 것이니, 하나님의 연단을 믿음으로 받아들이라고 충고하며 본래 자신이 갖고 있던 신학으로 회귀했다(5:17-27). 부도 회복되고 건강도 돌아올 것이며, 욥과 그의 친구들은 어려운 지난날을 회상하며 웃게 될 때가 곧 올 것이라는 식이다. 물론 이런 어려운 때를 만난 이에게 문제에 대한 해답이 아주 쉽게 주어질 수도 있다.

그러나 욥은 정직하게 대답한다. "내가 무슨 기력이 있기에 기다리겠느냐. 내 마지막이 어떠하겠기에 그저 참겠느냐. 나의 기력이 어찌 돌의 기력이겠느냐. 나의 살이 어찌 놋쇠겠느냐"(6:11-12). 어찌 그가 자신의 사례를 최고 법원에 청원하는 것을 막을 수 있겠는가? "그런즉 내가 내 입을 금하지 아니하고 내 영혼의 아픔 때문에 말하며 내 마음의 괴로움 때문에 불평하리이다"(7:11). 이것은 고통에 대해 입을 악물고 말하는 태도가 아니다. 이것은 법정에서 일어나는 대화이며, 욥은 재판관 앞에서 자신의 억울함을 호소하고 있다. 우리처럼 욥은 상황에 대한 자신의 좌절을 표현하고 있으며, 하나님과의 심각한 씨름을 시작했다.

욥은 한때 건강했던 그의 몸이 이제 질병으로 뒤덮여 있음을 목격하며 부르짖는다. "이러므로 내 마음이 뼈를 깎는 고통을 겪으니 차라리 숨이 막히는 것과 죽는 것을 택하리이다"(7:15). 하나님을 향해 욥은 간절히 대답을 구한다. "주께서 내게서 눈을 돌이키지 아니하시며 내가 침을 삼킬 동안도 나를 놓지 아니하시기를 어느 때까지 하시리이까. 사람을 감찰하시는 이여, 내가 범죄하였던들 주께 무슨 해가 되오리이까. 어찌하여 나를 당신의 과녁으로 삼으셔서 내게 무거운 짐이 되게 하셨나이까. 주께서 어찌하여 내 허물을 사하여 주지 아니하시며 내 죄악을 제거하여 버리지 아니하시나이까. 내가 이제 흙에 누우리니 주께서 나를 애써 찾으실지라도 내가 남아 있지 아니하리이다"(7:19-21). 그런 고통을 당할 때 드는 자연스러운 생각은, 하나님께서 우리의 죄 때문에 벌을 내리신다는 것이다. 그러나 이 드라마의 관객인 욥기의 독자들은 욥의 시험에 다른 이유가 있음을 그 서론을 보아 알고 있다. 욥과 마찬가지로, 고통 앞에서 우리는 제한된 정보를 가지고 결론을 내리려고 시도하며, 우리에게 어떤 일이 일어나고 있는지 자세히 알아내려고 시도한다. 그러나 우리는 하나님의 자료 보관함에 접근할 수도, 그분의 내실에 들어갈 수도 없을 뿐만 아니라, 우리에게 왜 나쁜 일들이 일어나는지에 대해 하나님께 직접 설명을 듣지도 못한다. 그러나 이런 사실이 우리로 하여금 나름의 결론을 내리는 데 장애물이 되지는 않는다. 고통을 마주하며 하나님은 과연 어디에 계시며, 왜 당신의 얼굴을 보여주시지 않는지에 대해 종종 질문을 던지지만, 욥의 절망은 정반대의 질문을 제기하고 있다. 하나님께서는 언제 그분의 진노의 얼굴을 그에게서 돌려 다른 사람을 벌하실 것인가?

이때 수아 사람 빌닷이 대화에 끼어든다. 빌닷은 욥에게 절망에서 벗어나라고 충고하면서도 엘리바스와 같은 실수를 반복하고 있다. 그는 고통받고 있는 친구에게 다음과 같이 말한다. "네가 만일 하나님을 찾으며 전능하신 이에게 간구하고 또 청결하고 정직하면, 반드시 너를 돌보시고 네 의로운 처소를 평안하게 하실 것이라"(8:5-6). 더불어 그는 오늘날 텔레비전 설교자들처럼 약속한다. "네 시작은 미약하였으나 네 나중은 심히 창대하리라"(8:7). 빌닷은 좋은 의도로 말했지만, 잘못된 신학으로 너무 시달리고 있다.

다시 한번 욥은 바른 교리에 기반하여 대답한다. "인생이 어찌 하나님 앞에 의로우랴"(9:1). 욥은 하나님께서 우리와 흥정하지 않으신다고 대답한다. 우리가 최선을 다하면 하나님께서 우리의 삶을 풍요롭게 하실 것이라는 생각을 반박한다. 사실 욥은 다음과 같이 선언했다. "그는 마음이 지혜로우시고 힘이 강하시니 그를 거슬러 스스로 완악하게 행하고도 형통할 자가 누구이랴"(9:4). 그분은 행성과 별들을 주관하실 뿐만 아니라 인생의 만사도 주관하신다(9:4-14). 욥은 친구들의 기본적 신학을 공유하지만, 개인적 무고함에 대해 친구들에게 항의한다. "가령 내가 의로울지라도 대답하지 못하겠고 나를 심판하실 그에게 간구할 뿐이며"(9:15).

이어지는 구절들에서 욥은, 자신이 하나님의 자비의 법정에 마지못해 자신을 내어던질 뿐임을 분명히 표현하고 있다. 왜냐하면 자신이 결코 이길 수 없음을 알기 때문이다. "힘으로 말하면 그가 강하시고 심판으로 말하면 누가 그를 소환하겠느냐"(9:19). 욥은 하나님과 비교할 때만 비로소 드러나는 모든 인간의 타락을 인정하기 시작한다. 다른 사람들에 비하면, 사실 욥은 무고하고 죄 없는 사람처럼 보인다. 그러나 자신을 하나님과 비교하면 이렇게 고백할 수밖에 없다. "가령 내가 의로울지라도 내 입이 나를 정죄하리니 가령 내가 온전할지라도 나를 정죄하시리라"(9:20). "내 모든 고통을 두려워하오니 주께서 나를 죄 없다고 여기지 않으실 줄을 아나이다. 내가 정죄하심을 당할진대 어찌 헛되이 수고하리이까. 내가 눈 녹은 물로 몸을 씻고 잿물로 손을 깨끗하게 할지라도 주께서 나를 개천에 빠지게 하시리니 내 옷이라도 나를 싫어하리이다. 하나님은 나처럼 사람이 아니신즉 내가 그에게 대답할 수 없으며 함께 들어가 재판을 할 수도 없고"(9:28-32).

악의 문제에 대한 역사적 논쟁 속에 자리하고 있는 딜레마의 뿔이 간결한 문장 속에 잘 요약되어 있다. 우리의 애도에 대한 대답이 무엇이건, 하나님은 주권자이시며 의로우시다. 하나님은 전능하시거나 선하시지만 둘 다일 수는 없다는 쉬운 대답은 반대편의 대답을 희생시킨다. 욥은 자신의 의로움을 증명하기 위해 적어도 지금은 하나님의 의로우심을 의심하지 않는다. 욥은 만일 하나님께서 경건한 자들과 악한 이들을 함께 멸망시키신다고 해도 그분은 여전히 의로우시다고 결론짓는다. 그 누구도 의롭지 않기 때문이다. 나쁜 사람에게는 나쁜 일도 생기고 좋은 일도 생기지만, 선한 사람에게 나쁜 일이 생기지는 않는다. 선한 사람은 없으니, 하나도 없다.

훌륭한 법률가가 필요하다!

비록 욥은 이 특정한 위기 속에서 자신이 하나님의 벌을 받아 마땅한 일은 전혀 한 적이 없음을 주장하면서도(그의 주장은 옳다), 자신의 의로움을 스스로 주장할 수 없음 또한 잘 인식하고 있었다. 바로 이 점에서 욥은 하나님의 법정에 서기 위해 자신에게 무엇이 부족한지 깨닫게 된다. 그것은 훌륭한 법률가, 변호사, 중재자다. "우리 사이에 손을 얹을 판결자도 없구나!" 만일 내게 판결자가 있다면 "내가 두려움 없이 말하리라. 나는 본래 그렇게 할 수 있는 자가 아니니라"(9:33, 35). 과연 우리가 고통에 대한 하나님 중심적 접근과 인간 중심적 접근 사이의 간격을 파악할 수 있을까? 욥이 친구로 생각했던 잘못된 신학자들도 욥의 상황에 대해 죄와 정의의 관점으로 이야기하고 있다. 이 점은 중재자를 향한 욥의 부르짖음으로 이어진다. 하나님께서 재판관으로 앉아 계시는 법정은 이야기의 주된 배경이다. 만일 우리가 죄와 고통 사이의 연관을 보지 못한다면(특정한 재판을 특정한 죄에 대한 특정한 형벌의 원인으로 돌리는 것을 피할 수 있다고 해도), 문제의 해결을 위해 훌륭한 변호사를 요청하는 것은 우리에게 불가피하다.

아무런 중재자도 나서지 않는 것을 보고 욥은 하나님께 간구한다. "내 날은 적지 아니하니이까. 그런즉 그치시고 나를 버려두사 잠시나마 평안하게 하시되"(10:20). 얼마나 많은 사람들이 오늘날 극심한 재난을 겪은 뒤 하나님에 대하여 등을 돌려 버리고 마는가? 그들에게 하나님의 얼굴은 격려하는 미소로 다가오는 것이 아니라 불길한 위협일 뿐이다. 그런 시험 중에 있을 때, 심지어 하나님의 자녀들조차도 하나님께 등을 돌리고 싶어 하는 것은, 마치 제련소 노동자가 화로의 불길로부터 얼굴을 돌리는 것과 비슷하다. 만일 하나님께서 선하시고 전능하시다면, 그분은 당연히 나의 고통을 순식간에 멈출 수 있을 것이라고 우리는 생각한다.

욥에게 있어 이 신학적 문제는 해결되었다. 그러나 하나님의 주권과 정의는 충분한 위로를 제공하지 못한다. 욥은 오직 하나님의 자비 속에서 위안을 찾을 수 있다. 그에게 중재자가 있다면 말이다.

결국 우리의 상식은 우리로 하여금, 만일 하나님께서 주권적인 동시에 의로우시다면 엄청난 재난들은 반드시 하나님의 진노의 결과로 받아들여야 한다고 가르친다. 이것이 바로 욥이 피고측 변호인, 중간에 중재해 줄 어떤 사람, 판사 앞에서 자신의 사례를 놓고 청원해 줄 사람을 부르짖어 찾은 이유다. 만일 그런 사람이 있다면 그는 하나님께로 향할 수 있다고 욥은 말했다. 고통 중에서 하나님을 받아들일 수 있다고 말이다. 그러나 그는 그럴 수 없었다. 그래서 오히려 하나님께서 그로부터 돌아서시기를 원했다. 하나님은 과연 당신의 방식에서 합당하시다. 즉 전능하시고 의로우시다. "하나님께서 책임지신다"라는 표현과 "하나님은 선하시다"라는 말은 위기를 당한 이들이 할 수 있는 적절한 말일지 모르지만, 그들 자신에 의해─하나님의 눈부신 영광과 추악한 죄인들 사이를 중개해 줄 그 누군가를 떠나서─주어지는 보증은 단순히 벌어진 상처에 소금을 들이붓는 것과 다름이 없다. 그들은 자신의 힘으로 욥이 거쳐 갔던 비참함을 찬송으로 바꿀 수 없다. 사실 그런 보증은 단지 구호일 뿐이요, 오히려 욥을 더 비참하게 만들 뿐이다.

이제 나아마 사람 소발이 조언하기 위해 일어섰다. 그는 다음과 같이 말문을 열기 시작한다. "말이 많으니 어찌 대답이 없으랴. 말이 많은 사람이 어찌 의롭다 함을 얻겠느냐. 네 자랑하는 말이 어떻게 사람으로 잠잠하게 하겠으며 네가 비웃으면 어찌 너를 부끄럽게 할 사람이 없겠느냐"(11:2-3). 그러나 물론 욥은 비웃고 있는 것이 아니다. 그는 자신의 상황에 대해 진실을 말하고 있는 것이다. 과연 경건한 사람들은 때로 상황을 비웃고 있는 것으로 오해받는다.

기본적으로 소발은 욥에게 회개하라고 말했다. 하나님은 부당하게 형벌을 내리시는 법이 없으니 네 숨겨진 죄를 내려놓으라고 소리쳤다. "그리하면 네가 반드시 흠 없는 얼굴을 들게 되고 굳게 서서 두려움이 없으리니 곧 네 환난을 잊을 것이라. 네가 기억할지라도 물이 흘러감 같을 것이며 네 생명의 날이 대낮보다 밝으리니 어둠이 있다 할지라도 아침과 같이 될 것이요"(11:15-17).

이런 태도는 오늘날 몇몇 기독교 진영에서 흔히 보이는 진부한 도덕주의의 일종이다. 그러나 이런 도덕주의는 에덴동산에서의 인간의 타락만큼이나 그 역사가 오래다. 우리는 무화과나무 잎으로 치마를 두르고는 우리의 부끄러움이 우리 자신의 의로움으로 가리워졌다고 착각한다. 우리에게는 조건 없는 하나님의 은혜의 약속 대신, 좀 더 나은 삶을 약속하는 진부한 말들이 주어진다. 친구들을 향한 욥의 태도는, 하나님에 대한 그의 신뢰나 공경만큼이나 냉소적이다.

너희만 참으로 백성이로구나. 너희가 죽으면 지혜도 죽겠구나. 나도 너희같이 생각이 있어 너희만 못하지 아니하니 그 같은 일을 누가 알지 못하겠느냐(욥 12:2-3).

참으로 나는 전능자에게 말씀하려 하며 하나님과 변론하려 하노라. 너희는 거짓말을 지어내는 자요 다 쓸모없는 의원이니라. 너희가 참으로 잠잠하면 그것이 너희의 지혜일 것이니라.……너희가 하나님을 위하여 불의를 말하려느냐. 그를 위하여 속임을 말하려느냐. 너희가 하나님의 낯을 따르려느냐. 그를 위하여 변론하려느냐. 하나님이 너희를 감찰하시면 좋겠느냐. 너희가 사람을 속임 같이 그를 속이려느냐.……그의 존귀가 너희를 두렵게 하지 않겠으며 그의 두려움이 너희 위에 임하지 않겠느냐. 너희의 격언은 재 같은 속담이요 너희가 방어하는 것은 토성이니라. 너희는 잠잠하고 나를 버려두어 말하게 하라. 무슨 일이 닥치든지 내가 당하리라.……그가 나를 죽이시리니 내가 희망이 없노라. 그러나 그의 앞에서 내 행위를 아뢰리라(욥 13:3-5, 7-9, 11-13, 15).

그의 친구들의 평가와는 반대로, 욥은 시험 중에서도 놀랄 만한 경건을 보여주고 있다. 그것은 스토아주의가 아니라 자기 자신을 위해 하나님을 단호하게 신뢰하는 것이다. 그의 영혼은 '오직 하나님께 영광'(*soli Deo gloria*) 원칙이 지배하고 있다.

그럼에도 불구하고, 욥은 슬픔과 고통에 압도되어 있다. 하나님의 영광을 자신의 위기에 대한 볼모로 붙들고 있지는 않지만, 자신의 얼굴을 그 영광으로부터 가릴 수밖에 없으며, 특별한 약함 가운데 있던 그에게 이런 상황은 억압적일 뿐이다. 욥이 이런 불평들을 하나님 앞에 토로하고 있을 때 엘리바스가 다시 한번 설교를 시작한다. "참으로 네가 하나님 경외하는 일을 그만두어 하나님 앞에 묵도하기를 그치게 하는구나"(15:4). 욥은 대답하기를 "이런 말은 내가 많이 들었나니 너희는 다 재난을 주는 위로자들이로구나. 헛된 말이 어찌 끝이 있으랴. 네가 무엇에 자극을 받아 이같이 대답하는가"(16:2-3). 보다 중요한 것은 욥이 자신의 고통에 대해 하나님께서 어떻게 위로하실지 알지 못한다는 점이다. "이제 주께서 나를 피로하게 하시고 나의 온 집안을 패망하게 하셨나이다"(16:7).

그러나 고통 중에 빠져 있는 욥은 다시 한번 자신의 상황을 대변해 줄 변호인을 찾고 있다. "지금 나의 증인이 하늘에 계시고 나의 중보자가 높은 데 계시니라. 나의 친구는 나를 조롱하고 내 눈은 하나님을 향하여 눈물을 흘리니, 사람과 하나님 사이에와 인자와 그 이웃 사이에 중재하시기를 원하노니"(16:19-21). 점차 그 내막이 드러나는 이 법정에 새로운 인물이 등장하기 시작한다. 욥은 하나님 자신보다 부족하지 않은 그 중보자에게, 그러나 자신의 사례를 "인자와 그 이웃 사이에" 중재하실 분에게 호소하고 있다.

자신의 육신적 고통에 대한 비탄을 쏟아 내는 중에도 욥은 창문을 향해 걸어가 자신의 희망을 살핀다. 그가 찾고자 하는 것은 새로운 건강도, 되찾은 부도, 다시 돌아온 행복도 아니요, 그가 가졌던 모든 것을 합친 것보다도 더 중요한 것이다. "내가 알기에는 나의 대속자가 살아 계시니, 마침내 그가 땅 위에 서실 것이라. 내 가죽이 벗김을 당한 뒤에도 내가 육체 밖에서 하나님을 보리라. 내가 그를 보리니 내 눈으로 그를 보기를 낯선 사람처럼 하지 않을 것이라. 내 마음이 초조하구나"(19:25-27). 하늘에 계신, 그러나 언젠가 이 땅에 오실 중재자에 대한 분명한 희망의 표현과 더불어 놀라운 점은, 욥의 미래에 대한 소망이 자신의 영혼이 몸으로부터 분리되는 것에 있지 않다는 점이다.

비록 자신의 육체가 고문당하고 있지만, 그는 자신의 노쇠한 몸으로 하나님을 보게 될 것이라는 확신을 갖고 있다. 그것은 그분이 아니라면 아무런 소망이 없을 우리를 위한 중재자를 소개함으로써 드러나고 있다. "허물과 죄로 죽었던"이라는 표현으로 시작하는 에베소서 2:1-5은 우리가 "본질상 진노의 자녀"였다고 가르치고 있다. 그러나 "긍휼이 풍성하신 하나님이"라는 표현, "그러나 하나님이"라는 표현은 언제나, 특히 하나님의 자비와 관련된 문제를 이야기할 때 차이를 드러낸다. 욥에게 위로를 주는 것은 하나님과 세상이 움직이는 방식에 대해 아는 체하며 말하는 사람들의 진부한 조언이나 하나님의 정의와 주권에 대한 추상적인 호소가 아니라, 바로 성금요일 이후에 다가올 부활절에 대한 구체적인 소망이다.

욥의 질책에도 불구하고 그의 친구들은 고소를 계속한다. 이제는 젊은 엘리후가 나섰다. "[엘리후가] 화를 내니 그가 욥에게 화를 냄은 욥이 하나님보다 자기가 의롭다 함이요, 또 세 친구에게 화를 냄은 그들이 능히 대답하지 못하면서도 욥을 정죄함이라"(32:2-3). 엘리후는 욥의 명백한 자기 정당화에 도전하고 있다. 비록 욥은 하나님의 주권과 정의를 선포하지만, 그의 연설은 매우 단호해서 그의 죄책을 명백히 하고, 하나님의 주권은 잔인한 힘으로, 하나님의 정의는 단순한 변덕으로 축소된다. 엘리후의 긴 연설은 하나님의 주권과 정의를 다시 한번 강조한다(욥 32-37장). 그는 욥이 자신의 의로움에도 불구하고 하나님께서 그 목소리를 듣지 않으신다고 부르짖고 있음을 질책하고 있다. 그는 욥에게 우리 모두가 일반적 저주 아래 놓여 고통받고 있음을 이야기한다. 그렇지만,

만일 일천 천사 가운데 하나가 그 사람의 중보자로 함께 있어서 그의 정당함을 보일진대, 하나님이 그 사람을 불쌍히 여기사 그를 건져서 구덩이에 내려가지 않게 하라. 내가 대속물을 얻었다 하시리라. 그런즉 그의 살이 청년보다 부드러워지며 젊음을 회복하리라. 그는 하나님

께 기도하므로 하나님이 은혜를 베푸사 그로 말미암아 기뻐 외치며 하나님의 얼굴을 보게 하시고 사람에게 그의 공의를 회복시키시느니라. 그가 사람 앞에서 노래하여 이르기를 내가 범죄하여 옳은 것을 그르쳤으나 내게 무익하였구나, 하나님이 내 영혼을 건지사 구덩이에 내려가지 않게 하셨으니 내 생명이 빛을 보겠구나 하리라(욥 33:23-28).

엘리후가 욥에게, 그동안 하나님의 영광스러운 주권과 의로운 선하심에 대해 인내심을 갖거나 일관되게 인정하지 않았던 모습을 지적한 것은 정당하다. 비록 하나님께서 욥의 특정한 죄를 징벌하시는 것은 아니지만, 고통은 타락한 죄인으로서 갖게 되는 숙명적 현상이다. 아무도 "나는 무고하다. 나는 이런 일을 당할 이유가 없다"라고 말할 수 없다. 이것이 바로 우리가 우리 자신의 의로움을 신뢰하는 태도에서 벗어나, 천상의 법정을 향해 우리를 마지막 파멸에서 구원할 몸값을 치렀다고 선언하신 중보자의 의로우심을 신뢰해야 하는 이유다.

영감 있는 미사여구가 아닌 오직 그분의 존재가, 한 사람으로 하여금 그 얼굴을 들게 한다. 엘리후에 의하면 욥은 이렇게 말해야 했다. "그가 사람 앞에서 노래하여 이르기를 내가 범죄하여 옳은 것을 그르쳤으나 내게 무익하였구나. 하나님이 내 영혼을 건지사 구덩이에 내려가지 않게 하셨으니 내 생명이 빛을 보겠구나 하리라"(33:27-28). 욥은 자신을 죽음에서 끌어올리실, 살아 계신 구속자에 대한 신앙고백을 통해 이 문제를 해결하고자 분투했으나, 엘리후는 욥에게 더 이상 자신을 정당화하지 말고, 다른 모두와 더불어 그리스도 외에는 아무런 의로움을 내세울 수 없는 죄인임을 받아들여야 한다고 종용하고 있는 것이다. 나중에 하나님께서 말씀하신 많은 부분들이 엘리후의 말을 입증하고 있다.

위에서부터 들리는 목소리

욥과 그의 친구들이 자신들의 설교를 마친 후, 마침내 하나님께서 당신 자신을 위해 변호하신다. 폭풍우 가운데서 그분은 욥에게 대답하신다. "무지한 말로 생각을 어둡게 하는 자가 누구냐. 너는 대장부처럼 허리를 묶고 내가 네게 묻는 것을 대답할지니라. 내가 땅의 기초를 놓을 때에 네가 어디 있었느냐. 네가 깨달아 알았거든 말할지니라"(욥 38:2-4). 온 우주 위에 당신의 지혜와 능력을 보여주시는 신적 행동에 대해 언급하신 하나님은, 욥과 더불어 논쟁했던 그 친구들의 입을 다물게 하신다. 그들은 모두 단지 자신들의 경험과 상식에 기초하여 의견을 펼쳤기 때문이다. 그들은 모두 사건들의 표면에서 하나님의 마음을 읽을 수 있다는 가정 아래 처리했다.

우리 또는 사랑하는 이들에게 고난이 닥칠 때, 우리는 얼마나 쉽게 이런 식으로 행동하는가! 우리는 즉각 그 모든 일들의 배후의 목적에 대해 합리화하기를 주저하지 않는다. 그러나 하나님은 이런 설명들로 당신을 드러내도록 허락하지 않는다. 그분의 모사는 인간들에게 감추어져 있다. 하나님은 그들 모두에게 물으신다. "네가 어찌 그것을 새를 가지고 놀 듯 하겠으며 네 여종들을 위하여 그것을 매어두겠느냐……참으로 잡으려는 그의 희망은 헛된 것이니라. 그것의 모습을 보기만 해도 그는 기가 꺾이리라. 아무도 그것을 격동시킬 만큼 담대하지 못하거든 누가 내게 감히 대항할 수 있겠느냐. 누가 먼저 내게 주고 나로 하여금 갚게 하겠느냐. 온 천하에 있는 것이 다 내 것이니라"(41:5, 9-11).

하나님께서 스스로에 대해 변론하시니 욥은 더 이상 변명할 거리가 없어졌다. 하나님은 욥에게, 또 우리 모두에게, 설명할 수 없다고 해서 설명이 가능하지 않은 것은 아니라는 사실을 기억하게 하신다. 욥의 친구들은 그 모든 문제에 대한 답을 가지고 있지 못했다. 욥은 자신의 고통이 죄의 결과거나, 자신의 상황을 두고 승리를 선포하지 못함으로써 드러난 실패의 결과라고 생각했다. 행위로 의롭다고 주장하거나 공허한 말장난을 거부하는 좋은 모습도 있었지만, 반면 그는 실존주의자가 되어 버렸다. 틀린 대답보다는 무대답을 선호한 것이다. 하나님은 주권적이고 의로우시지만, 그것은 단지 추상적인 개념에 불과하다고 그는 결론지었다. 그의 구체적인 경험 속에서 하나님은 피해야 할 어떤 대상이었다. 두 차례의 잔인한 세계대전을 경험했던 장 폴 사르트르(Jean-Paul Sartre)처럼, 욥은 자살하는 것이 고통을 감내해 나가는 것보다 낫다고 결론 내렸다. 욥은 거듭 자신의 생명을 거두어 달라고 하나님께 간구했다.

고통의 높은 돛대에 매달려 본 적이 있는 사람은 죽음보다 더 두려운 공포가 존재한다는 것을 안다. 그것은 삶의 공포다. 그것은 다가오는 아침과 그 다음 아침에 대한 공포다. 깊은 절망을 마주하고 있는 이에게는 하나님을 외면하고 싶은 유혹이 너무도 크다. 고통은 하나님께로 가까이 가는 이유가 되기보다는 개인적 죄에 대한 하나님의 진노로 여겨지기 쉬운데, 우리가 하나님과 평화를 누리고 있을 때 더욱 그렇다. 이것이 바로, 왜 욥이 만일 그에게 중보자가 있다면 하나님께로 향할 수 있을 것이라고 말했는지에 대한 이해의 단서를 제공한다. 더불어 그는 이 중보자에 대해 점점 더 강한 확신을 갖게 된다. 그의 고백은 반복되고 있다. "지금 나의 증인이 하늘에 계시고 나의 중보자가 높은 데 계시니라. 나의 친구는 나를 조롱하고 내 눈은 하나님을 향하여 눈물을 흘리니, 사람과 하나님 사이에와 인자와 그 이웃 사이에 중재하시기를 원하노니"(욥 16:19-21).

우리 삶에 무엇이 잘못되었건, 우리에게는 하늘의 증인이 있다는 흔들리지 않는 확신이 있다. 우리는 그리스도께서 우리의 중보자이시며, 우리를 위해 하나님 앞에 눈물을 쏟으실 수 있는 분임을 알고 있다. 우리는 예수가 우리의 맏형이며, 친구를 위해 간구하듯 우리를 위해 간구하고 계시는 분임을 잘 알고 있다. 우리는 바울이 자신의 계속되는 죄성에 대한 절망을 토로한 로마서 7장의 의미를 이해할 수 있다. "내가 원하는 바 선은 행하지 아니하고 도리어 원하지 아니하는 바 악을 행하는도다.……오호라 나는 곤고한 사람이로다. 이 사망의 몸에서 누가 나를 건져내랴"(롬 7:19, 24). 그러나 또한 사도 바울이나 욥과 마찬가지로, 우리는 그 질문에 대한 대답을 가지고 있다. "우리 주 예수 그리스도로 말미암아 하나님께 감사하리로다.……그러므로 이제 그리스도 예수 안에 있는 자에게는 결코 정죄함이 없나니"(롬 7:25-8:1).

너무도 상식적인

상식적으로 세상을 바라보는 일은 욥뿐만 아니라 시편 기자에게도 고통스러운 일이었다.

하나님이 참으로 이스라엘 중 마음이 정결한 자에게 선을 행하시나 나는 거의 넘어질 뻔하였고 나의 걸음이 미끄러질 뻔하였으니 이는 내가 악인의 형통함을 보고 오만한 자를 질투하였음이로다. 그들은 죽을 때에도 고통이 없고 그 힘이 강건하며 사람들이 당하는 고난이 그들에게는 없고 사람들이 당하는 재앙도 그들에게는 없나니, 그러므로 교만이 그들의 목걸이요 강포가 그들의 옷이며 살찜으로 그들의 눈이 솟아나며 그들의 소득은 마음의 소원보다 많으며 그들은 능욕하며 악하게 말하며 높은 데서 거만하게 말하며 그들의 입은 하늘에 두고 그들의 혀는 땅에 두루 다니도다. 그러므로 그의 백성이 이리로 돌아와서 잔에 가득한 물을 다 마시며 말하기를 하나님이 어찌 알랴, 지존자에게 지식이 있으랴 하는도다. 볼지어다, 이들은 악인들이라도 항상 평안하고 재물은 더욱 불어나도다. 내가 내 마음을 깨끗하게 하며 내 손을 씻어 무죄하다 한 것이 실로 헛되도다. 나는 종일 재난을 당하며 아침마다 징벌을 받았도다(시 73:1-14).

이것은 우리 경험이 말하는 상식적인 증언이다. 그러나 혼란스러운 시편 기자에게 하나님은 지혜로 답하신다.

내가 어쩌면 이를 알까 하여 생각한즉 그것이 내게 심한 고통이 되었더니, 하나님의 성소에 들어갈 때에야 그들의 종말을 내가 깨달았나이다. 주께서 참으로 그들을 미끄러운 곳에 두시며 파멸에 던지시니 그들이 어찌하여 그리 갑자기 황폐되었는가 놀랄 정도로 그들은 전멸하였나이다. 주여, 사람이 깬 후에는 꿈을 무시함 같이 주께서 깨신 후에는 그들의 형상을 멸시하시리이다. 내 마음이 산란하며 내 양심이 찔렸나이다. 내가 이같이 우매 무지함으로 주 앞에 짐승이오나, 내가 항상 주와 함께하니 주께서 내 오른손을 붙드셨나이다. 주의 교훈으로 나를 인도하시고 후에는 영광으로 나를 영접하시리니 하늘에서는 주 외에 누가 내게 있으리요. 땅에서는 주밖에 내가 사모할 이 없나이다. 내 육체와 마음은 쇠약하나 하나님은 내 마음의 반석이시요, 영원한 분 깃이시라(시 73:16-26, 저자 강조).

하나님의 섭리가 주는 신비한 방식의 어두움 밖으로 벗어나, 시편 기자는 계시된 하나님의 말씀의 성전으로 들어가 종국에는 정의가 승리할 것이라는 사실을 깨닫게 된다. 비록 섭리가 하나님을 모르는 자들, 하나님을 신뢰하는 성도들을 비웃는 자들에게 유리하게 전개된 것처럼 보일지라도 말이다.

이 점은, 삶을 통틀어 다른 사람을 돌보는 부담을 짊어지고 살아왔음에도 불구하고 큰 고통을 경험해야 했던 내 부모님을 생각할 때 큰 도움이 되었다. 섭리의 손길은 우리에게 감추어져 있다. 우리는 우리 삶의 상황을 통해 하나님께서 우리를 향해 웃고 계신지 혹은 찡그리고 계신지를 읽어 낼 수 없다. 하나님의 길은 쉽게 정리될 수 없다. 하나님으로 하나님 되시게 하자!

우리의 믿음은 만병통치약이 아니다

기독교는 잘 기능하기 때문에 진리인 것이 아니다. 오히려 많은 경우 기독교는 잘 기능하지 못한다. 다시 말해 기독교는 우리가 해결해야 한다고 생각하는 모든 문제를 다 해결하지는 못한다. 기독교는 우리의 개인적 치료를 위한 기술이 아니라, 하나님께서 그리스도의 십자가 죽음과 부활을 통해 죄와 죽음을 극복하셨다는 진리다. 기독교가 그들의 망가진 결혼 생활을 고쳐줄 것이라고 생각해서 교회에 나온 이들은, 이혼 법정에 서 있는 자신들을 바라보며 결국 기독교를 저버리게 될지도 모른다. 자신들의 모든 죄된 습관, 유혹, 욕망이 회심 후 갑작스러운 승리로 이어질 것이라고 약속받은 이들은, 그들이 은혜로 구원받은 존재지만 여전히 죄인이라는 사실을 깨닫게 될 때 하나님에 대한 환상이 깨어지는 것을 경험하게 될 것이다.

고통스러운 인생을 스스로 마감했던 목회자이자 한 가정의 아버지, 그리스도 안에서 형제였던 한 친구의 가슴 아픈 장례식을 마친 후, 많은 사람들이 "만일 기독교가 스티브와 같은 사람에게 힘을 발휘하지 못한다면 나에게는 어떻게 기능할 수 있을 것인가?"라고 질문을 던졌다. 그것은 솔직하고 이해할 수 있는 질문이다. 그러나 이런 태도는 기독교가 모든 것을 고친다고 가정하고 있다. 기독교는 적어도 지금 여기의 모든 것을 고치지 못한다. 기독교는 역사의 종말에 모든 것이 고쳐질 것이라고 약속하지만, 아직 광야 생활 중에 있는 우리는 거룩한 도성을 향해 가는 순례자들일 뿐이다. 몇몇 순례자들은 하나님을 불신하는 가운데, 순례의 길이 이집트에 남아 노예 생활을 하는 것보다 훨씬 더 힘들다고 느낄 수도 있다. 스티브는 단순히 이집트로 되돌아간 순례자 중 한 명이 아니다. 이어지는 재난들 속에서도 끊임없이 하나님께로 돌아가던, 그분의 은혜로운 약속으로 되돌아가던 스티브와 그의 아내는 내 자신의 순례길에서 발견한 능력의 성채들이다.

그러나 스티브는 영원한 도성으로 가는 길이 너무 힘들어서 중간에 지름길을 찾아간 순례자다. 그의 경건한 아내와 더불어 그는 "더 나은 본향을 사모"(히 11:16)하고 있었지만 기다리려는 마음을 갖지 못했다. 그는 하나님의 시간을 받아들이지 않았다. 하지만 그는 아버지의 오른편에서 그를 위해 중보하시는 중보자를 발견한 사람이었다. 따라서 스티브는 우리의 약함 가운데 주어지는 하나님의 상을 받게 될 것이다.

우리의 개인적 시험이든, 특정한 시간과 장소에서 집단적으로 경험하는 시험이든, 하나님의 법정에 나아가는 우리의 상황은 욥의 그것보다 결코 낫지 못하다. 우리가 가족들의 재난을 대면하고 있든, 수많은 동료 시민들과 함께 뉴욕의 쌍둥이 빌딩이 무너지는 것을 속수무책으로 지켜보고 있든, 우리는 결국 욥보다 낫지 못하다. 하나님은 우리 누구에게도 건강과 부와 행복을 약속하지 않으셨다. 사실 그분은 그리스도의 영광에 참여하고자 하는 자는 또한 그와 더불어 고난도 함께 받아야 함을 가르치셨다. 이 고난은 일반적 의미에서의 고통을 말하는 것이 아니요, 그리스도와의 연대를 위한 특별한 형태의 시험을 말한다(롬 8:17). 우리가 선포하는 좋은 소식은 진리다. 실용적인 면에서나 유용성의 관점에서 잘 기능하기 때문이 아니라, 2천 년 전에 예루살렘 도성 밖에서 하나님의 아들이 우리의 죄를 위해 십자가에 달려 죽으시고 우리의 칭의를 위해 살아나셨기 때문이다. 이 역사적인 사건은 우리의 결혼 생활, 인간관계, 망가진 삶을 우리가 원하는 방식으로 우리가 원하는 시기에 고쳐 주지 않는다. 그러나 그것은 우리를 하나님의 진노로부터 구원하고, 새로운 삶, 소망, 지금 여기 우리 실존의 지혜를 주며, 최후에 고통의 종말을 보증하고 있다. 진정, 십자가를 바라보는 우리에게 다른 모든 것은 중요치 않은 부차적인 문제에 불과함이 분명해질 것이다. "한 번 죽는 것은 사람에게 정해진 것이요 그 후에는 심판이 있으리니"(히 9:27).

하나님이 우리에게 요구하시는 완전한 의로움은 우리에게 보내신 오직 한분, 욥과 바울, 모든 성도들이 죽음과 지옥으로부터의 안식으로 인도해 주심을 고대했던 바로 그 구속자를 통해 주어질 것이다. 우리가 예수 그리스도를 신뢰하는 바로 그 순간, 하나님께서 우리가 만든 무화과나무 잎 치마 대신, 그리스도의 의를 통해 만들어 주신 새 옷으로 우리에게 입히실 것이다. 그분의 순종의 삶, 희생적 죽음, 승리의 부활을 통해 아버지는 우리를 받아들이셔서, 우리는 그분의 상속자가 될 것이고 성령을 받으며 우리 자신의 죽을 몸에 부활의 약속을 받게 될 것이다.

이는 하나님을 향해 다시 고개를 들고 그 얼굴을 바라보는 것이 이제는 안전하다는 것을 의미한다. 고통 중에 있던 욥이 오직 중보자가 계시면 고개를 들고 하나님을 바라볼 것이라고 말했던 것처럼, 우리 모두는 슬픔에 가득 찬 어느 오후에도 하나님의 어깨에 기대어 소리치며 울 수 있다. 우리에게 고통과 고난이 있는 것은, 우리가 그분께 속해 있는 한 하나님의 진노가 될 수 없다. 사탄의 계획과 방식까지도 간섭하시는 그분은, 심지어 죄와 악마저 은혜의 메신저로 삼으시기 때문이다. 비록 우리가 이 계획을 우리의 삶 속에서, 엄청난 비극의 역사 속에서 볼 수 없을지라도, 우리는 하나님의 목적에 대해 확신할 수 있다. 인간의 역사를 통틀어, 인간이 저지른 가장 큰 불의 속에서 이 계획이 분명히 발견되고 있기 때문이다. 그것은 바로 영광의 주님을 십자가에 못 박은 사건이다. 고통 중에 있던 욥과 같이, 순교자의 최후를 맞았던 스데반과 같이, 우리는 심지어 죽음도 확신 있게 맞을 수 있다. "말하되 보라. 하늘이 열리고 인자가 하나님 우편에 서신 것을 보노라"(행 7:56).

비록 욥은 하나님을 고소할 위치에 있지 않음을 깨달았지만, 이 놀라운 책에서 하나님은 당신 자신을 고소당하는 위치에까지 낮춰 주신다. 사실 욥의 시험은 '연극 속의 연극'이요, 역사적 삼위일체 하나님과 사탄의 우주적 재판이라는 큰 줄거리 안에 포함되어 있는 작은 이야기다. 이스라엘 역사의 모든 이야기 및 성도들의 삶은 두 개의 씨앗 속에 존재하는 이야기의 전체적 구성이다. 여자의 씨와 뱀의 씨, 메시아를 잉태하는 언약의 약속의 씨와, 이 사악한 시대의 '정사와 권세들'은 모두 세상을 향해 서로 상반되는 계획을 성취하기 위해 투쟁한다. 욥이 당한 시험은 사탄이 배심원들을 속여 하나님은 충분히 선하지 않거나 그들의 존경에 합당할 만큼 강력하지 않다고 속이는 큰 시험 속에 자리한 작은 시험인 것이다.

그러나 하나님은 결국 승리하신다. 구속자, 곧 뱀의 머리를 깨뜨린 중보자가 하나님께 있기 때문이며, 죄와 악이 우리의 눈앞에서 영원히 사라지고, 모든 잘못된 것을 바로잡고 만물을 새롭게 하실 그분이 존재하기 때문이다. 우리가 당하는 시험은 결코 성경의 정경 안에 포함되지 않겠지만 역시 이 우주적 재판의 일부이며, 하나님께서 우리의 눈높이에 서서 당신 자신을 역사의 법정 앞에 세우시고 죄상의 인정 여부를 묻는 자리를 마다하지 않으신 것이다. 다음 장에서 살펴볼 내용이 바로 이 놀라운 이야기다.

8장

새로운 창조

1990년대 중반, 모린 오하라(Maureen O'Hara)와 월터 트루엣 앤더슨(Walter Truett Anderson)은 심리치료 산업의 심각한 상황에 대해 문제를 제기한 적이 있다. 샌디에이고 소재 심리치료사로서, 오하라는 자신의 경험에 기초해 몇몇 환자들의 경우를 소개했다(그들을 보호하기 위해 가명을 사용했다).

제리는 혼동과 불안, 분산된 마음 때문에 어쩔 줄 몰라했다. 이전에 의견을 같이했던 사람들과는 의견을 달리하는 반면, 논쟁하던 사람들과는 같은 편에 서게 되었다. 그는 자신의 현실 감각을 의심하면서, 삶의 모든 일들이 갖는 의미를 묻곤 했다. 그는 게슈탈트, 리버싱(rebirthing),[1] 융 심리분석, 홀로트로픽(holotropic) 호흡 훈련,[2] 생체 에너지 요법(bioenergetics), '기적의 과정', 12단계 회복 집단, 선(禪) 명상, 에릭슨 최면술 등 거의 모든 형태의 치료 과정을 섭렵했다. 그는 스웨트 라지(sweat lodge)에서부터[3] 인도 푸나 지방의 라즈니쉬 아쉬

람(Rajneesh ashram, 힌두교 암자), 데본 지역의 마술 숭배 축제에 이르기까지 두루 다녀왔다. 그런 그가 다시 한번—이번에는 자아 심리학자와 더불어—정신분석을 시도한다. 그는 새로운 아이디어와 경험들을 끊임없이 추구하고 있음에도 불구하고, 언제나 자신의 삶을 단순화하고 싶다고 말하는 사람이다. 그는 오리건에 땅을 살 가능성을 말했다. 그는 '늑대와 춤을'(*Dances with Wolves*)이라는 영화를 좋아했다. 제리는 오늘날 심리치료를 찾는 교육받은 전문직 종사자들과 크게 다르지 않다. 그러나 그는 전형적인 내방자가 아니다. 그는 잘 훈련된 심리치료사다.[4]

두 번째 환자 비벌리는 두 가지 삶의 양식과 정체성 속에 찢겨져 있는 사람이다. 그녀는 대학을 다니는 캘리포니아에서는 급진적 페미니스트다. 반면 중서부에 있는 고향을 방문하면 친절하고 단정하며 보수적인 여학생이다. 심리치료사가 언제 가장 자신답게 느끼냐고 묻자 그녀는 이렇게 대답했다. "비행기를 타고 날아가고 있을 때요."

오하라와 앤더슨은 이런 사람들을 "현실이라는 커다란 시장—현대 서구 세계—의 구매자들"로 평가했다. "여기에 그들의 종교가 있고, 이데올로기가 있고, 삶의 양식이 있다."[5]

심리학자 로버트 제이 리프턴(Robert Jay Lifton)은 새로운 정체성을 찾고자 하는 갈망을, 생포되는 것을 피하기 위해 끊임없이 자신의 모습을 바꾸는 그리스 신화의 프로테우스의 이름을 따서 '프로테우스 스타일'이라고 불렀다. 리프턴은 다중적 성격을 이전에는 정

신질환으로 구별했지만, 포스트모던 시대를 살아가는 현대인들에게는 일반적인 특징이라고 말한다.[6]

최근 나는 세련된 한 소매 체인점에 "너 자신을 다시 발명하라"는 현수막이 걸려 있는 것을 보았다. 리프턴에 의하면 이 '재탄생을 위한 열정'은, 적어도 부분적으로는, 누그러지지 않지만 결코 스스로 직면할 수 없는 죄책감 때문이라고 한다. 모든 사람이 다른 사람 혹은 다른 무언가―그들의 용어로 새로운 창조물―가 되고 싶어 한다.

이런 상태는 악순환과 궁극적으로는 불만족스러운 재탄생을 가져올 뿐이다. 전도서 기자가 말하듯이 이 모든 것들이 "해 아래에서"(전 1:3) 이 세상의 매일의 가능성을 무의미하게 하면서 일어나기 때문이다. 모든 것을 가졌던 전도자는 "헛되고 헛되며 헛되고 헛되니 모든 것이 헛되도다"라고 외쳤다(1:2). 영속적인 자아의 변형을 위한 갈망은 마케팅 문화가 주로 만들어 낸다. 광고는 우리가 되고 싶어하는 사람의 모습, 갈구하는 삶의 모습, 우리 자신이 그렇게 되고 그렇게 보여졌으면 하는 치장된 모습을 연출할 뿐이다. 그러나 진실은, 우리의 몸이 늙어 가고 있으며, 우리의 카리스마는 점진적으로 사라지고 있다는 사실이다. 기억력은 쇠퇴해 가고, 하찮은 일과 급한 일들에 종종 마음이 산만해진다. 우리의 영혼은 점점 빈약해져서, 하나님을 영화롭게 하고 영원히 즐거워하는 일이 무엇인지 알지도 못한다.

그러는 동안 우리는 허영의 시장의 소용돌이 속에 빠져, 무언가 새로운 것이 갑자기 나타나 우리 삶의 모든 것을 바꾸어 주기를 기대하게 된다. 우리는 불꽃놀이를 구경하고, 서로를 쳐다보고, 과연 이 모든 것들이 우리의 삶을 채워 줄 수 있을까 의심한다. 쇠퇴해 가는 이 시대에, 거짓된 약속과 환불 보증, 고쳐 만들기(makeovers), 하찮은 욕망, 영속적인 오락들은 성경적 신앙이 아니라 '대중의 아편'이다. 사육제(carnival)는 우리로 하여금 사순절의 실재에 대해 무감각하게 한다. 하지만 사순절이 바로 부활절로 인도하는 통로다! 달리 말하면, 우리 문화의 공허함은 삶의 풍성함으로부터 우리의 정신을 분산시켜, 현재 모든 것이 잘 진행되고 있고 미래도 상서롭다는 유치한 미신으로 우리를 달랜다. 우리는 비틀스가 노래하던 사람이 되지 않기 위해 우리의 빈 캔버스에 다른 풍경을 그리고 있는 사람들과 다를 바 없다. "아무도 없는 땅에 사는 아무 이름 없는 사람이, 그 누구에게도 도움이 되지 않는 헛된 계획들을 세우고 있다."

이것은 우리가 우리 자신에 대해 그리고 있는 모습이 아니다. 멋진 설교자가 우리에게 보여주는 모습도 아니다. 이것은 어두운 무대에 조명이 켜지면 곧 우리에게 일어날 것이라고 생각하는 바로 그 모습이다. 허무주의(Nihilism)는 우리가 이런 현상에 대해 붙인 이름이다. 문자적으로 '아무것도 없는 주의'(no-thing-ism)를 뜻하는 허무주의는 자아의 비극적 운명("나는 아무것도 아니다")에 대한 포기가 아니라, 탁월함을 추구하고자 하는 영웅적 용기다. 니체는 진리를 위한 초월적 준거점은 없다고 말한다. "진리는 발견되지 않는다. 그것은 만들어진다."

적어도 니체의 허무주의는 반항적이다. 그 안에는 적어도 생기가 살아 있다. 세상의 주인이 되고자 하는 열정이 보인다! 예를 들면,

1960년대의 많은 젊은이들은 사회적 관습과, 심지어는 궁극적 진리와 도덕성으로부터 디오니소스적으로 독립하고자 시도했다. 그러므로 니체식의 무신론을 '허무주의'라고 부르는 것은 그다지 정확하지 않다. 왜냐하면, 그의 주장은 믿을 수 있는 무언가가 없다는 것이 아니라, 우리가 자신을 믿는다면 우리 자신과 다른 사람들을 위해 진리를 만들고 현실을 창조할 수 있다는 것이기 때문이다. 주인이 결국 승리한다.

그러나 오늘날 많은 젊은이들은 진실로 허무주의자들이다. 니체에게 진리는 발견되는 것이 아니라 만들어지는 것이라면, 오늘날 많은 이들에게 진리는 만들어지는 것이 아니라 대중문화로부터 차용해 드레스처럼 수동적으로 입는 것이다. 정말 행복하지도, 그렇다고 아주 슬프지도 않다. 진정으로 사랑받는 것도 아니요, 그렇다고 완전히 빼앗긴 것도 아니다. 사실 우리는 응석꾸러기가 되어 버렸다. 우리 중 많은 이들은 단지 뒷짐 지고 앉아 지난 세대의 니체주의 거장들이 우리를 즐겁게 해주며, 우리에게 진리, 선, 아름다운 이미지들을 공급하게 한다. 허무주의는 2백여 개의 텔레비전 채널 중에서 하나를 선택하는 것과 비슷하며, 수많은 잡동사니 중에서 원하는 것을 선택하는 일 자체가 목적이 되어 버린 삶이다. 우리는 심지어 우리가 선택하고 있다는 사실과 왜 그런 선택을 했는지조차 모르는 상태로 살아간다. 우리는 책임이 있다고 생각하지만, 종종 삶의 명확한 목적이나 방향 감각은 완전히 잃어버리고 있다. 그러니 사람들은 몸은 패션 잡지에, 영혼은 자조적 유행에 맞추다가, 저녁이 되면 교외의 익명성으로 잠시 돌아가고, 다음 날 아침 다시 시작하는 것이다. 육체적이고 영적인 '고쳐 만들기'를 향한 쉴 틈 없고 부주의한 이 디오니소스적 추구는 그 자체로 고통의 한 형태다. 결국 주인들이 다시 노예가 되었다.

쉴 틈 없이 변하지만 어디로 가는지 알 수 없는 이 문화 속에서 복음의 등불은 우리 밖에서, 역사에서 어떤 일이 일어났음을, 새로운 세상을 시작한 영적인 변동이 일어났음을 알리고 있다(계 21:5). 아버지와 아버지의 오른편에서 승리로 관 쓰시고 앉아 계신 그 아들이 보내신 성령은, 모든 것의 안팎을 진정으로 새롭게 하신다. 심지어 지금도 미래의 완성은 "이 악한 세대" 사이로 뚫고 들어와(갈 1:4) 한 덩어리의 빵을 변화시키는 누룩처럼 자라고 있다(마 13:33, 눅 13:21). 복음은 더 나은 나, 혹은 새로운 외모나 스타일, 혹은 새로운 이미지를 약속하지는 않지만, 진정으로 새로운 창조를 약속한다.

이 새 창조가 바로 하나님의 사역이다. 그것은 인류의 유일한 진짜 희망이다. 나는 여기서 바울이 로마서에서 말한 "새로운 창조물"에 대해 좀 더 폭넓게 다루고자 한다.

두 아담(롬 5:12-21)

바울은 로마서 3:9-20에서, 온 세상이 돌판에 새겨진 법에 의해(구약을 따르는 유대인들에 대해), 혹은 양심에 새겨진 법(다른 모든 이들에 대해)에 의해 심판을 받을 것이라고 결론을 내린 뒤, 그리스도 안에서 오직 믿음으로, 오직 은혜로 죄인에게 주어지는 하나님의 의롭다 하심을 선포했다(롬 3:21-31). 이어 로마서 5장은 다음과 같이 시작하고 있다. "그러므로 우리가 믿음으로 의롭다 하심을 받았으니 우리 주 예수 그리스도로 말미암아 하나님과 화평을 누리자." 여기에 진정한 평화, 진정한 안식이 있다. 이것은 감정을 강조하는 (몇몇 경건한 사람들은 이를 통해 초인적 성자들이 되기를 갈구한다) 것이 아니라 하나님 앞에서 참된 신분의 변화를 의미하며, 하나님 앞에 죄인이 아닌 의인으로 변화하게 한다. 이 신분은 심지어 믿음이 가장 연약한 신자에게도 객관적으로 소유된 권리다.

이것은 우리가 '평화롭고 편안한 감정'을 가질 가능성이 가장 낮은 시련의 시기에 특히 중요한 점이다. 우리가 경험하고 있는 모든 어려움에 더하여, 우리는 지금 하나님이 우리와 함께하지 않으시거나 혹은 우리 편에 서지 않으신다는 경험(혹은 경험의 부재)의 부담을 갖게 되는 것이다. 그런 상황에서 우리에게 주어진 무한한 위로는, 하나님께서 매일 달라지는 우리의 영적 상태에 상관없이 우리를 당신과 화해시키고 계시다는 사실이다. 바울이 여기에서 말하고 있는 평화는 우리가 이미 "그의 아들의 죽으심으로 말미암아 하나님과 화목"하게 되었다는 사실이요(롬 5:10), 그리스도께서 하신 일에 대한 믿음을 통해, 하나님 앞에 단 한 번, 그리고 또 영원히 의롭다 하심을 입었음을 의미한다. 물론 이것은 어떤 감정과 행위를 유발시키겠지만, 바울이 말하고 있는 이 하나님과의 평화는 그리스도께서 우리를 위해, 우리 밖에서, 역사 속에서 하신 사역에 달려 있다. 그것은 단순히 하나님과 우리 사이의 적대 행위의 중지가 아니라(그것을 포함하긴 하지만), 하나님의 축복의 임재, 그리고 하나님과의 교제를 의미한다. 우리 마음의 주관적 상태, 마음 속의 의심, 몸의 고통은 하나님께서 우리를 위해 그리스도 안에서 단번에 행하신 것을 바꿀 수 없을 것이다.

이 선언 직후 바울은, 즉각적으로 두 아담, 그리고 인류를 대표하는 그들의 역할에 대한 논의를 시작하고 있다. 우리 모두는 둘 중 하나, 곧 "아담 안에"(따라서 영적으로 죽어 있다. 고전 15:22 참조) 있든지 혹은 "그리스도 안에"(따라서 영적으로 살아 있다. 롬 6:11 참조) 속해 있다. 더불어 아담 혹은 그리스도와의 연합—"아담 안에서" 혹은 "그리스도 안에서" 우리의 존재—은 **연방적**(federal)이며 유기적이다.

'연방적'이라 함은 대표적이고 언약적이라는 의미다. 토머스 제퍼슨(Thomas Jefferson)이 미국 독립선언문을 작성할 때 당시 생존해 있거나 장차 태어나게 될 모든 미국인을 대변해 기록했던 것처럼, 창조 때 하나님은 아담을 지명하셔서 모든 인류를 대변해 말하고 행하게끔 하셨다. 달리 말하면, 하나님은 아담으로 하여금 인류의 법적, 언약적 우두머리가 되게 하셨다. 아담이 하나님께 불순종했을 때 그는 자기 자신과 가족에게만 영향을 끼치는 행위를 한 것이 아니라, 그의 모든 후손과 모든 인류에게 영향을 끼치는 행위를 했다. 따라서 불순종에 이어지는 하나님의 법적 심판은 모든 인류를 고발한다. "그런즉 한 범죄로 많은 사람이 정죄에 이른 것 같이"(롬 5:18).

그러나 아담과의 이 연합은 단순히 율법과 언약의 순서에 관한 문제가 아니다. 여기에는 유기적인 면이 존재한다. 사과나무 가지들이 나무의 일부로서 한 나무의 식물학적 강점과 약점을 공유하는 것처럼, 아담의 자녀들은 유기적으로 그의 타락을 공유한다. 아담의 불순종은 그 후손인 우리에게 법적으로 전가되며, 그의 타락 역시 우리에게 유기적으로 전달된다. 아담의 자녀들은 율법의 의를 성취할 수 없을 뿐만 아니라, 적극적으로 이를 억누르고 있다.

그리스도 안에 있는 이들과 아담에 속한 이들의 대조가 이보다 더 분명할 수는 없다. 바울은 다른 곳에서, 그리스도가 모든 신자들의 대표됨을 강조하기 위해 그분을 '마지막 아담'이라고 부르고 있다(고전 15:45-49). 그의 부활이 장차 있게 될 우리 몸의 영화에 대한 여명인 것처럼(롬 6:5, 고전 15:20-22; 35-56), 아버지 앞에서 성취된 그리스도의 승리의 승천은 하나님 앞에 우리의 완전한 수용을 보장한다(고후 5:14-21, 엡 4:7-8). "그러나 이 은사는 그 범죄와 같지 아니하니, 곧 한 사람의 범죄를 인하여 많은 사람이 죽었은즉 더욱 하나님의 은혜와 또한 한 사람 예수 그리스도의 은혜로 말미암은 선물은 많은 사람에게 넘쳤느니라"(롬 5:15). 마지막 날에 대한 판결은 지금 여기에서 내려지고 있다. 심판의 날은 우리에게 이미 결정된 사안이다.

우리는 그리스도의 완전한 순종과 우리에게 전가된 그 의로 인해 의롭다 하심을 입었으며(고후 5:21), 신약성경에서 포도나무와 그 가지로 은유된 것처럼(요 15:1-8), 혹은 머리와 나머지 몸으로서(엡 5:23, 골 1:18; 2:19), 혹은 성전과 이를 구성하는 "산 돌들"로서(벧전 2:4-5) 유기적으로 그리스도와 연합되어 있다. 유기적인 이미지가 선택된 이유는 첫째, 이 이미지들이 연대, 공동생활, 머리와 나머지 구성원들의 관계를 강조하기 때문이다. 그리스도에 대한 믿음을 통해 우리는 하나님의 보좌 앞에서 그리스도의 법적인 칭의를 물려받을 뿐만 아니라, 성령의 신비한 사역으로 인해 그분께로 불가결하게 연결되어 그분의 삶이 우리의 삶을 변형시키는 근원이 된다(롬 8:9-11, 갈 2:20). 즉 우리는 그분이 사시기 때문에 산다. 우리는 장차 다가올 시대가 현재의 사악한 시대 속으로 파고듦에 따라 말씀과 성례를 통해 그리스도를 먹고 살게 된다.

그리스도와 우리의 믿음을 통한 연합이 연방적이며 유기적인 면을 지녔다는 사실은 매우 중요하다. 우리는 쉽게 칭의와 성화를 구별하는데, 법적인 판결과 변화된 삶 사이에서 하나를 강조하고 다른 하나는 배제하는 경우가 많다. 한편으로, 우리는 사죄의 복 주심과 하나님 앞의 칭의에 대해 너무 기뻐한 나머지, 우리로 하여금 회심하게 하고 '돌아서게' 하는(회심과 회개에 대한 성경적 단어의 함의) 중생의 현실을 무시한다. 다른 한편으로는 회심의 강도에 지나치게 압도된 나머지, 그리스도가 아닌 회심 자체에 집착하여 그리스도가 근원으로 가지신 우리의 성화를 보지 못한다. '그리스도인의 삶'을 다루는 프로그램들은 너무 자주 그리스도와의 연합이 갖는 두 가지 의미를 분리하여, 신자들이 정신분열적 삶을 살도록 유도하고 있다. 칭의를 위해서는 그리스도로서 충분함을 믿으면서도, 죄에 대한 승리는 그리스도가 아닌 다른 무언가로부터 얻도록 시도하게 한다.

그러나 한편의 택함, 대속, 칭의(우리 구속의 성취)와 다른 한편의 중생, 회심, 회개, 성화(우리 구속의 적용) 사이에는 핵심적인 차이가 있다. 달리 말하면, 그리스도께서 우리를 위해 하신 사역과 그분이 우리 안에서 하신 사역 사이의 차이다. 하나님의 택함, 화목, 칭의의 사역은 완벽하며 완전하다. 아무것도 그리스도의 완전한 의로 우심에 더해질 수 없으며, 성취되지 않은 일도, 노력이 더 필요한 부분도, 우리가 대신할 수 있는 그 어떤 필요도 존재하지 않는다. 사실 그리스도의 구속에 대해 우리가 무언가를 더할 수 있다고 제안하는 것은, 우리를 당신의 자녀로 삼으시는 하나님의 풍부한 비용에 대한 모독이다. 우리는 지금보다 더 강하게 선택되거나 더 받아들여지거나 더 용서받거나 더 의롭게 될 수 없다.

그러나 창조의 갱신은 이 시대에(우주적 차원에서), 또 우리의 삶에 있어(개인적 차원에서) 완성되는 과정이다. 그것은 복음을 통해 일하시는 성령의 은혜로 주어진 거듭남을 통해 시작된다. 이 거듭남은 단 한 번으로 족하며 결코 되돌릴 수 없는, 그리스도 안에서 우리를 새로운 창조물이 되게 하시는, 장차 다가올 시대의 영원한 삶 속에서 진행되는 확실한 사건이다. 그러나 우리는 점진적으로 그리스도의 이미지와 일치해 나가게 된다. 성화는 단번에 이뤄지지 않는다. 우리가 근원적 회심을 했는지에 상관없이, 죄에 대한 우리의 전쟁은 아직 끝난 것이 아니라 오히려 이제 시작되었다. 삶은 끊임없는 전투이고, 자신에 대해 매일 죽고 사는 새로움 속에서 다시 일어나며, 실패에 직면하여 끊임없이 회개하고, 죄에 대항하여 싸우는 것이다.

우리 그리스도인들이 갖는 경험에 대한 걱정─육체적 고통 혹은 영적 우울증─은 우리가 이 '새로운 창조'에 대해 무엇을 기대하고 있는지와 큰 관계가 있다. 새롭게 그리스도인이 되었을 때, 그 경험은 얼마나 새로운가! 천국은 때로 너무도 가깝게 느껴져, 손만 뻗으면 닿을 수 있을 것 같다. 나는 의심, 죄, 유혹에 대항해 싸울 수 있는 내적 힘을 느낀다. 그리고 어떤 때에는 중생으로 새로운 창조물이 되기 이전의 속박 상태로 다시 전락해, 똑같은 문제들로 고투하며 전혀 발전하지 못한 것처럼 느낀다. 신학자들은 종종 이것을 '이미'와 '아직'이라는 말로 표현한다. 이러한 범주는 바울이 로마서 6-8장에서 말하고 있는 논증을 이해하는 데 도움이 된다.

이미(롬 6장)

바울의 저 유명한 편지에서 발견되는 정말 놀라운 점은, 그가 칭의와 성화를 그리스도와 우리의 연합에 의해 연결하는 방법이다. 두 아담에 상응하는 것은 아담 안에서의 죽음과 그리스도 안에서의 생명이다. "죄가 더한 곳에 은혜가 더욱" 넘침을 관찰한 바울은(롬 5:20), 이어지는 장에서 논리적 대답을 제시한다. "그런즉 우리가 무슨 말을 하리요. 은혜를 더하게 하려고 죄에 거하겠느냐"(6:1).

이 질문은 목회상담학, 설교, 기독교 문학에서 아주 다양한 대답들을 양산해 왔다. 때로는 "물론이지, 얼마나 적절한 조합이야! 하나님은 용서하기를 좋아하시고 나는 죄를 짓기 좋아하지!"라고 말할 수도 있다. 그러나 대부분의 그리스도인들은 반대로 대답한다. 그들의 대답을 좀 더 구체적으로는 어떻게 이해할 수 있을까? 우리는 때로 우리의 형제자매들에게, 혹은 스스로에게 위협을 가한다. "네가 계속해서 죄 속에 빠져 살면, 너는 네 구원을 잃어버리게 될지도 몰라." 혹은 "상급을 잃어버릴 수도 있어." 혹은 "너는 육신적인 그리스도인이 되어 그리스도인으로서 승리의 삶을 사는 데 실패하게 될

거야."

하지만 바울은 어떻게 대답하는지 살펴보자. "그럴 수 없느니라. 죄에 대하여 죽은 우리가 어찌 그 가운데 더 살리요"(6:2). 죄의 억압에 대한 승리는 슈퍼 성자들만이 성취할 수 있는 목표가 아니라, 그리스도의 "죽으심과 합하여 세례를 받은"(6:3) 모든 신자들이 현재 갖고 있는 소유물이다. 달리 말하면, 모든 신자는 복음을 통해 승리한 그리스도인이지만, '승리하는 그리스도인'이라는 가르침이 뜻하는 수준으로 승리의 삶을 사는 신자는 없다.

그러나 여기 6장에서 바울은 '이미'에 대해 매우 명시적으로 표현하고 있다. "그러므로 우리가 그의 죽으심과 합하여 세례를 받음으로 그와 함께 장사되었나니, 이는 아버지의 영광으로 말미암아 그리스도를 죽은 자 가운데서 살리심과 같이 우리로 또한 새 생명 가운데서 행하게 하려 함이라"(6:4). 이것이 왜 모든 신자들이 이미 단번에, 그리고 영원히 변화되었는지, 왜 영적인 죽음으로 되돌아갈 수 없는지에 대한 바울의 설명이다. "우리가 그의 죽으심과 합하여 세례를 받음으로 그와 함께 장사되었나니." 믿음으로 그리스도와 연합한 이들에게 그의 죽으심과 합하여 세례를 받음으로 장사됨은 그분의 죽음과 부활과 마찬가지로 완전히 성취된 사건으로, 그리스어로는 불확정 과거(aorist) 시제로 표현되어 있다. 우리가 의롭다 하심을 입음과 같이 우리는 세례를 받았다. 그리스도와의 연합을 통해 성령은 우리를 미래의 세상, 부활의 세상, 아담이 아닌 그리스도에 의해 정의되는 세상으로 이끌어 가신다(6:5-11). 약속된 새로운 삶을 얻는 것은 오직 믿음으로만 가능하며, 세례를 통해 인치심을 받지만 이 믿음 자체가 하나님께서 주시는 새로운 삶의 일부가 된다. 영적으로 죽은 이들은 스스로 부활할 수 없다.

바울은 로마서 6장 첫 부분에서 명령을 내리는 것이 아니다. 그는 진리를 선언하고 있다! 성령으로 힘입은 그리스도 안에서의 삶은, 우리가 스스로 얻을 수 있는 것이 아니라 이미 우리에게 주어진 것이며, 그리스도와의 연합 때문에 이미 주어졌음을 알게 된다. 세례의 결정성—단 한 번 주어지고 결코 반복되지 않는—은 중생과 갱신의 결정적인 측면을 표현하며, 우리 삶에 역사하는 사탄의 통치를 무너뜨린다. 그러므로 그리스도인들의 전쟁은 그리스도의 승리에 기초해 수행되는 것이지, 우리의 성취를 통해 이루어지는 것이 아니다. 우리는 거듭된 승리를 이끌어 낸다. 우리가 수많은 전투를 견뎌 낼 수 있는 것은 이 전쟁이 이미 승리한 전쟁이기 때문이요, 우리의 대적은 이미 패배했기 때문이다!

바울은 다른 곳에서 이렇게 기록하고 있다. "그러므로 너희가 그리스도와 함께 다시 살리심을 받았으면 위의 것을 찾으라. 거기는 그리스도께서 하나님 우편에 앉아 계시느니라. 위의 것을 생각하고 땅의 것을 생각하지 말라. 이는 너희가 죽었고(과거 시제) 너희 생명이 그리스도와 함께 하나님 안에 감추어졌음이라(현재 시제). 우리 생명이신 그리스도께서 나타나실 그때에 너희도 그와 함께 영광 중에 나타나리라(미래 시제)"(골 3:1-4). 계속해서 바울은 말한다. "그러므로 땅에 있는 지체를 죽이라"(골 3:5). 이것이 하나님께서 하신 일, 하고 계신 일, 그리고 우리에게 주어진 계명에 대한 순종으로서의 그리스도와의 연합이며, 이를 통해 계속 하나님께서 해나가실 일에 대한 근거가 된다.

이것이 바로 바울이 로마서 6장에서 직설법(이미 이루어진 일에 대한 선언)에서 명령법(그 결과로 우리에게 행함을 호소)으로 논조를 전환한 이유다. "그러므로 너희는 죄가 너희 죽을 몸을 지배하지 못하게 하여 몸의 사욕에 순종하지 말고……죄가 너희를 주장하지 못하리니 이는 너희가 법 아래에 있지 아니하고 은혜 아래에 있음이라"(롬 6:12, 14, 저자 강조). 죄는 물과 성령으로 그리스도께 세례받은 사람들을 통치하지 못한다. 그 진리 안에서 사망에서 생명으로 옮겨졌기 때문이다(요일 3:14). 이런 방법으로 하나님은 이미 죄의 사슬을 끊으셨다. 죄는 우리를 주장할 수 없다. 순종의 부르심은 우리가 그 자유 안으로 들어가기 위함이 아니다. 하나님께서 이미 우리를 그 안으로 들이셨기 때문이다! 그리스도 안에 있는 사람은 더이상 죄와 죽음이 통치하는 아담 안에 있지 않다. 이것은 단순한 사실의 진술이다.

새로운 창조─곧 하나님의 나라─는 미래("다가올 시대")로부터 "이 사악한 세대" 속으로 파고들었다. 그러므로 그리스도인들이 경축하는 새로운 삶은 새로운 결심, 헌신, 혹은 더 나은 삶을 위한 계획으로부터 발생하는 것이 아니다. 그것은 우리에게서, 혹은 이 시대에 이미 존재하는 가능성을 통해서 오는 것이 아니라 하나님께로부터 온다.

이 두 시대의 체계(이 시대/다가올 시대)는 바울의 사상을 지배하고 있다. 우리는 누가복음 18:30(현세/내세), 20:34-35(이 세상의 자녀들/저 세상의 자녀들), 마태복음 12:32(이 세상/오는 세상) 등에 나오는 예수의 담론 속에서 이미 이 체계를 찾을 수 있다. CNN, 패션, 오락, 소비주의, 폭력과 억압의 이 세상—'현실 세상'으로 우리가 당연하게 받아들이는—은 사실 점차 스러져 가는 세상이다. 반항적인 인류가 스스로 자신의 대본을 쓰고, 줄거리를 발전시키며, 하나님 밖에서 의미를 찾아보려는 헛된 시도를 하는 것이다. '이 세대'가 현실의 세상으로 인정되기 가장 쉬운 이유는, 우리가 매일 얼굴과 얼굴을 마주 대하고 사는 세상이기 때문이다. '다가올 시대'를 규범적으로 받아들이는 것은 항상 어려울 것이다. 그러나 미래의 시대를 지금 여기로 가져오는 그리스도의 부활은, 우리의 경험이 틀렸음을 알려 준다. 이것은 위대한 소식이다!

우리는 이미 "이 모든 날 마지막"에 살고 있다(히 1:2, 행 2:17, 약 5:3 참조). 그리고 우리 주님의 두 강림 사이의 시간 속에서 우리는 '이미'와 '아직'의 중간 시대를 경험하고 있다. 우리 구원의 '이미'는, 우리가 그리스도 안에서 선택받았으며 그로 인해 구속되고 용서받고 의롭다 칭함받고 거듭났다는, 그리고 그분이 우리에게 마지막 구속을 위한 '보증금'으로 보내 주신 성령으로 인해 인치심을 받았다는 사실과 관계된다(엡 1:3-14). "또 미리 정하신 그들을 또한 부르시고 부르신 그들을 또한 의롭다 하시고 의롭다 하신 그들을 또한 영화롭게 하셨느니라"(롬 8:30). 우리의 영화조차도 분명한 현실이며, 비록 그것이 미래에 속해 있을지라도 그것은 이미 성취된 일들의 목록 가운데 포함되어 있다. 그래서 우리는 "뜻이 하늘에서 이룬 것같이 땅에서도 이루어지이다"라고 기도한다(마 6:10). 천국에서 우리의 미래는 아버지의 오른편에 앉아 계신 예수 그리스도 앞에,

"그가 모든 원수를 그 발아래에 둘 때까지 반드시 왕 노릇"하시는 그곳에 이미 존재한다(히 1:3). 그 마지막 원수는 파멸, 곧 죽음을 당하게 될 것이다(고전 15:26. 시 110:1, 행 2:33-35 참조). 그러므로 일급(승리하는) 그리스도인과 이급(육신적인) 그리스도인 사이의 구별은 없다. 한분이신 주님, 하나인 믿음, 하나인 세례에 참여하는 자들과(엡 4:5) "허물과 죄로" 죽은 사람들 사이에 구별이 있을 뿐이다(엡 2:1). 그러므로 신자들은 말씀과 성례를 통해 "내세의 능력"에 참여하게 된다(히 6:5).

물론 보이는 것은 우리의 눈을 속일 수 있다. 우리를 둘러싼 죽음, 부패, 죄, 악을 목격하게 될 때, 그리고 슬프지만 우리 안에서 이런 것들을 발견하게 될 때 특히 더 그렇다. 그러나 우리는 그리스도께로 세례받았고(과거 시제), 성령 안에서 살며(현재 시제), 우리를 기다리고 있는 영화의 소망 가운데 산다(미래 시제). 성령은 우리를 그리스도와 연합하게 하시며, 그에게 속한 것을 매일 우리의 것으로 만드신다. 하나님께서 우리를 위해 성취하신 구원에는 '이미'에 속한 항목들이 많이 있다. 이미 새로운 창조의 여명이 동트고 있으며, 우리는 이미 연합되어 있다.

내적 갱신(중생)은 외적 갱신(육체의 부활)으로 이어진다.

그러므로 우리가 낙심하지 아니하노니 우리의 겉사람은 낡아지나 우리의 속사람은 날로 새로워지도다. 우리가 잠시 받는 환난의 경한 것이 지극히 크고 영원한 영광의 중한 것을 우리에게 이루게 함이니, 우리가 주목하는 것은 보이는 것이 아니요 보이지 않는 것이니 보이는 것은 잠깐이요 보이지 않는 것은 영원함이라(고후 4:16-18).

이것이 바로, 우리의 경험이 아닌 성경이 미래에 대한 우리의 기대를 결정해야 하는 이유다. 내적 갱신(중생과 성화)은 대개 "낡아지는" 우리의 몸을 느끼는 것보다 감지해 내기 훨씬 어렵다. 새로운 창조는 고통, 약함, 부패 아래 숨겨져 있지만, 우리는 부활과 새로운 창조가 두 가지 단계를 포함하고 있으며, 첫 번째 단계는 훨씬 전에 이미 시작되었다는 사실을 반드시 기억해야 한다. 우리는 내적으로 죽음에서 생명으로 부활했으며, 마지막 날 우리의 육신도 부활할 것이다. 그러나 현재 진행되고 있는 육체적 부패의 과정은 새로운 창조에 대한 반대 증거인 것처럼 보인다.

내 아버지는 강도 높고 급속한 육체적 죽음을 경험하게 되면서, 전에는 보지 못했던 방식으로 당신의 믿음을 표현하셨다. 아이러니하게도 그 몸이 거의 완전히 마비되어 기쁨을 표현할 상황이 아니었음에도 불구하고, 그분은 눈에 보이는 기쁨의 표식들을 보여주고자 몹시 노력하셨다. 한 자루의 시멘트를 드는 것만큼이나 무겁게 하늘을 향해 손가락을 드는 그분의 모습은, 그 이전에는 전혀 볼 수 없었던 새로운 모습이었다. 육체적으로 가장 연약해져 가는 상황에도 불구하고, 아버지는 내적으로 새로워지셨다. 사실 아버지의 내적 갱신은 급속히 진행되는 외적 쇠약과 같은 속도로 진행되는 것처럼 보였다. 바울이 고린도후서 4:16에서 준 가르침을 기억하며, 우리 가족은 단지 비극이라고 말할 수 있는 것 이상의 다른 어떤 것을 아버지가 경험하고 있다는 사실을 이해하게 되었다.

내가 니카라과에서 만난, 적은 사례비 때문에 물고기를 잡아 생계를 유지해야 했던 한 목회자의 환대 속에서도 나는 이런 모습을 발견했다. 그는 상냥한 아내 및 세 아이들과 함께 진흙 바닥의 오두막에서 살고 있었다. 저녁은 고무 타이어 위에 놓인 쇠창살 선반 위에 차렸고 우리 발 밑으로는 작은 돼지들이 우글거리고 있었다. 나중에 알게 된 일이지만, 그 목회자는 내가 방문하는 동안 사용할 테이블과 의자들을 빌리기 위해 먼 거리를 다녀와야 했다. 하지만 그들과 함께한 식사와 교제는 다른 그 어떤 경우보다 더 기억에 남는 귀한 추억이다. 스러져 가는 이 시대의 렌즈가 아닌, 하나님의 렌즈로 세상을 보는 경험은 고린도후서 4:16과 성경의 다른 곳에서 끊임없이 확인하게 된다. 하나님은 현재의 일시적인 시험 속에서, 또한 그 시험을 통해서도 놀라운 일들을 하고 계신다. 중생은 두 가지면을 포함한다. 즉 내적인 사람과 외적인 사람의 중생, 우리가 하나님의 나라에 들어감에 따라 경험하게 되는 중생과 완성된 하나님의 나라라는 새로운 창조다.

아직(롬 7장)

그러나 로마서 7장은 '아직' 아니라는 방정식의 뒷부분을 우리에게 상기시키고 있다. 우리가 개별 신자들에 대해 말하든, 보다 넓은 의미에서 하나님의 나라에 대해 말하든, 완전한 구속에 대한 소망과 현재의 우리 사이에 '아직'이 있다. 칭의의 경의로움, 중생과 성화의 고귀함, 죄와 죽음의 세상 속에서 그리스도의 나라를 회복하는 놀라움 못지않게, 그 싸움 속에서 계속적으로 경험하는 좌절을 부정할 수 없게 만드는 약함, 절망, 좌절, 분투, 심지어 실패의 경험들도 우리에게 여전히 가득하다. 동양 종교들과 마찬가지로 미국의 정신과학(mind-science) 집단들(예를 들어 크리스천 사이언스, 사이엔톨로지 등)은 악, 죄, 고통이 실제로 존재한다는 것을 부정한다. 이런 것들의 존재를 부정하기 시작하면 우리는 더 이상 그것들의 피해자가 될 수 없다. 그러나 기독교적이 아닌 이런 믿음은 기본적으로 현실을 겁쟁이처럼 포기하는 태도를 갖는다. 반면 성경은 우리가 삶의 비극적 국면으로부터 숨을 수 있다고 가르치지 않는다. 성경은 오히려 우리가 이런 현실을 최대한 진지하게 받아들여야 한다고 가르친다.

로마서 7장에서 바울이 언급하는 내용들이 신자로서의 자신의 경험에 대해 이야기하는 것인지, 불신자이던 자신의 과거에 대한 것인지, 혹은 그리스도의 도래 이전과 이후의 이스라엘의 경험에 대해 일반적으로 이야기하는 것인지에 대한 많은 논쟁이 최근 수십 년간 진행되어 왔다. 그러나 만일 로마서 7장의 "나"가 바울 자신이 아닌 다른 무언가를 의미한다면, 바울이 회심 이전의 경험들에 대해 말하고 있는 것은 아니라는 것은 확실하다. 결국 그는 "죄 아래 팔린" 자신의 상태를 현재 시제로 말하고 있음과 동시에 중생을 경험하지 않으면 말할 수 없는 문제들에 대해서도 언급하고 있다. 말하자면 선을 행하고자 하나 죄를 짓는 자신의 모습이다. 그는 18절에서 "원함은 내게 있으나"라고 표현하고 있다. 이어 그는 선언한다. "내 속 사람으로는 하나님의 법을 즐거워하되 내 지체 속에서 한 다른 법이 내 마음의 법과 싸워 내 지체 속에 있는 죄의 법으로 나를 사로잡는 것을 보는도다"(7:22-23). "허물과 죄로 죽었던"(엡 2:1) 사람은

"하나님의 성령의 일들을 받지 아니하나니 이는 그것들이 그에게는 어리석게 보임이요"(고전 2:14), 그 사람은 "내가 행하는 것을 내가 알지 못하노니"(롬 7:15)라고 바울이 말한 것처럼 분투의 삶에 대해 말할 수 없다. 그가 로마서 6장에서 말한 것들이 참되기 때문에, 그는 죄에 대한 승리를 기대할 수 있다. 그러나 전쟁이 계속 이어지고 있음을 그는 또한 발견하고 있다. 그가 죄에 대한 진정한 투쟁을 계속할 수 있는 것은 중생했기 때문임을 의미한다. 따라서 로마서 6장의 '이미'는 7장에서 말하고 있는 '아직'에 의해 다소 적합해진다.

많은 신학자들은, 여기서 바울이 그리스도인으로서 그가 경험했던 분명한 실패들과 더불어, 그가 늘어놓고 있는 신학적 설명의 어려움을 서술하고 있다는 주장에 도전한다(결국 기독교적 삶에서 많은 실패를 경험한 목회자를 과연 어떤 교회가 청빙할 것인가?). 내가 어릴 적 다니던 교회에서는 로마서 7장이 전형적으로 '승리의 삶을 사는 그리스도인'과 대비되는 '육적인 그리스도인'에 대한 묘사라고 배웠다. 회심한 어떤 사람이 승리하는 그리스도인의 삶을 살게 될 가능성도 있지만, 반면 죄에 다시 빠져 실패를 경험하게 될 수도 있다. 이전의 나쁜 행실로 돌아간 사람도 여전히 구원받을 수 있겠지만 '더 나은 삶'을 사는 데는 실패하게 되는 것이다.

그러나 바울은 여기에서 그런 식의 공식을 제시하고 있는 것이 아니다. 로마서 7장은 전부 현재 시제로 서술되어 있다. 충격적으로 들릴지 모르겠지만, 바울이 의미하는 것은 그리스도와 연합한 모든 신자들이 현재, 그리고 동시에 6장의 '이미'와 7장의 '아직' 사이에 살고 있다는 것이다. 내가 경건함 속에서 계속 성장하기를 비록 원할지라도, 교만이 그 발을 문에 걸치고 상을 받기 위해 기다리고 있다. 심지어 나의 기도 속에서도 나는 너무 자주, 찬송가 작가가 말했던 것처럼, "방랑하기 쉬우며 내가 사랑하는 주님을 자꾸 떠나려고 한다." 경건의 최고점에서도 여전히 나는 분투를 멈출 수 없는 신자다. 가장 큰 죄를 지을 때도 나는 여전히 그리스도의 죽음과 부활 가운데 세례받은 신자요, 죄와 죽음에 대한 그리스도의 승리와 성령을 보내심으로 말미암아 새롭게 밝아오는 새 창조에 속한 시민이다. 로마서 7장은 정상적인 기독교적 삶에 대해 이러한 방식으로 서술하고 있다! 비록 7장이 이보다 더 많은 것을 의도하고 있을지라도, 이것이 바울의 논증의 핵심임이 분명하다. 모든 신자는 로마서 6장, 7장, 8장에 동시에 살고 있다. 저 유명한 스코틀랜드의 설교자 알렉산더 화이트(Alexander Whyte, 1836-1921)는 그의 회중들에게 반복해서 강조했다. "내가 여러분의 목회자로 있는 한, 우리는 로마서 7장으로부터 결코 벗어날 수 없습니다."

우리는 이 땅에 살면서 결코 로마서 7장을 벗어날 수 없다. 하지만 그것은 동시에 우리가 로마서 6장을 벗어날 수 없음도 의미한다. 한 개인이 기독교적 삶 속에서 어떤 진보를 만들어 내든지, 얼마나 많은 장애를 만나든지, 그의 믿음과 회개가 얼마나 약하든지, 그리스도와 연합한 각 사람은 이미 죄에 대해 죽고 의에 대해 산 것이다. 바울은 여기서 성경과 기독교 경험이 갖는 주기(cycle)를 아주 잘 가르치고 있다. 율법은 우리를 고발하며 우리는 죽을 수밖에 없다. 복음은 우리를 일으켜 세워 살게 한다. 율법은 복음이 주도하는 성화를 안내한다. 그러나 우리는 이전의 주인이었던 죄가 우리를 다시 노예 삼고자, 결국에는 성공하지 못할 것임에도 불구하고 심지어 하나님의 법을 (불법적으로) 사용하면서까지 우리를 끈질기게 따라다니는 것을 발견한다. "이것은 마지막 날까지 끝나지 않을 것이다." 따라서 우리는 우리의 죄에 대한 죄책과 폭력으로부터의 해방뿐만 아니라, 그 현존에서부터의 해방을 항상 소망한다. 새로운 창조—그리스도 안에 있는 하나님의 나라—는 이미 도래했으며, 이미 우리를 놀라운 빛으로 인도한다. 그러나 우리는 현재 약함 가운데 있으며, 아직 영광에 이르지 못했다.

그리스도를 바라보며 성령 가운데 살자(롬 8:1-17)

그러나 그리스도를 바라보자! 이것이 자신의 기독교적 삶의 수준에 실망했던 바울의 대답이다. 그는 자신의 애처로운 부르짖음에 스스로 대답하고 있다. "이 사망의 몸에서 누가 나를 건져내랴"(7:24). 이어 그는 "우리 주 예수 그리스도로 말미암아 하나님께 감사하리로다"(7:25)라고 고백한다. 이것은 '아직' 오지 않은 죄와 죽음에 대한 현재의 승리로부터, 우리를 기다리고 있는 소망에 대한 확신으로의 논증의 전환을 표시한다. 이것은 일이 잘못되어갈 때 "그저 하나님을 더욱 신뢰하라"고 외치는 애매한 감상이 아니요, 하나님께서 예수 그리스도 안에서 이 세상을 위해 결코 돌이킬 수 없는, 오직 더 많은 열매를 맺을 것을 행하셨다는 역사적 사실에 주의를 기울이는 것이다(고전 15:20-23). 사실 바울은 이렇게 말한다. "아버지의 우편에 계신 당신의 머리를 바라보시오, 당신의 대장이자 형제인 그분이 승리의 자리에서 이 전투를 이끌고 계시오." 로마서 7장에서 바울의 내적 성찰은 절망으로 이어진다. 그러나 그가 그리스도를 향해 밖을 바라보았을 때, 그는 다시 한번 그의 머리를 들 수 있었다.

이 단락에서(8:1-17) 바울은 6장에서 말한 '이미'—지금 여기서 이루어지는 성령의 내적 사역—를 다시 한번 강조하고 있다. 하늘에 계신 그리스도께서 이 전쟁을 이끌고 계실 뿐만 아니라 우리의 마음에 당신의 성령을 보내셔서 땅에서의 작전을 주도하고 계신다. 성령은 삼위일체의 모든 사역에 대한 완전한 사역자다. 그는 "다가올 시대"의 영, 우리를 마지막 날 영광 중에 일으키셔서 우리의 선구로서 예수 그리스도께서 이미 이루신 완전을 함께하게 하신다. 마지막 구속에 대한 보증금으로서 지금 성령을 소유하는 것(엡 1:13-14)— 몸의 부활—은 다가올 시대의 능력에 미리 참여하는 것이다. 이것이 우리의 겉사람은 후패함에도 불구하고, 성화를 통해 불멸의 몸으로 부활할 때까지 내적인 성장을 계속해 나가는 이유다.

그래서 이 단락은 "그러므로 이제 그리스도 예수 안에 있는 자에게는 결코 정죄함이 없나니"라는 선언으로 시작하고 있다(8:1). 바울은 작은 불꽃에 어떻게 부채질을 하면 큰 불로 커지는지 잘 알고 있었다. 그리스도와 복음에 대한 신선한 목격은 하나님께서 우리의 구원을 위해 하신 일과 지금 하고 계신 일을 보여줄 뿐만 아니라, 장차 그 나라를 완성하는 미래에 하실 일을 보여준다. 영적, 육체적 시련의 시기에 우리에게 가장 필요한 것은 더 이상의 명령법이 아니라(우리의 승리를 위한 우리의 계획), 승리의 직설법을 상기하는 것이다(우리의 승리를 위해 그리스도 안에서 성취된 하나님의 계획). 로마서 8장은 '육적 그리스도인'이 되는 것에 대해 경고하지 않는다. 바울은 여기서, 단순히 승리의 직설법을 반복하고 있다. "만일 너희 속에 하나님의 영이 거하시면 너희가 육신에 있지 **아니하고 영에 있나니**"(8:9, 저자 강조).

바울은 '육'과 '영'의 구별을 통해 우리 몸과 영을 이분법적으로 가르고 있지 않다. 이것은 죄와 죽음(육신 안에서)의 지배 아래 있는 인간의 삶과, 의와 생명(성령 안에서)의 지배 아래 있는 인간의 삶을 대변하고 있다. 물론 여기서 말하는 영은 인간의 영이 아니라 성령이다. 육과 영 사이의 전쟁은 우주적 범위에서 진행되지만, 세례를 통해 성령의 인침을 받고 새 창조의 완성을 기다리는 우리 개인의 삶 속에서 진행된다. 한편 바울은 성령께서 이미 우리 안에 거하시며 우리를 "다시 두려움 가운데" 떨어지게 하는 "노예의 영"으로부터 우리를 해방하신다는 사실에 안도하라고 말한다. 그것은 우리가 "아빠! 아버지!"라고 부름으로 말미암아 하나님의 양자되었음을 확증하는 하나님의 성령이 우리 안에 거하시기 때문에 가능하다 (8:15-17).

영광에 대한 소망(롬 8:18-30)

이 '이미'와 함께, 우리는 '아직'을 완전한 확신을 가지고 기다릴 수 있다. 바울은 우리에게 다음과 같이 설명하고 있다.

생각하건대 현재의 고난은 장차 우리에게 나타날 영광과 비교할 수 없도다. 피조물이 고대하는 바는 하나님의 아들들이 나타나는 것이니 피조물이 허무한 데 굴복하는 것은 자기 뜻이 아니요 오직 굴복하게 하시는 이로 말미암음이라. 그 바라는 것은 피조물도 썩어짐의 종 노릇한 데서 해방되어 하나님의 자녀들의 영광의 자유에 이르는 것이니라. 피조물이 다 이제까지 함께 탄식하며 함께 고통을 겪고 있는 것을 우리가 아느니라. 그뿐 아니라 또한 우리 곧 성령의 처음 익은 열매를 받은 우리까지도 속으로 탄식하여 양자 될 것 곧 우리 몸의 속량을 기다리느니라. 우리가 소망으로 구원을 얻었으매 보이는 소망이 소망이 아니니 보는 것을 누가 바라리요. 만일 우리가 보지 못하는 것을 바라면 참음으로 기다릴지니라(롬 8:18-25).

이 놀라운 구절은 개인의 구원과 구속의 역사를 연결하고 있다. 위대한 소망은 우리가 죽을 때 우리의 영혼이 천국에 가는 것이 아니다. 죽을 때 영혼과 몸이 분리되는 것은 부자연스러운 것으로 저주의 일부다. 니케아 신조에서 명시된 것처럼, 우리는 "몸의 부활과 다가오는 세상에서의 삶을 기다린다"고 고백한다. 우리는 몸을 부정하는 상태에서 '진정한 나'에 대해 말할 수 없다. 이것이, 바울이 우리의 최종적 양자됨을 내적 인격의 중생이 아니라 우리 몸의 부활과 연결시키는 이유다.

고대 그리스인은 육체에 대해 아주 낮은 존재 등급을 매겼다. 2세기 영지주의자들은 기독교를 그리스 사상 범주로 개조하려고 물질과 정신을 더욱 반대되게 했다. 그들의 목표는 "유성 지구의 종말"을 피해 그들의 몸("영혼의 감옥")과 순수한 영혼이 던져져 있는 덧없는 역사를 벗어나는 것이었다.

그러나 우리를 기다리고 있는 완성에 대해 말하는 바울의 묘사는 얼마나 다른가! 우리의 몸과 영혼이 영화롭고 통일된 순전한 상태로 재결합하기 전까지는 우리의 구원은 불완전하다. 구원은 모든 창조가 새로운 창조를 우리와 함께 나누게 될 때까지 불완전하다. 아담은 인간 가족 전체를 하나님께서 생명나무로 약속하신 영원한 안식으로 인도했어야 했다. 대신에 그의 반역은 모든 창조물을 저주 아래로 떨어뜨렸다. 대조적으로 둘째 아담, 곧 마지막 아담이신 그리스도는 이 과제를 이어받아, "많은 아들들"(많은 남녀가 이 이름에 포함된다)뿐만 아니라 모든 창조물을 인도하고 계신다.

종종 우리는 그리스도인이기보다는 영지주의자다. 우리는 인간의 존재 전체보다는 영혼에 한정된 것의 구원, 실제로 우리를 기다리고 있는 우주적 범위의 구속을 배제하고 인간 개인의 구원만을 생각하는 경향이 있다. 성경에 의하면 구원은 우리 몸이나 자연세계로부터의 탈출이 아니라 이 두 가지 모두의 구속이다. 이것이 그리스도인의 삶이 순전히 개인주의적이고 '영적'(비물질적)인 모습으로 보이면 안 되는 이유다. 그리스도인의 삶은 우리와 모든 창조물을 기다리는 영광을 미리 맛보는 것으로 보여야 한다.

오늘날 천국에 대한 개념이, 심지어 많은 그리스도인들에게조차도 그다지 상관없는 것으로 여겨지는 이유는 그리 놀라운 일이 아니다. 천국이 창조물로부터, 모든 '땅의 것'으로부터의 도피라고 보는 관점에서, 천국에의 소망은 실제로 하나님께서 창조하신 것들의 선함과 새 창조에서 창조물을 포함하여 이루실 그분의 계획을 부정하는 것이다. 구원은 창조의 끝이 아니요 장차 다가올 시대에 대한 참여이며, 인간을 억누르고 있는 모든 속박으로부터의 자유를 의미한다.

그러나 바울이 우리가 죄와 죽음의 지배로부터 영원히 자유롭다고 선언하고자 하는 열망을, 계속되는 싸움의 현실을 제시하며 완곡하게 표현했던 것과 마찬가지로, 로마서 8장에서 그는 우리 미래의 삶에 대한 승리의 직설법으로부터 소망에 대한 가르침으로 그 논조를 전환하고 있다. "보이는 소망이 소망이 아니니 보는 것을 누가 바라리요. 만일 우리가 보지 못하는 것을 바라면 참음으로 기다릴지니라"(8:24-25). 우리의 개인적 성화와 창조물에 대한 우리의 청지기 역할을 통해 우리는 패배적일 수도(미래의 완성이 우리의 현재로 많은 부분 이미 들어왔기 때문에), 그렇다고 승리적일 수도(우리는 그리스도의 재림을 기다리며 인내하고 있기 때문에) 없다. 로마서 6장은 모든 형태의 패배주의에 도전하고, 7장은 모든 형태의 승리주의에 도전하며, 8장은 모든 형태의 도피주의에 도전한다. 우리는 우리 구속의 '이미'와 '아직' 사이의 긴장 속에 살고 있다. 그리스도인들은 우리를 그리스도께로 인도하여 세례받게 하신 성령의 능력 안에서 죄의 권세에 대항한다. 우리는 마지막 때에 정복자의 왕관을 쓰게 될 것을 알고 있지만, 마지막 때까지 우리에게 남아 있는 약함과 좌절에 대해서도 알고 있다.

이 신학은 우리로 하여금 우리 밖으로, 먼저는 하나님께로, 둘째는 이웃들과 모든 창조물에게로 나아가도록 종용한다. 영지주의적 경건은 자아 중심적이며 순전히 내면 지향적이다. 성경적 경건은 주로 외향적이다. 만일 마지막 구속의 형태가 개인적인 것이 아닌 우주적인 것이라면, 우리가 가진 소망의 형태 역시 '장차 다가올 시대'

의 시민으로서 세상과 연관되어야 한다. 이 소망은 세상과 그 문제들로부터의 수도사적 도피가 아니라, 재림을 고대하며 사는 우리가 그리스도와 이웃들을 향해 보이는 겸손한 섬김이다.

예수께서 다음 날 재림하시면 오늘 무엇을 하겠느냐는 질문에 마틴 루터는 "한 그루의 나무를 심겠다"고 대답했다. 그가 의미한 것은 그리스도께서 세상에서 그에게 주신 소명, 곧 이웃을 위한 선을 이루는 데 마지막까지 최선을 다하겠다는 의미다. 현재 세상이 어떻게 보이는지에 상관없이, 마지막으로 또 영원히 이 세상을 속박으로부터 자유롭게 하실 하나님에 대한 기대를 가지고 오늘을 살아가겠다는 의미다. 의사는 죽음의 불가피한 저주를 저지하는 하나님의 수단으로서 수술실에서 사람을 살리는 일에 매진하고 있기를 소망해야 한다. 이것은 부활을 부정하는 것이 아니라 부활을 바라보고 있기 때문이다. 가정주부는 종종 평범하고 중요해 보이지 않는 셀수 없는 일상 속에서 가족들을 돌보는 것에 대해 만족해야 한다. 이 일을 통해 그녀는 삶을 긍정하고 믿음, 소망, 사랑을 통한 만물의 갱신을 고대한다.

소망은 인내와 기대와 확신을 갖고 기다리는 것이다. 과열된 우리의 활동이 우리 자신의 성화 또는 더 일반적으로 창조물의 성화와 관련된 약속된 완성을 초래하지는 않지만, 우리는 하나님께서 우리를 부모, 자녀, 고용주, 고용인, 친구, 이웃으로 소명을 주신 각자의 직임을 지킬 수 있으며, 반드시 지켜야 한다. 만일 영혼의 구원이 우리에게 주어진 유일한 약속이라면, 한 그루의 나무를 심는 일은 보다 높은 소명으로부터 우리의 주의를 분산시키는 일일 것이다.

그러나 이 세상이 승리의 행보로부터 장차 다가올 시대로의 완전한 완성에 우리와 함께하는 동반자로 여겨진다면, 매일의 일상적 활동은 그날을 고대하는 무대가 될 수 있다. 심지어 고통조차도, 그날이 이르면 그 영광 가운데 우리의 완전한 교제를 이루어 내는 그리스도의 십자가에 참여하는 수단이 될 수 있다. "생각하건대 현재의 고난은 장차 우리에게 나타날 영광과 비교할 수 없도다"(롬 8:18).

9장

영적 전쟁의 참된 본질

결혼 생활 초기부터 리사와 나는 긴급한 상황들 속에 너무 압도된 나머지 관계에 어려움이 종종 있었다. 결혼 생활의 첫해부터 네 번째 해, 곧 아버지가 수술을 받으시던 해까지의 기간 동안 내 아내는 결국 유산으로 끝나 버린 여러 번의 어려운 임신으로 인해 고통받고 있었다. 그녀는 임신으로 인한 우울증으로 점점 은둔자로 변해 갔고, 커튼을 치고 침대에서 하루 종일 울면서 지냈다. 내 아버지의 침실로 찾아오는 방문객들도, 하나님의 친밀하심과 선하심에 대해 내 아내가 갖고 있던 의심들을 더욱 심화시킬 뿐이었다.

이런 힘든 과정들이 우리를 더 가깝게 해줄 것이라고 아내에게 위로해 줄 수 있었다면 좋았겠지만, 사실 그 스트레스들은 우리를 서로 멀어지게 하는 위협이었다. 아내가 이런 문제들에 대한 대답을 절실히 필요로 할 때 내가 대답할 수 있다고 자신 있게 말할 수 있으면 좋았겠지만, 나는 그녀가 무슨 말을 들어야 하는지를 종종 망각하고 있었다.

마침내 2002년 9월 16일, 아들 제임스가 태어났다. 걷잡을 수 없던 호르몬들은 바로 진정되었고 우울증도 곧 사라졌다. 정말이지 그 변화는 밤과 낮의 차이 같았고, 내일도 어제처럼 절망적일 것이라고 생각하며 지냈던 수개월 이래 처음으로 우리는 다시 대화를 시작할 수 있었다.

다른 아이를 갖기 위해 노력했던 일 년 후, 초음파 검사에서 우리는 태중의 아이가 하나가 아니라 세쌍둥이라는 소식을 듣게 되었다. 담당 의사는 우리가 임신중절을 하는 것이 현명하다고 충고했다. 하지만 우리는 거절했다. 곧 어려운 상황이 잇따라 발생했고, 임신 20주차에 이르렀을 때 우리는 심각한 딜레마에 빠지게 되었다. 우리는 세 아이 중 한 명이 다른 아이들과 같은 속도로 자라고 있지 않다는 것을 알게 되었고, 한 주 두 주 지나면서 그 아이에게 영양이 충분히 공급되고 있지 않다는 것을 의사로부터 듣게 되었다. 28주차에는 다른 두 태아의 생명을 위험에 처하게 만드는 상황을 감수하면서까지 모든 아기들을 세 달 일찍 미숙아로 분만할 것인지, 아니면 건강한 형제들에게 생존의 최적의 기회를 주기 위해 한 아이가 죽는 것을 지켜보고 있어야만 할지에 대해 결정해야 했다. 주어진 의학적 상황을 주의 깊게 고려하며 기도하고 하나님의 지혜를 구하면서, 우리는 다음 날 세 아이 모두를 조기 분만하기로 결정했다.

올리비아, 매슈, 애덤은 태어나자마자 즉시 중환자실로 보내졌다. 중환자실에서 우리는 실에 매달린 듯 살고 있는 애덤과 다른 두 아이 모두에게 출생 후 첫 며칠이 매우 중요하다는 사실을 듣게 되었다. 최악의 상황에 대비해 마음을 가다듬고 기도하며 최선을 희망하는 동안, 우리는 그 중요한 첫 주에 올리비아에게서 뇌출혈이 발견되었다는 연락을 받았다. 다행히 뇌 스캔을 다시 했을 때는 뇌출혈의 증거가 없었다. 하나님께서는 우리가 전적으로 그분의 손안에 놓여 있다는 사실을 다시 한번 보여주셨다.

아이들 모두가 발육불량과 관련된 문제들(특히 호흡과 관련된)을 갖고 있었지만, 몇 주일이 지나면서 애덤에게 우리의 관심이 집중되기 시작했다. 고작 500그램 조금 넘는 무게로 태어난 애덤은 심각한 위장 장애를 겪었고, 건강이 회복되었다가도 다시 재발하는 경우가 반복되는 등 새로운 위기가 계속해서 발생해 아이의 생명을 위태롭게 만들었다. 나는 음식과 피를 공급해 주는 튜브가 엉켜 있는 것을 조심스럽게 풀어서 애덤을 내 가슴에 안고, 어떻게 이렇게 연약한 생명이 이 밤을 보내고 살아남을 수 있을 것인지를 생각해 보았다. 그러던 중 어린 시절에 내 가슴에 올려놓곤 했던 작은 햄스터가 생각났다. 애덤은 내 아들이지만, 이 아이는 어린 시절 애완동물 햄스터보다 조금 더 클 뿐이었다(그것도 애덤이 다리를 완전히 뻗었을 때만). 세 달 동안 중환자실을 방문한 후로(올리비아와 매슈는 두 달 동안 입원했다), 우리는 마침내 애덤이 집에 오는 날을 맞아 함께 기뻐할 수 있었다.

그리고 지금, 골절이 치료되고 수술이 성공적으로 끝난 후(그리고 애덤을 그의 두 번째 생일 직후 다시 중환자실에 보내게 했던 유별난 사고가 지난 후), 애덤은 두 아이들처럼 의사로부터 완벽한 건강 증명서를 받을 수 있었다. 우리는 하나님께서 왜 아버지의 죽음과 어머니의 심장마비 직후 바로 이런 일을 겪게 하셨는지에 대해 여전히 알 수가 없다. 아마도 그 당시 사탄은 우리가 의심과 낙심의 물결 위에서 표류하며 위로 고개를 쳐들고 살아남으려고 발버둥치고 있을 때, 우리의 발치를 붙들고 물 아래로 깊이 빠지도록 끌어내리는 데 작은 성공을 거두었던 것 같다.

분쟁 중에 있는 나라들

하나님의 나라와 사탄의 나라 사이에는 우주적 전쟁이 벌어지고 있으며, 우리의 삶은 그 전개되는 드라마의 일부에 불과하다. 우리는 육체적 고통을 영적 전투로만 축소시켜 이해하진 않지만, 모든 고통 중에서 이 중요한 측면을 놓치지 말아야 한다. 앞에서 내가 말한 이야기가 이 점을 보여준다. 우리가 시련을 겪고 있는 동안, 우리는 마치 욥과 주님처럼, 검사의 역할을 맡은 사탄과 우리의 변호사이신 그리스도 곁에 서서 재판에 회부된다. 이 재판에서 사탄의 목적은, 우리를 향하신 하나님의 자비로운 뜻에 대한 우리의 신뢰를 약화시키는 것이다. 반면 하나님의 목적은 그 신뢰를 강화시키는 것이다.

육체적 전쟁이 영적인 측면을 포함하듯이, 영적 전쟁도 육체적인 면을 포함한다. 오래전에 한 친구가 일종의 개인적인 위기를 겪고 있던 한 젊은 사람에 대해 이야기하면서, 그 사람이 내 책 「경이를 은혜로 되돌리기」(Putting Amazing Back into Grace)에서 느낀 점에 대해서 너무나 이야기를 나누고 싶어한다며 내가 그를 만날 수 있는지를 물어왔다. 그가 사는 지역을 잠시 방문해 함께 점심을 먹는 동안, 그는 그가 받은 강한 기독교적 양육과 그리스도에 대한 신앙에도 불구하고 자신이 동성애자인지 궁금하다고 말했다. 대화를 통해 나는 그가 동성애자가 아니라, 종종 굴복할지언정 항상 양심의 가책을 느끼고, 그리스도 안에서 하나님의 자비와 성령의 능력에 호소하면서 동성애적 유혹으로 몸부림치는 기독교인이라는 것이 확실하다고 느꼈다. 우선, 그는 자신이 동성애자일 것이라고 걱정했다. 이것은 자신을 동성애자라고 드러내 놓고 말하는 사람들, 곧 자신의 동성애적 삶의 양식을 긍정하는 사람들이 보여주지 않는 회개를 위한 기본적인 신호다. 게다가 그는 죄책감으로부터의 자유뿐만 아니라 죄의 압제로부터의 자유를 위해 그리스도에 대한 신앙을 고백했다. 그는 자신의 죄악된 성향으로부터 해방되기를 원했다.

문제는 그의 목사가 문제를 이런 식으로 보지 않고, 바울이 완고한 마음 상태를 묘사할 때 표현했듯이(롬 1:28), 그를 하나님께서 "내버려 두신" 상태라고 말했다는 사실이다. 이 목사는 "내버려 두신"이라는 말을 동성애적 욕망에 대한 언급으로 그에게 해석했지만, 사실 바울은 그 본문에서(1:24-27) 하나님에 대한 지식이 가려졌을 때 사회적으로 받아들여질 만한 죄들의 한 예로 동성애를 다룬 것이다. 달리 말하면, 로마서에서 "내버려 두신"은 동성애로 몸부림치는 사람들을 묘사하지 않는다. 오히려 동성애는 우리가 하나님을 거부할 때 일어나는 죄들의 한 예에 불과하다. 바울은 또한 다른 모든 것들 중에서 탐욕, 험담, 무례함, 무정함을 언급하고 있다(1:29-31).

이 청년은 분명히 하나님을 거부하지 않았다. 하지만 그 목사는 이 청년이 교회에서 공식적으로 제명되지 않았는데도 불구하고 그를 거부했다. 애석하게도 보수적인 '가정의 가치'라는 명분을 열정적으로 지지했던 그의 부모는 아들에 대해 당황스러워 했고, 그 목사의 판단을 받아들였다.

그 후에 있었던 서신왕래와 전화통화를 통해서 그 청년과 나는 이런 주제에 관해 이야기할 수 있었다. 이 젊은 형제가 가장 필요로 했던 것은 사죄 선언—그리스도 때문에 그의 죄가 모두 용서받았다는 끊임없는 긍정과 확신—이었다. 오직 용서만이 단순히 법적(두려움이 고취하는) 회개가 아닌, 복음적 회개로 이끌 수 있다. 그는 결국 캘리포니아에 있는 우리 단체의 사무실로 이사를 왔고 이 놀라운 은혜를 다른 사람들도 발견할 수 있도록 돕는 자원봉사자가 되었다.

우리와 함께한 지 일 년이 지난 후 집으로 돌아간 그는 다시 정죄-죄책감-범죄의 순환이라는 덫에 걸린 자신을 발견하게 됐다. 그는 결국 스스로 목숨을 끊음으로써 이 모든 것을 끝내기로 결심했다. 나는 지금 그가 어디에 있는지에 대해 의심이 없다. 그러나 그는 나에게 잘못된 신학이 가져올 수 있는 비극의 상징이자, 그 잘못된 신학이 가장 실제적인 방식으로 만들어 낸 비극의 상징으로 남아 있다. 우리는 다시 한번 오직 복음만이—구원하시는 직무를 지닌 그리스도를 바라봄—우리에게 믿음과 진정한 순종을 가져올 수 있다는 사실을 인식할 필요가 있다. 명령과 위협은 성경의 일부다. 우리는 그것들을 알고 있어야 한다. 그리고 그렇게 하면 우리는 그리스도에 대한 필요를 더욱 깊이 느낄 것이다. 그러나 명령과 위협은 비록 유용한 제안들로 잘 포장되더라도 믿음, 소망, 사랑으로 여행하는 우리 배의 돛을 부풀게 할 수 없다. 복음을 떠나 있을 때 율법은 가장 끔찍한 짐이 되고, 우리를 절망 혹은 자기 의의 망상으로 이끈다.

거의 모든 사람들이 성 아우구스티누스, 이 4세기의 영적 거인을 은혜의 박사로 알고 있다. 크게는, 종교개혁은 단순히 아우구스티누스 체제로의 회복과 개선이었다. 히포의 이 주교처럼 죄책과 은혜의 주제에 대해 탁월하게 다룬 저술가는 흔치 않다. 그러나 아우구스티누스의 회심은 죄에 대한 그의 죄책감 때문이라기보다는 죄의 세력 때문에 일어난 일이었다. 정원에서 쉬면서, 이 부도덕한 젊은 이교도는 한 어린아이의 노래 소리를 들었다. "집어 들고 읽어라, 집어 들고 읽어라." 그리고 신약성경을 찾아낸 그는 무작위로 펼쳐 로마서 13:13-14을 읽게 되었다. "낮에와 같이 단정히 행하고 방탕하거나 술 취하지 말며 음란하거나 호색하지 말며 다투거나 시기하지 말고 오직 주 예수 그리스도로 옷 입고 정욕을 위하여 육신의 일을 도모하지 말라." 부도덕적인 행태로 악명이 높던 한 이교도 집단의 속해 있던 이 젊고 욕정에 가득 찬 아우구스티누스는 죄의 압제 아래 놓여 있었다. 그러나 복음은 그 속박으로부터 자유롭게 한다고 그에게 약속했다. 이제 그리스도로 옷 입은 아우구스티누스는 드디어 자신의 출구를 발견했다.

이 모든 이야기 중에서 발견되는 공통점은 과연 무엇인가? 이 이야기들은 육체와 영혼의 상호 연관성뿐만 아니라, 우리의 육체적 전쟁을 아주 다른 방식으로 강조하고 있다. 욥의 개인적인 홀로코스트는 자신에 대한 하나님의 선하심과 관심을 의심하도록 그를 몰아갔다. 결국 정의가 세워질 것이라는 신념을 거의 포기하게 됐던 경우도 간간이 있었다. 인생의 위기들은, 그 원인이 육체적인 것이든 영적인 것이든 결국 우리의 인격 전체와 관련된다.

우주적 전쟁에 대한 현황 보고서

영적 전쟁은 최근 수십 년 동안 기독교 진영에서 뜨거운 화제가 되어 왔다. 이와 관련된 수많은 책이 출판되고 많은 컨퍼런스가 개최되었고, '세대의 저주를 끊기', '다양한 질병을 조종하는 구체적인 악령들(가난, 알코올 중독, 정욕 등)의 이름을 확인하기'와 같은 주제에 대한 테이프들이 제작되었으며, 악한 영들을 묶기 위한 기도 집회들이 열리기도 했다. '지역의 영들'의 '영적 지도 제작' 등 새로운 용어들이 이 영적 테크놀로지 주변에서 맴돌기 시작했다. 과연 이런 것들이 성경적 영성일까? 공상과학 소설과 같은 것일까? 아니면 미신일까?

이런 저작들 대부분은 우주론적 이원론이라고 불리는 것에 가깝다. 즉 우주는 마치 동등한 두 가지의 힘을 대표하는 것처럼 보이는, 하나님과 사탄 사이의 우주적 전쟁에 휘말려 있다는 믿음이다. 물론 내가 이 책 전체에 걸쳐서 주장하듯이, 성경은 우주적 전쟁이 있다고 가르치고 있다. 그러나 신자들로서 우리는 스스로 결과를 결정하는 줄다리기와 같은 상황에 놓여 있을까? 아니면 루터가 즐겨 사용했던 표현처럼, 심지어 악마조차도 하나님의 악마라고 말해야 하는 것일까?

열국의 우상 숭배에 대항해 성경에서 반복하는 논쟁은, 이스라엘의 하나님 한분만이 모든 것의 주님인 반면, 각 나라들은 삶의 특정한 영역을 통치한다고 믿는 여러 신과 주를 믿는다는 것이다. 이 우주에 두 명의 통치자가 있을 수 없다. 그러나 사탄은 항상 가장하는 자였다. 그의 악명 높은 반역 이래, 사탄은 항상 자신이 신이라고 자임해 왔다. 비록 하나님 홀로 최후의 왕이심에도 불구하고 인간들은 그의 기만에 유혹되어 왔으며, 그래서 사탄의 즉각적인 지배하에 놓였다.

사탄이 "이 세상의 신"(고후 4:4)으로 묘사되는 것은 진실이다. 하지만 이 구절이 지역의 악령들에 대한 우리의 집단적인 축귀와 세대 간 저주들에 대한 증거 본문으로 사용되는 것은 잘못됐다. 바울은 계속해서 그가 이 구절에서 의도하는 의미를 우리에게 전해주고 있다. 무엇보다 먼저, "이 세상의 신"은 어떤 영적 테크놀로지가 아닌 복음과 관계된다는 사실이다.

> 만일 우리의 복음이 가리었으면 망하는 자들에게 가리어진 것이라. 그 중에 이 세상의 신이 믿지 아니하는 자들의 마음을 혼미하게 하여 그리스도의 영광의 복음의 광채가 비치지 못하게 함이니 그리스도는 하나님의 형상이니라. 우리는 우리를 전파하는 것이 아니라. 오직 그리스도 예수의 주 되신 것이라(고후 4:3-5).

달리 말하면, 사탄은 세상을 현혹해 그것을 만드신 하나님을 부인하게 만들어 왔고, 세상은 그분이 세상에 처음 나타나셨을 때 그랬던 것처럼, 지금 구속자가 선포되었을 때 구속자를 거부하고 있다(요 14-16장). 달리 말하면, 우리는 여기서 믿음과 불신앙의 영역을 말하고 있는 것이지 마술을 다루는 것이 아니다.

우리가 지역의 영들을 파멸시키기 위해서 기도 군사들을 조직할 수 있다면 사탄과 그의 군대에 대항하는 작전은 좀 더 쉬울 수 있다. 그러나 이 작전은 생각보다 훨씬 더 어렵다. 왜냐하면 문제가 우리의 외부가 아니라 내부에 있기 때문이다. 우리가 우리의 뜻에 반대되는 굴레에 속박되어 우리의 승리를 이끌어내 줄 그 누군가를 애타게 갈망하고 있는 것이 문제가 아니라, 하나님을 신뢰하기를 거부하여 하나님의 간섭하시는 은혜로부터 멀리 떨어져 있는 포로들이 되어 버렸다는 것이 문제다.

이스라엘의 종교 지도자들이 악은 그들의 외부에 있는 것으로, 특별히 로마 점령군들이 악을 대변한다고 생각하고 있을 때 예수는 이 점을 명확히 하셨다. 이스라엘 백성들이 아브라함의 자녀라고 스스로 자부한다고 하더라도 그들은 결국 죄의 자식들임을 말씀하신 것이다.

> 너희는 너희 아비가 행한 일들을 하는도다. 대답하되 우리가 음란한 데서 나지 아니하였고 아버지는 한분뿐이시니 곧 하나님이시로다. 예수께서 이르시되 하나님이 너희 아버지였으면 너희가 나를 사랑하였으리니 이는 내가 하나님께로부터 나와서 왔음이라.……어찌하여 내 말을 깨닫지 못하느냐. 이는 내 말을 들을 줄 알지 못함이로다. 너희는 너희 아비 마귀에게서 났으니 너희 아비의 욕심대로 너희도 행하고자 하느니라(요 8:41-44).

하나님의 말씀에 대한 언급을 다시 한번 주목하라. 이것이 영적 전쟁의 현장이다. 영광스럽게 해주겠다는 사탄의 유혹을 하나님의 말씀보다 더 선호했던 아담은, 죄로 향하는 경주에 뛰어들었다. 그리고 둘째 아담을 시험한 사탄은 세상의 영광이라는 유혹을 가지고 다가왔다. 사탄은 예수의 즉각적인 필요들에 주목했다. 그러나 예수는 이렇게 말씀하셨다. "사람이 떡으로만 살 것이 아니요 하나님의 입으로부터 나오는 모든 말씀으로 살 것이라"(마 4:4). 바울이 사탄의 지배를 하나님의 말씀에 눈먼 세상과 연결했듯이, 예수도 이 구절에서 그렇게 하셨다.

영적, 육체적 곤경에 빠져 있는 신자에게 가장 흥분되고 해방적인 이야기는, 우리가 함께 모여서 확실한 단계를 따르면 어둠의 권세를 물리치는 비밀스러운 전쟁 계획이 존재한다는 것이 아니라, 예수 그리스도께서 우리를 위해 그가 처음 오셨을 때 이미 어둠의 권세를 물리치셨다는 것이다. 예수가 70명의 제자들을 추수할 들판으로 보낸 얼마 후 제자들은 마냥 들떠서 돌아왔다. "주여, 주의 이름이면 귀신들도 우리에게 항복하더이다!" 예수께서 대답하셨다. "사탄이 하늘로부터 번개 같이 떨어지는 것을 내가 보았노라." 그리고 그들에게 사탄과 세상을 눈멀게 만드는 그의 졸개들을 제압할 권세를 주셨다. "그러나" 예수께서 덧붙이셨다. "귀신들이 너희에게 항복하는 것으로 기뻐하지 말고 너희 이름이 하늘에 기록된 것으로 기뻐하라"(눅 10:17-20).

여기서 분명한 주제가 드러난다. 사탄과 어둠의 권세를 제압하는 것은 하나님 나라의 도래와 함께 일어난다는 것이다. 하나님 나라의 도래는 영적 무지에 집중적으로 임하고, 육체적 시력의 회복을 통해 그 신호를 확인할 수 있다. 예수와 그의 사도들을 통해 행해진 치유와 축귀는 복음의 나라가 마침내 도래했다는 것을 알리는 이정표다. "그러나 내가 하나님의 성령을 힘입어 귀신을 쫓아내는 것이면 하나님의 나라가 이미 너희에게 임하였느니라. 사람이 먼저 강한 자를 결박하지 않고서야 어떻게 그 강한 자의 집에 들어가 그 세간을 강탈하겠느냐"(마 12:28-29). 이것은 사탄을 패배시키는 일반적 프로그램에 대한 호소가 아니라, "그리스도시요 살아 계신 하나님의 아들"(마 16:16)이신 예수에 대한 신앙고백이다. 그리고 이 신앙고백은 다음과 같은 예수의 선언으로 이어진다. "또 내가 네게 이르노니 너는 베드로라. 내가 이 반석 위에 내 교회를 세우리니 음부의 권세가 이기지 못하리라. 내가 천국 열쇠를 네게 주리니 네가 땅에서 무엇이든지 매면 하늘에서도 매일 것이요, 네가 땅에서 무엇이든지 풀면 하늘에서도 풀리리라"(마 16:18-19).

매고 푸는 권세는 복음이 선포되는 곳이면 언제 어디서든, 악마의 요새가 강탈되고 그의 죄수들이 세례를 받으며 죄와 죽음의 나라에서 영원한 생명의 나라로 옮겨지는 곳 그 어디서든 행사된다. 복음서에 따르면 우주적 전쟁은 그리스도에 대한 믿음과 그의 나라로 들어서는 것에 따라 그 승패의 결과가 정해진다. 영적 전쟁은 모두 복음에 관한 것이다. 베드로의 신앙고백이 예루살렘에서부터 시작해 땅끝까지 이르러 모든 남자와 여자와 아이들의 입에서 들릴 때, 우리는 비로소 사탄의 제국에 떴던 해가 저무는 것을 보게 된다.

간략하지만 이것이 바로 전쟁터에서 날아온 현황보고서다. 현재 사탄은 가택연금 상태로 묶여 있다. 하지만 수감 중인 마피아 두목처럼 여전히 그는 언제든 문제를 일으킬 수 있다. 요한계시록 12장이 이 전쟁 장면을 장엄하게 압축된 사진으로 포착해 내듯이, 사탄은 이제 천국 바깥으로 쫓겨났지만 그의 요새로부터 해방된 교회에 대한 보복을 맹렬히 꾀하고 있다.

방패와 검

성경보다 공상과학 소설에 더 가까워 보이는 영적 전쟁에 대한 다양한 접근들을 위해, 다음에 제시되는 주요 증거 본문들에 주목해 보자. 우리의 목표는 단순히 오류를 반박하는 것이 아니라, 이 구절로부터 영적 전쟁의 풍부한 의미를 탐구해 영적 전쟁의 진정한 본질을 이해하는 것이다. 내가 생각하고 있는 본문은 에베소서 6장에서 발견된다.

> 끝으로 너희가 주 안에서와 그 힘의 능력으로 강건하여지고 마귀의 간계를 능히 대적하기 위하여 하나님의 전신 갑주를 입으라. 우리의 씨름은 혈과 육을 상대하는 것이 아니요, 통치자들과 권세들과 이 어둠의 세상 주관자들과 하늘에 있는 악의 영들을 상대함이라. 그러므로 하나님의 전신 갑주를 취하라. 이는 악한 날에 너희가 능히 대적하고 모든 일을 행한 후에 서기 위함이라. 그런즉 서서 진리로 너희 허리 띠를 띠고 의의 호심경을 붙이고 평안의 복음이 준비한 것으로 신을 신고 모든 것 위에 믿음의 방패를 가지고 이로써 능히 악한 자의 모든 불화살을 소멸하고 구원의 투구와 성령의 검 곧 하나님의 말씀을 가지라. 모든 기도와 간구를 하되 항상 성령 안에서 기도하고 이를 위하

여 깨어 구하기를 항상 힘쓰며 여러 성도를 위하여 구하라. 또 나를 위하여 구할 것은 내게 말씀을 주사 나로 입을 열어 복음의 비밀을 담대히 알리게 하옵소서 할 것이니 이 일을 위하여 내가 쇠사슬에 매인 사신이 된 것은 나로 이 일에 당연히 할 말을 담대히 하게 하려 하심이라(엡 6:10-20).

이 사도적 권면의 구약적 배경은 아마도 이사야 59장인 것 같다. 에베소서 6장이 이사야 59장에 대한 암시들로 가득차 있기 때문이다. 따라서 이 예언적 구절을 간략히 살펴보는 것은 에베소서에 나오는 영적 전쟁에 대한 바울의 가르침을 이해하는 데 도움이 될 것이다. 먼저 이사야 59장의 언어는 예언자들에게는 일상적인 상황인 재판정의 장면을 연상시킨다. 왜냐하면 예언자들은 계약의 변호인들이기 때문이다. 이 시대의 재판은 우리 시대의 재판과 달리 고소와 변호 사이에 일의 구분이 없었다. 계약의 변호사들로서 예언자들은 소송에서 양쪽 입장—피해자(하나님)와 가해자(이스라엘 백성)—모두를 대변했다. 이스라엘 백성은 법원으로 소환된다.

둘째, 이사야서의 앞선 장들과 당대의 예언자들(특히 예레미야와 호세아)을 고려할 때, 우리는 고된 시련 내내 백성들이 자신들을 정당화했다는 것을 알게 된다. 그들은 예루살렘의 멸망과 바벨론 유배를 죄의 대가로 보지 않았고, 하나님 쪽에서 약속을 파기한 것으로 이해했다. 그래서 그들은 자신들의 경험에 따라 판단하기 위해 하나님을 재판에 회부했다.

대신에 하나님은 그분의 말씀을 표준으로 세우시고 판세를 뒤엎으신다. 고난의 시기에 인류가 하나님께 항의하는 지속적인 두 가지 고발은 하나님이 그들을 구하실 수 없거나 구하기 싫어하신다는 것이다. 달리 말하면, 그의 주권이나 그의 선하심 둘 중에 하나는 인정할 수 없다는 것이다. 그러나 여호와의 변호인은 그 입장을 이렇게 제시한다. "여호와의 손이 짧아 구원하지 못하심도 아니요 귀가 둔하여 듣지 못하심도 아니라. 오직 너희 죄악이 너희와 너희 하나님 사이를 갈라놓았고 너희 죄가 그의 얼굴을 가리어서 너희에게서 듣지 않으시게 함이니라"(사 59:1-2). 사람들은 하나님의 팔이 너무 짧아서 이 세상에 닿지 않기 때문에 그 백성을 구하지 못하거나, 아니면 귀가 어두워서 듣지 못한다고 주장했다. 문제가 그의 팔이건 그의 귀이건, 곤경에 처한 백성에게 하나님은 위로를 주지 못한다. 하나님은 해결이 아니라 문제로 이해되는 것이다.

그러나 예언자 이사야는 이 고발을 뒤집어엎는다.

셋째, 백성에 대한 소송은 억압과 불의의 희생자로서가 아니라, 백성들의 인격에 근거한 증언으로 제기된다. 어떻게 범행의 흔적을 숨겨야 할지 고심하는 범인처럼, 이스라엘은 명백한 죄의 증거들을 그 몸에 지니고 있다. "손이 피에 너희 손가락이 죄악에 더러워졌으며 너희 입술은 거짓을 말하며 너희 혀는 악독을 냄이라"(59:3). 첫째 증거물은 이스라엘 집단의 몸이다. 죄가 있는 것은 하나님의 팔이나 귀가 아니라, 그들의 죄책을 드러내는 이스라엘의 손, 손가락, 입술, 혀다.

예언자는 불의한 소송과 부패한 법정, 거짓말과 사기에 대해 계속해서 성토한다. "각 개인은 자기 자신에 대해서만 책임이 있다"라고 그들은 말하고 싶을 것이다. 그들은 부패의 그물망을 짜서 그것으로 자신들을 감추고는, 자기 의라는 망토 아래에 자기 기만을 숨기는 독사나 거미에 비유된다. "그 짠 것으로는 옷을 이룰 수 없을 것이요 그 행위로는 자기를 가릴 수 없을 것이며 그 행위는 죄악의 행위라. 그 손에는 포악한 행동이 있으며"(사 59:6). 그들은 단순히 잘못된 무리에 속해 실수를 한 것이 아니다. 오히려 그들 자신의 인격이 그들의 죄성에 대한 증거로 사용된다. "그 발은 행악하기에 빠르고 무죄한 피를 흘리기에 신속하며 그 생각은 악한 생각이라. 황폐와 파멸이 그 길에 있으며 그들은 평강의 길을 알지 못하며 그들이 행하는 곳에는 정의가 없으며 굽은 길을 스스로 만드나니, 무릇 이 길을 밟는 자는 평강을 알지 못하느니라"(59:7-8). 그들은 평화가 아니라 전쟁을 갈망한다

우리가 국가에 대해 생각할 때, 우리는 손상된 양심을 체험하기 위해 정치적 당파의 일원이 될 필요는 없다. 비록 미국이 자유와 정의와 기회를 위한 유일한 희망으로 자신을 세상에 내세우고 싶겠지만, 적어도 통계적으로 우리는 세상의 부채, 폭력, 범죄를 양산하는 리더였다. 오늘날 미국에 사는 27명당 1명은 감옥에 수감되어 있고 이 비극적 통계는 흑인들 중에서는 더 높게 나타난다. 예언자들은 이 악한 세대의 정사와 권세에 대해 말할 때 공상과학 소설의 용어들을 생각하지 않았다. 그들은 장기간에 걸쳐 형성되어 온 죄가 구체화, 체계화, 제도화된 속박의 형태로 영향을 미치는 상황을 염두에 두었다.

그러나 결국 이 문제는 우선 죄에 뿌리박힌 영적 문제다. 이 죄는

어둠의 권세에 속박되어 있으려 하고 하나님께 응답하기를 거부하는 인간의 집단적인 죄다. 우리는 이 사실을 한 예언자의 주목할 만한 연설에서 볼 수 있다. 그 예언자는 여기서 왕이 아닌 백성들의 이름으로 자신의 논지를 펼쳐 나간다. "그러므로 정의가 우리에게서 멀고 공의가 우리에게 미치지 못한즉"(사 59:9). 즉 우리가 문제다. 하나님은 그의 약속에 대해 신실하지 않으신 적이 없다. 우리가 신실하지 못했다. "우리가 빛을 바라나 어둠뿐이요 밝은 것을 바라나 캄캄한 가운데 행하므로 우리가 맹인같이 담을 더듬으며 눈 없는 자같이 두루 더듬으며 낮에도 황혼 때같이 넘어지니 우리는 강장한 자 중에서도 죽은 자 같은지라"(59:9-10). 그 백성들이 단순히 옳은 일을 하는(do) 데 실패한 것이 아니다. 그들은 너무나 성공적으로 불의 속에 진리를 은폐했기 때문에 더 이상 옳고 그름을 알지(know) 못한다.

이것은 오직 일부 사람들에게만 문제가 되는 것이 아니다. "저쪽 편에 있는 사람들", "어떤 정당"의 문제가 아니라, 하나님의 거룩, 영광, 정의, 의로움, 경외에 대한 감각을 잃어버린 각 개인에게 해당되는 문제다. 이사야는 정의와 구원이 "우리에게서 멀다"고 말한다. 왜냐하면 "우리의 허물이 주의 앞에서 심히 많으며 우리의 죄가 우리를 쳐서 증언하오니, 이는 우리의 허물이 우리와 함께 있음이니라. 우리의 죄악을 우리가 아나이다"(59:12). 이 모든 일은 하나님에 대한 무지와 무관심으로부터 시작된다(59:13). 오늘날 우리의 교회들에서 너무나 흔하게 일어나고 있는 일은, 우리 자신과 우리의 행복에 초점을 맞춘다는 것이다. 그것은 몸 전체의 생명을 위협하는 암처럼 확장되며, 이사야가 다음과 같이 묘사한 지경에까지 몰아간다. "정의가 뒤로 물리침이 되고 공의가 멀리 섰으며 성실이 거리에 엎드러지고 정직이 나타나지 못하는도다. 성실이 없어지므로 악을 떠나는 자가 탈취를 당하는도다"(사 59:14-15).

에덴동산에서의 타락을 보여주는 창세기 구절에서도 이런 메시지가 울려 퍼지고 있다고 해도 과언이 아니다. 그곳은 사탄이 흉벽을 세우고 성루를 건설하는 곳이다. 하나님과 그의 말씀은 신뢰받지 못하게 되고, 대신 인간이 스스로의 주인이 되며, 자신만의 길을 발견하여 자신을 믿고 제멋대로 행동하게 된다. 광야에서, 그리고 약속된 땅에서 이스라엘이 받은 시험은 아담이 에덴동산에서 받은 시험의 반복이었다. 그리고 예수께서 받은 시험도 이 두 경우와 같았는데, 다른 점이 있다면 예수는 그의 순종으로 아담과 이스라엘의 죄를 씻어내 주셨고, 계약 위반의 저주는 당신 자신이 뒤집어쓰셨다는 것이다.

그리고 이 점은 심판에서 칭의로, 나쁜 소식에서 좋은 소식으로 전환되는 이사야 59장에서 정확히 표현되고 있다.

여호와께서 이를 살피시고 그 정의가 없는 것을 기뻐하지 아니하시고 사람이 없음을 보시며 중재자가 없음을 이상히 여기셨으므로, 자기 팔로 스스로 구원을 베푸시며 자기의 공의를 스스로 의지하사 공의를 갑옷으로 삼으시며 구원을 자기의 머리에 써서 투구로 삼으시며 보복을 속옷으로 삼으시며 열심을 입어 겉옷으로 삼으시고, 그들의 행위대로 갚으시되 그 원수에게 분노하시며 그 원수에게 보응하시며 섬들에게 보복하실 것이라. 서쪽에서 여호와의 이름을 두려워하겠고 해 돋는 쪽에서 그의 영광을 두려워할 것은 여호와께서 그 기운에 몰려 급히 흐르는 강물같이 오실 것임이로다. 여호와의 말씀이니라. 구속자가 시온에 임하며 야곱의 자손 가운데에서 죄과를 떠나는 자에게 임하리라 (59:15-20).

좋은 소식은 두 가지 의미가 있다. 첫째, 정의가 이루어질 것이다. 해방이 올 것이다. 공의가 세워질 것이다. 악, 억압, 폭력은 지구상에서 깨끗이 사라질 것이다. 둘째, 회개하고 구속자께 돌아서는 자는 구원받을 것이다.

이사야 59장의 이 법정 재판은 고난과 우리가 저지른 특정한 죄 사이에 일대일 대응 관계가 있다고 말하지 않는다. 우리는 이것이 부적절한 신학임을 욥기에서 이미 살펴보았다. 죄는 그것보다 훨씬 더 복잡하다. 죄는 우리 각자뿐 아니라 우리 모두가 집단적으로 얽혀 버린 거미줄에 비유될 수 있다. 따라서 우리 모두는 죄인인 동시에 가해자와 희생자들이다. 우리는 우리가 함께 만들어 낸 이 죄악의 거미줄에 붙잡혀. 폭력, 부당, 불의, 고난의 악순환을 없애는 대신 오히려 거기에 기꺼이 동참하고 있다. 이것이 우리 모두에 대한 진실이다. 그렇기 때문에 이 재판에서 들리는 유일한 좋은 소식은, 죄인들의 심문을 받던 판사가 그 법복을 벗고 용사의 복장으로 다시 갈아입는 것이다. 이 판사는 공의로 자신과 우리를 붙드시고 정의를 세우시며 칭의를 허락하시는 왕, 여호와이시다.

우리 대장의 갑옷

에베소서 6장에서 바울은 이 우주적 시험을 우리 각 개별 기독교인의 경험에 연결시키고 있다. 사탄은 아담, 이스라엘, 예수께 다가가 유혹했듯이 우리에게도 다가와, 우리가 그를 섬기면 이 세상의 나라들을 주겠다고 약속한다. 사탄과 그의 거짓말을 거부하는 사람들은 핍박, 유혹, 고난의 표적이 된다. 우리가 가진 모든 것은 하나님께서 제공해 주신 무기들이요, 우리에게는 그것으로 충분하다.

바울이 제시하는 군복과 무기들은 이사야가 언급했던 것과 동일한데, 단지 한 가지 중요한 차이에 주목해 보자. 이사야 59장에서 이 군복을 입는 분은 바로 여호와, 시온에 임하시는 우리의 구속자이시다. 그러나 에베소서 6장에서 이 군복을 입는 사람은 우리들이다. 그래서 바울은 에베소서 앞부분에서 "옛 사람을 벗어 버리고", "새 사람을 입으라"고 말하고(엡 4:22, 24), 다른 곳에서도 "주 예수 그리스도로 옷 입으라"고 말한다(롬 13:14, 갈 3:27. 또한 롬 6:6, 골 3:9-15 참조).

에베소서 6장에서 언급된 이 무기들은 모두 우리가 소유한 것이 아니다. 우리의 놀랄 만한 기독교적 경험, 성인들에 대한 사랑, 순종적인 삶으로의 고양, 하나님께 대한 열정에 대한 언급은 여기서 읽을 수 없다. 지역의 영들이나 세대 간 저주의 정체를 파악하고 결박시키기 위한 정교한 계획 같은 것도 읽을 수 없다. 확실히 우리는 성경 속에서 순종으로의 부르심을 발견하며, 또한 이러한 것에 주의하는 것이 그리스도인으로서의 틀림없는 표식이 된다. 그러나 이런 것들은 전쟁 시에는 그리스도인의 방어책이 되지 않는다. 바울이 제시한 모든 품목은 우리 외부에 존재하는 것들이다. 우리는 다른 누군가의 갑옷을 입고 다른 누군가의 힘으로 서 있어야 한다. 이 전쟁을 지배하는 증언은 우리에 대한 것이나 우리가 한 어떤 일이나 우리가 어떻게 향상되었다는 식의 진술이 아니라, 하나님에 대한 증언이자 그리스도 안에서 하나님께서 하신 일에 대한 증언이다. 사탄이 하나님의 법정에서 우리를 대적해 고소할 때, 우리 자신에게서부터 그리스도께로 시선을 돌리는 것이 우리에게 주어진 유일하고도 확실한 방어책이다.

그럼 이 무기들을 하나씩 살펴보자. 먼저, 우리에게는 진리의 허리띠가 있다(6:14). 우리가 하나님의 진리를 알지 못한다면 어떻게 악마의 비난과 성경을 왜곡하는 자들에게 대응할 수 있겠는가? 스스로 목숨을 끊었던 청년 이야기에서 이미 살펴보았듯이, 진리를 아는 것은 삶과 죽음을 가르는 문제다. 잘못된 신학은 수많은 사람들의 영적 생명을 빼앗아 갈 뿐만 아니라, 문자 그대로 누군가에게 육체적 죽음을 부를 수 있다. 오늘날 많은 이들이 생각하는 것처럼 건전한 교리는 기독교 제자도의 참된 삶에서 어긋난 것이 아니다. 건전한 교리는 진정한 제자도를 위한 준비 과정이다.

다음으로, 의의 호심경(흉갑)이 있다(6:14). 루터는 이것을 '낯선 의'(alien righteousness)라고 불렀는데, 여기서 '의'란 우리의 악함에도 불구하고 우리를 의롭게 하신, 우리에게 덧씌워진 그리스도의 의로우심을 의미한다. 오직 이 의로움이 하나님의 심판대에서, 그리고 사탄의 고발 앞에서도 견고히 설 수 있다. 사탄이 우리를 고소할 때, 그가 종종 옳을 수 있다. 더불어 사탄은 우리가 하나님의 은총에서 떨어져 나갔다는 공포로 우리의 양심을 위협한다. 만일 사탄이 그리스도를 향한 우리의 믿음, 그분의 의로움만으로 충분히 우리가 의롭게 된다는 것에 대한 믿음을 어떻게든 허물어뜨릴 수만 있다면, 그에게 이보다 더 탁월한 승리가 어디 있겠는가? 그러나 우리가 사탄의 공격을 받을 때, 우리의 벌거벗은 가슴에 의지하지 않고 그리스도의 의로움으로 옷 입는다면, 사탄은 우리를 이길 수 없다.

다음으로, 평안의 복음은 우리 앞에 주어진 경주를 달리도록 우리를 예비시켜 주는 신발이다(6:15). 진리의 허리띠와 의의 호심경처럼 복음은 우리에 대한 것이 아니라 다른 누군가, 곧 그리스도와 그분의 선언인 "다 이루었다"에 대한 것이다.

게다가, 사탄은 믿음의 방패를 뚫을 수 없다(6:16). 우리가 우리의 경험과 지성과 직업으로 전투해야 한다면 우리는 곧 지고 말 것이다. 그러나 믿음은 우리 자신이 아닌, 우리를 위해 중보하시는 그리스도께로 우리의 시선을 향하게 한다.

마지막으로, 바울은 영적 영웅들이 휘두르는 멋지고 가벼운 활검이 아니라, "하나님의 말씀"인 성령의 검을 언급한다(6:17). 우리 안에 있는 그 어떤 것도, 우리가 한 그 어떤 일도 영적 전쟁에서의 승리를 가져다주지 않는다. 우리는 세상과 육신, 악마를 성부의 오른편에 앉아 계신, 악마의 머리를 부수고 악마의 고발과 노력을 헛된 것으로 만드신 우리의 대장에게로 유도함으로써 의심과 공포, 걱정의 불타는 화살을 막아낼 수 있다.

이 모든 것들을 염두에 두고, 바울은 자신의 독자들에게 단지 자신들뿐만 아니라 "모든 성도들을 위해" 계속해서 기도하라고 독려

함으로써 결론을 맺는다(6:18). 또한 바울은 자신을 위해서 기도해 달라고 부탁한다. 자신의 사도적 중요성 때문에, 혹은 사역 중에 아무런 고난도 당하지 않게 해달라는 부탁이 아니라, 복음을 위한 순수한 부탁을 전하고 있다. "내게 말씀을 주사 나로 입을 열어 복음의 비밀을 담대히 알리게 하옵소서 할 것이니, 이 일을 위하여 내가 쇠사슬에 매인 사신이 된 것은 나로 이 일에 당연히 할 말을 담대히 하게 하려 하심이라"(6:19-20). 바울의 이 가르침은 구체적인 육체적 필요들을 포함한 일상의 많은 일들을 위해서 기도하지 말라는 것을 의미하지 않는다. 다만 영적 전쟁 중에 있는 우리에게는, 기도조차도 그리스도의 복음이 땅끝까지 전파되는 사역에 집중되어 있어야 함을 의미한다. 결국 이것이 사탄의 나라가 파괴되고 은혜의 나라가 그 잿더미 위에 세워져 통치하게 되는 과정이다.

중심 사건

우리의 육체적 건강이나 영적 건강을 위협하는 외적·내적 문제들은 그 종류에 상관없이 우리의 안팎을 뒤집어 놓는다. 이럴 때 우리의 첫 성향은 반대로 반응한다. 위험이 나타났을 때 몸을 움츠려서 등딱지 속으로 숨는 거북이처럼, 우리는 내면으로 관심을 기울이면서 우리를 지탱시키기 위해 우리 자신의 자원들을 갑자기 움켜잡게 된다. 그러나 이런 반응은 그 자체로 반직관적인 것이다. 우리는 우리의 시선을 밖으로 돌려 오직 주님께 소망을 두어야 한다. 우리의 양심이 어떻게 위협을 받든지, 사탄이 얼마나 위협하든지, 우리의 경험이 우리에게 무엇을 말하든지 상관없이 오직 주님께 소망을 두어야 한다.

내 아내가 시련을 겪는 동안 상황을 이해하는 데 확실하게 도움이 된 한 가지 사실은, 지금 겪고 있는 일에 집중하지 말고 세대에 걸친 우주적 전쟁에서 하나님이 하시는 일에 대해 집중하라고 한 나의 격려였다고 한다. 특히 우리 아이들이 중환자실에 석 달 동안 있었을 때, 우리에게 있었던 분명한 유혹은 우리가 완전히 아이들 생각에 사로잡혀 하나님과 예수 그리스도 안에 있는 그분의 은혜를 바라보지 못하게 되는 것이었다. 이 경험은 우리가 아이들을 보다 바른 관점으로 바라보는 데 도움이 되었다. 우리는 능력이 되는 한 최선을 다해 부모로서의 책임을 다해야 한다. 그러나 마지막 날 우리 아이들은 주님께 속하게 되어 그분의 손안에 놓이게 된다. 우리가 겪고 있는 일이 주요 사건이 아니다. 보다 중요한 것은 하나님께서 세대에 걸친 이 전쟁에 우리를 참전하게 하신다는 사실이다.

17세기 신학자 존 오웬(John Owen)은 이런 문제와 관련해, 자신이 관찰해 낸 영적 진리에 대해 다음과 같이 기록하고 있다.

그리스도께서 당신의 영적 권능을 가지고 임재하실 때, 뭇 영혼들을 당신께로 회복하실 때, 그분에게는 조용한 착륙지가 주어져 있는 것이 아니다. 그분은 그 어느 곳에도 당신의 발을 쉽게 디딜 수 없으며, 오직 싸워 정복한 곳에만 그분의 발을 뻗을 수 있다. 지성도 감정도 의지도 아닌, 그 모든 것들이 그분을 대적한다. 은혜가 그 진입로를 확보해 낼 때에도 죄는 여전히 그 주변에서 웅거하며 기다릴 것이다.[1]

우리는 싸움 없이, 그리스도의 고난에 동참함 없이 성장하지 않을 것이다. 칭의와 달리 성화는 일생에 걸친 투쟁이다. "우리 자신을 내려놓고 하나님께서 하시게 하라." 작은 승리들에는 상급이 주어진다. 패배한 전투들은 다음 기회를 위한 교훈 외에는 금방 잊혀져 버린다. 그러나 세상, 육신, 혹은 악마라는 우리의 대적들 중 그 누구도 단지 옆으로 비켜서서 쉽게 백기를 들지는 않을 것이다. 그럼에도 불구하고, 마침내 전쟁이 끝나게 될 때 누리게 될 쉼을 꿈꾸며 약속된 땅에 도착한 이스라엘의 이야기가 보여주듯이, 그 억누를 수 없는 기대를 우리는 숨길 수 없다. 그때까지 우리는 이미 크신 오른 팔로 승리하신 용사 하나님께 속한 자들로서 싸우고 있다.

이 주제에 대한 바울의 최고의 설교는 로마서 8장에서 발견할 수 있다.

그런즉 이 일에 대하여 우리가 무슨 말 하리요. 만일 하나님이 우리를 위하시면 누가 우리를 대적하리요. 자기 아들을 아끼지 아니하시고 우리 모든 사람을 위하여 내주신 이가 어찌 그 아들과 함께 모든 것을 우리에게 주시지 아니하겠느냐. 누가 능히 하나님께서 택하신 자들을 고발하리요. 의롭다 하신 이는 하나님이시니 누가 정죄하리요. 죽으실 뿐 아니라 다시 살아나신 이는 그리스도 예수시니 그는 하나님 우편에 계신 자요, 우리를 위하여 간구하시는 자시니라. 누가 우리를 그리스도의 사랑에서 끊으리요. 환난이나 곤고나 박해나 기근이나 적신이나 위험이나 칼이랴. 기록된 바 우리가 종일 주를 위하여 죽임을 당하게 되며 도살당할 양 같이 여김을 받았나이다 함과 같으니라. 그러나

이 모든 일에 우리를 사랑하시는 이로 말미암아 우리가 넉넉히 이기느니라. 내가 확신하노니 사망이나 생명이나 천사들이나 권세자들이나 현재 일이나 장래 일이나 능력이나 높음이나 깊음이나 다른 어떤 창조물이라도 우리를 우리 주 그리스도 예수 안에 있는 하나님의 사랑에서 끊을 수 없으리라(롬 8:31-39).

이 말씀이 고통의 침상에 누워 있는 당신에게, 혹은 의심의 공포스러운 물결 속에 흔들리고 있는 당신에게 확신의 말씀이 되기 바란다. 그렇다면 전쟁의 날에도 당신은 굳건히 설 수 있을 것이다. 그리스도는, 당신을 위해서도 충분하다.

10장

장례식장에 오신 하나님

내가 채플에서 설교할 차례가 되었다. 학기 초에 우리 교수진은 각자 그리스도의 기적 중 한 가지를 정해 설교하기로 약속했다. 그때 내가 받은 본문은 요한복음 11:1-44이었다.

하나님의 섭리 아래, 내가 설교를 하게 된 시점은 아버지께서 마지막 숨을 거두셨던 날 바로 이틀 후였다. 그날 채플과 더불어 우리 가족은 별도의 추도예배를 드렸다. 내가 예수께서 나사로를 무덤에서 일으켜 세우셨던 사건에 대해 이야기하자, 각각 다른 이유로 모여 있지만 각자의 인생에서 자신만의 힘든 문제들로 씨름하고 있는 가족과 친구들, 그리고 신학대학원 공동체에 속한 각 개인들의 마음에 조용한 감동이 일어나고 있는 것을 느낄 수 있었다.

나사로를 죽음에서 살리신 이야기는 요한복음의 절정을 이룬다. 예수께서 하신 위대한 사역들의 목적은, 텔레비전의 종교관련 광고에서 우리가 흔히 보던 것처럼 사람들을 현혹시키는 것이 아니다. 마치 어떤 사람이 만지지도 않고 숟가락을 구부러뜨리면서 심령의 힘을 증명하려고 하듯, 어떤 추상적인 방식으로 그리스도의 신성을 증명하려는 것도 아니다. 예수의 기적들은 단지 경이가 아니라 표징이다. 그 표징은 장차 나타날 다른 어떤 것을 예표하고 있다. 표지들은 도달점이 아니라 화살표다. 안식일에 치유하신 예수는 자신을 "안식일의 주인"이라고 선포하셨다. 예수는 5천 명을 먹이시고, 자신의 육체가 영생에 이르는 진정한 음식인 "생명의 떡"이라고 선언하셨다.

문제는, 구경꾼들은 전형적으로 눈에 보이는 표징 외의 다른 것들에 대해서는 생각하지 않는다는 점이다. 그들은 표시되는 의미에 대해서는 관심을 갖지 않는다. 예화에 빠져서 그 예화가 전달하려고 의도한 요점을 놓쳐 버린다. 5천 명을 먹이신 이야기에서 군중들은 그들의 필요에 대한 공급을 제공하심에 대해 감탄한다. 하지만 예수께서 자신의 정체성에 대해 가르치기 시작할 때, 그들이 선물을 주는 사람보다 선물에 관심이 있었음이 분명히 드러난다. 여기서 절정을 이루는 대표적인 표징인 나사로를 살리신 일은 또한 종교 지도자들이 예수께 가장 노골적으로 대항하게 한다.

사랑하는 자의 죽음(요 11:1-16)

나사로는 그의 누이들과 함께 예수의 가까운 친구였다. 베다니는 예루살렘에서 걸어서 한 시간밖에 걸리지 않는 근교에 위치하고 있었기 때문에, 그들의 집은 예수의 예루살렘 지역 선교의 근거지가 되었다. 예수께 병든 친구의 소식이 도착했다. 그때 마리아는 예수께 나사로를 가리키며 "당신께서 사랑하시는 자"라고 일컫는다

(11:2-3). 예수와 나사로는 너무나 가까웠기 때문에, 그의 건강 상태에 대해 예수께 말씀 드리기만 하면 모든 문제는 해결될 것이었다. 그랬다면 예수는 분명히 그를 위해 달려오셨을 것이다.

누이들이 예수께 드린 간청은 잘못된 것은 아니었지만, 그 동기에 있어서는 근시안적이었다. 그녀들은 예수께서 나사로를 고쳐 주시기를 애원했다. 반면 예수는 이 친구의 죽음을 자신의 인격과 사역에 대해 가르치는 기회로 활용하기를 기대하셨다. 그것은 나사로에 대한 가르침이 아니라 자신에 대한 것이었다. "나는 부활이요 생명이니"(11:25). 다시 한번 우리는 영광의 신학과 십자가의 신학 사이의 차이를 생각하게 된다. 하나님의 영광과 그 영광에 동참하는 것을 기대하는 것은 잘못된 일이 아니다. 그러나 우리가 직면한 급한 관심사가 궁극적인 것이라고 생각할 때 곧 문제가 발생하게 된다. 만일 하나님이 우리의 친구시라면 하나님은 우리를 위해, 혹은 우리가 사랑하는 자들을 위해 이런저런 방식으로 필요한 것들을 공급하셔야 한다.

마리아와 마르다는 죽음에 한 발자국씩 가까워지고 있는 자신들의 형제를 예수께서 고치실 수 있음을 알고 있었고, 나사로에 대한 예수의 사랑을 생각하면 예수도 당연히 그를 고치기 원하실 것이라고 생각했다. 여기서 우리는 기존의 난제로 다시 돌아가게 된다. 하나님은 만사를 주권적으로 다스리시면서(고치실 수 있고), 동시에 또한 선하신 분이신가(기꺼이 고치려고 하시는가)? 만일 치유가 일어나지 않으면, 이 두 가지 중에 하나는 틀린 가정이라고 우리는 생각하기 쉽다. 만일 예수께서 정말로 나사로를 사랑하신다면, 그분은 재

빨리 오실 것이다. "하나님, 만일 하나님께서 정말 저를 사랑하신다면……." 이 뒷부분은 여러분의 문제로 채워 보기 바란다.

정말 심각한 문제에 직면하고 있을 때 이런 식으로 생각하는 것을 나쁘다고만 말할 수는 없다. 사실 누이들의 입장에서 예수께 애원하는 것은 믿음의 표징이다. 하나님께서는 고치실 수 있고 고치실 것이다. 오히려 문제는 시기와 용어다. "하나님의 영광을 위함이요 하나님의 아들이 이로 말미암아 영광을 받게 하려 함이라"(11:4)고 하신 예수의 말씀을 생각해 보자. 전개되는 이 이야기 속에서 나사로는 예수께서 주인공이신 이야기 속 한 등장인물일 뿐, 핵심인물이 아니다. 메시아로서 그 아들이 영화롭게 되심은 다른 모든 기적적 사건들에서와 마찬가지로 여기서도 진짜 '구경거리'다. 이 기적들은 표징이지 그 자체로 목적이 아니다.

예수는 의도적으로, 베다니로 가시는 여정을 이틀 더 미루셨다. 이 고통스러운 이틀 동안 나사로의 누이들은 머릿속으로 무슨 생각들을 하고 있었을까? 그들은 예수께서 무슨 일을 하려고 하시는지—그들이 예수께 간청한 일보다 훨씬 더 위대한 그 일—에 대해 아무 생각도 없었다. 그들이 사용할 수 있는 지혜와 자료를 생각할 때, 그들은 예수께서 보여주신 미적지근한 반응으로 인해 완전히 낙담하고 있었다. 예수는 이전에는 신속하게 행동하셨다. 야이로의 딸을 고치신 일(눅 8장)이라던가 장례식이 진행되는 도중에 과부의 아들을 살리신 일(눅 7장)도 그렇다. 완전히 낯선 사람은 그렇게 고쳐주셨으면서 가장 가까운 친구를 도와주기 위해서는 급하게 서두르지 않으시니, 어쩌면 그렇게 냉담하실 수 있는가?

하지만 예수를 중심으로 진행되는 이 줄거리를 통해, 요한복음 11장은 우리가 놓치기 쉬운 중요한 점들을 지적해 준다. 먼저 7-16절에서, 예수께서 유대로 돌아가셨다는 것은 종교 지도자들과의 갈등이 다시 시작되었다는 점을 분명하게 의미한다. "제자들이 말하되 랍비여, 방금도 유대인들이 돌로 치려 하였는데 또 그리로 가시려 하나이까"(11:8). 예수는 그들에게 말씀하신다. "우리 친구 나사로가 잠들었도다. 그러나 내가 깨우러 가노라." 이 말에 제자들은 (자신들의 안전에 대해 염려하면서) "주여 잠들었으면 낫겠나이다"라고 말한다(11:11, 12). 그러자 "이에 예수께서 밝히 이르시되 나사로가 죽었느니라. 내가 거기 있지 아니한 것을 너희를 위하여 기뻐하노니 이는 너희로 믿게 하려 함이라. 그러나 그에게로 가자"(11:14-15).

제자들, 나사로, 마리아, 마르다, 그 어느 누구도 아닌 오직 예수만이 왜 나사로를 죽도록 내버려 두어야 했는지, 또 언제 그를 방문할 것인지 알고 계셨다. 이 일은 분명히 그들의 경험상 혼란을 가져오는 일이었다. 도무지 이해가 안 가는 일이었다. 그때 도마가 이상한 말을 한다. "우리도 주와 함께 죽으러 가자"(11:16). 도마가 빈정대면서 한 말인지 혹은 진심으로 한 말인지 확실하지는 않지만, 중요한 것은 유대 땅 베다니로 돌아가는 것은 생명이 아니라 죽음을 뜻한다는 가정이다. 말 그대로 그것은 죽음을 자청하는 길이었다.

예수의 아리송한 말씀—"내가 거기 있지 아니한 것을 너희를 위하여 기뻐하노니 이는 너희로 믿게 하려 함이라"—은 베다니에서의 사건 이전에는 결코 이해될 수 없다. 그 일이 다 완료된 다음에야 그들에게 이 사건의 의미가 분명하게 이해되었다. 즉, 그 사건만 보아서는 이해할 수 없는 일이었다. 이것은 그런 상황들을 마주할 경우 우리가 어떻게 반응해야 하는지에 대한 중요한 점을 시사해 준다. 그들의 관점에서, 곧 그들의 경험에 의해, 그 자매들(그리고 마지막 순간을 함께 보냈던 나사로)과 제자들은 나사로를 완벽히 고칠 수 있는 능력을 가지신 예수께서 단지 그들에 대해 냉담해지셨다고 논리적으로 결론 내렸다. 예수는 그들의 일에 더 이상 개의치 않으시며 무관심하셨다. 사실 그들의 경험은 비합리적이거나 비논리적이지 않았다. 다만 불완전했고, 따라서 하나님의 방식을 판단하기에는 부적절했다. 마치 나사로의 누이들이 너무 근시안적이어서 정말로 예수께서 나사로에게 하시려는 일을 볼 수 없었던 것처럼, 제자들(특히 도마)도 너무 근시안적이어서 정말로 예수께서 예루살렘으로 가심으로써 하셨던 일(곧 죽음과 부활)을 볼 수 없었다. 제자들의 관점에서 예수는 승리, 성공, 정복을 위해서 예루살렘으로 올라가셔야 했다.

나사로는 더 위대한 기적을 위해 죽어야만 했다. 예수께는 그의 친구를 고치는 것보다 더 중요한 일이 있었다. 마침내 베다니에 도착했을 때, 예수는 성령의 능력 안에서 성취될 위대한 사역을 알았다. 그것은 엘리야가 불구덩이에 물을 끼얹던 것과 같이, 하나님의 영광스러운 능력을 명백히 드러내는 일이었다. 엘리야보다 더 위대하신 분으로서, 예수는 여호와와 사탄 사이의 우주적 전쟁에 참여하고 계셨다. 그것은 모든 다른 이야기들의 배후에 자리한 더 큰 이야기다.

사랑하시는 자들과의 대결(요 11:17-27)

나사로가 죽은 날과 예수께서 베다니에 도착하신 날 사이에는 나흘의 간격이 있으며, 그 사이 마르다는 그 당시의 여인이 랍비에게는 말할 것도 없고 남자에게 전혀 허용될 수 없는 방식으로 자신의 좌절감을 공공연하게 드러냈다. 예수께 그분의 지연된 도착을 책망ㅡ"주께서 여기 계셨더라면 내 오라버니가 죽지 아니하였겠나이다"ㅡ한 그녀는, 그러나 바로 이렇게 덧붙인다. "그러나 나는 이제라도 주께서 무엇이든지 하나님께 구하시는 것을 하나님이 주실 줄을 아나이다"(11:21-22). 마르다의 예수에 대한 신앙은 확실했다. 마르다는 예수께서 여전히 이 상황을 뒤집으실 수 있다고 믿었던 것이다. 즉 그녀의 오라버니가 무덤에 매장되어 있다 할지라도 예수께서 살려 내실 수 있음을 믿었다. 그래서 그녀는 "이제라도……"라고 예수께 말했던 것이다.

시편에서 찾아볼 수 있는 그 고통스러운 실망과 신앙의 조합을 여기서 마르다가 어떻게 보여주고 있는지를 발견하는 것은 중요하다. 그녀는 예수의 임재 안에서는 죽음이 최종 결정권을 갖는다고 믿지 않았다. 그리고 그녀의 이런 믿음은 지금까지 열두 제자들이 보여준 믿음보다 훨씬 더 큰 믿음이었다. 마르다의 신학은 옳다. 명백히 그녀는 많은 유대인들이 그랬듯이(적어도 바리새인들) 죽은 자의 부활을 믿고 있었다. 그러나 그것은 예수께 "주여 아버지를 우리에게 보여 주옵소서"라고 말하던 빌립의 태도와 다르지 않았다. 빌립의 이 요청에 예수는 이렇게 답하셨다. "나를 본 자는 아버지를 보았거늘"(요 14:8-9). 사실 이 장면은 서로 비슷하다. 예수는 자신이 길이요 진리요 생명이라고 선포하신다(요 14:6). 이 말은 단순히 예수께서 진리와 생명으로 이끄시는 분이라는 뜻이 아니라, 그분 자체가 진리이자 생명이라는 말씀이다. 빌립은 무언가 많은 질문들을 던지지만 예수는 "나를 본 자는 아버지를 보았다"라고 대답하신다.

예수는 부활이요 생명이다. 그분은 무덤 저 너머에 존재하는 생명의 원천이다. 예수는 마르다에게 "네 오라비가 다시 살아나리라"(11:23), "이것을 네가 믿느냐?"(11:26)라고 물으셨다. 예수는 죽은 자의 부활이라는 신학적 질문을 던지시는 것이 아니라, 부활이며 생명이신 예수께 그녀 자신을 맡기라고 다그치시는 것이다. 스스로에 대해 "부활과 생명" 혹은 "길과 진리와 생명"이라고 칭하는 것은 다름 아닌 성부와 자신을 동일시하시는 표현이다. 그래서 여기 기록된 마르다의 고백은 매우 중요하다. 엘리야가 그랬듯 그녀는 목격자들 앞에서, 예수께서 죽은 자를 일으키실 수 있다고 선포하기 위해서 부르심을 받은 것이다. 또한 예수는 그녀로 하여금 예수 자신이 엘리야가 부르던 바로 그 하나님이시라는 것을 알아차리기를 촉구하셨다. 예수는 생명을 주실 수 있을 뿐만 아니라 생명 자체이시다. 예수의 이 가르침은 우리의 신앙 수준을 한 단계 높여야 함을 암시한다.

여기서 놀라운 구절 중 하나는 "비록 그가 죽었어도"(11:25, 저자 사역)라는 표현이다. 부패와 죽음의 과정을 정지시키는 것과, 누군가를 죽음에서 생명으로 돌아오게 하는 것은 서로 다른 일이다. 예수는 자신을 일컬어 "나는 부활이요 생명이니 나를 믿는 자는 죽어도 살겠고 무릇 살아서 나를 믿는 자는 영원히 죽지 아니하리니 이것을 네가 믿느냐"(11:25-26)라고 물으셨다.

이제 예수는 마르다에게, 나사로가 살아날 것이라는 신앙고백을 요구하는 대신, 예수 그리스도를 믿는 자들은 죽어도 죽지 않고 살아나게 될 것이라는 신앙고백을 요구하신다. 이제 이 사건은 더 이상 나사로 한 개인에 대한 이야기가 아니다. 예수는 마르다를 여호와와 사탄 사이의 우주적 전쟁의 동심원 안으로 불러들이신다. 그리고 그녀를 증인으로 부르고 계신다(그리스어로 증인이라는 말은 순교자라는 말과 같다). 나사로의 부활은 표징이 될 것이다. 그리고 그리스도의 부활을 개시하기 위한 실질적 증거가 될 것이다. 메시아의 도래에도 불구하고 사람들은 여전히 계속 죽겠지만, 영원히 죽은 채로 남겨지지는 않을 것이다. 나사로처럼 다시 죽을 수밖에 없는 몸(여전히 죽음으로 향하고 있는)과 같은 상태로 살아나는 것이 아니라, 그리스도의 영광스러운 몸으로 살아날 것이다.

증인으로서 마르다의 대답은 절망과 희망 속에서 수많은 생각과 감정에 시달리던 욥의 신약판이다. 그녀는 예수께 이렇게 대답했다. "주여, 그러하외다. 주는 그리스도시요 세상에 오시는 하나님의 아들이신 줄 내가 믿나이다"(11:27). 이 고백이 이날 베다니에서 일어난 매우 큰 사건이다. 사건의 진행상 아직 일어나지 않은 나사로의 부활이 갖는 의미도 중요하지만, 바로 이 고백은 우리에게 많은 가르침을 제공한다. 예수의 모든 기적이 가져온 가장 놀라운 점은, 그 표징들이 보여주는 현실과 더불어, 그 사건을 경험하면서 우리의 입술에서 나오게 되는 고백이라는 것이다. 욥은 그의 고통 속에서 이렇게 외쳤다. "내가 알기에는 나의 대속자가 살아 계시니……내가 육체 밖에서 하나님을 보리라"(욥 19:25-26). 이것은 욥의 경험처럼 모순된 증거를 통하여 고난을 인내하는 신앙이다. 이것은 마르다의 신앙이기도 하다. 그들은 하나님께서 왜 이런저런 유혹, 시련, 재난, 고통을 허락하셨는지 알지 못한다. 하지만 그들의 신앙고백은 중요하다. "주여, 그러하외다. 주는 그리스도시요 세상에 오시는 하나님의 아들이신 줄 내가 믿나이다."

사랑받는 자의 부활(요 11:28-44)

예수께서 찾아오셨을 때 집 안에 있던 마리아는 곧 마르다와 예수 사이의 대화에 참여하게 된다(11:28-29). 아마도 한때는 마르다보다 더 낙담해 있었기 때문에, 자신의 값비싼 향유로 예수의 발을 씻겨 드렸던 마리아는 그녀의 언니가 부르는 소리에 비로소 밖으로 나왔다("선생님이 오셔서 너를 부르신다"). 그녀는 예수를 만나자마자 마르다가 했던 책망을 한번 더 반복한다. "주께서 여기 계셨더라면 내 오라버니가 죽지 아니하였겠나이다"(11:32). 그녀는 자신이 가진 내적 고투와 분노를 예수께 가져온다. 더불어 예수께 오라버니의 죽음에 책임이 있으시다고 넌지시 암시하고 있다. 마리아는 오라버니의 죽음이 저주나 죄의 결과가 아니라 예수께서 제때에 응답하지 않으셨기 때문이라고 생각했다.

하나님께서 당신의 은밀한 지혜의 권한 안에서 다른 사람들에게 자비를 베풀거나 혹은 이를 철회하는 것을 볼 수 있지만, 주어진 은혜를 철회할 만한 정당한 이유가 있을 수 없다고 생각하는 어떤 교만함이 우리에게 자리하고 있다. 마리아는 여기서 질책 당하는 것이 아니라, 구원자 그리스도께 믿음뿐만 아니라 의심으로 나아왔기 때문에 칭찬받는다.

그렇다면 이제 비통해하며 울고 있는 문상객들을 향해 시선을 돌려보자. 예수의 영혼은 이제 그들 앞에서, 고통의 소용돌이 가운데 죽음이 남겨 놓은 흔적을 바라보신다. 예수는 문상객들 중 한 사람처럼 서 계신다. 여기서 그분은 바다 위를 걸으시고 폭풍을 잠잠케 하시던 능력자가 아니라, 갑작스러운 고통의 감정들에 사로잡힌 한 사람으로 서 계신 것이다. 곧 무슨 일을 하실지 잘 알고 계심에도 불구하고, 잠시나마 나사로에 대한 사랑과 죽음에 대한 증오가 예수의 마음을 압도한다.

33-35절을 통해 우리는, 히브리서 저자가 "그러므로 그[예수]가 범사에 형제들과 같이 되심이 마땅하도다. 이는 하나님의 일에 자비하고 신실한 대제사장이 되어 백성의 죄를 속량하려 하심이라. 그가 시험을 받아 고난을 당하셨은즉 시험받는 자들을 능히 도우실 수 있느니라"(히 2:17-18)고 말한 의미를 이해할 수 있게 된다. 십자가 위에서뿐만 아니라 당신의 삶을 통해 예수께서는 죄에 대한 유혹, 불신앙, 약함, 환난의 시기에 버려짐이라는 모든 종류의 시험을 경험하셨다.

그러므로 우리에게 큰 대제사장이 계시니 승천하신 이 곧 하나님의 아들 예수시라. 우리가 믿는 도리를 굳게 잡을지어다. 우리에게 있는 대제사장은 우리의 연약함을 동정하지 못하실 이가 아니요 모든 일에 우리와 똑같이 시험을 받으신 이로되 죄는 없으시니라. 그러므로 우리는 긍휼하심을 받고 때를 따라 돕는 은혜를 얻기 위하여 은혜의 보좌 앞에 담대히 나아갈 것이니라(히 4:14-16).

친구의 무덤 앞에 선 예수의 모습에서, 우리는 죄의 가장 섬뜩한 신호, 곧 죽음을 직면한 영혼의 고뇌를 발견한다. 예수는 나사로가 이제 "이승의 끈에서 풀려났고", "죽을 운명의 고리를 끊어 버렸기" 때문에 오히려 잘 되었다는 식의 위로의 말씀을 전하지 않으셨다. 이런 태도는 이교도적 견해로, 히브리 정신과 결코 맞지 않다. 애도와 어울리는 축하는 없다. 자신의 발 앞에 엎드려 울던 마리아 때문에 이미 마음이 심란해진 예수는 무덤으로 가셨다. 우리는 여기서 우리의 시선을 끌기에 충분한 구절을 발견한다. "예수께서 눈물을 흘리시더라"(요 11:35). 구경꾼들은 이 상황을 어떻게 받아들여야 할지 당황했다. 누군가 말했다. "보라 그를 얼마나 사랑하셨는가", "그중 어떤 이는 말하되 맹인의 눈을 뜨게 한 이 사람이 그 사람은 죽지 않게 할 수 없었더냐"(11:36-37).

"예수께서 눈물을 흘리시더라"는 놀랄 만한 보고에 잠시 멈춰 생각해 보자. 예수는 스토아주의와 감상주의라는, 삶과 죽음에 대해 우리 시대에 우세한 다양한 이교적 개념들을 뒤집어엎으신다. 어떤 흐름들은 더 스토아주의적 성향을 보인다. '불굴의 정신'으로 유명한 고대 스토아 철학자들은, 지고의 영혼을 소유한 사람은 감정으로부터 완전히 자유롭다고 믿었다. 깊은 우정이나 배신에도 감정적 영향을 받지 않으려고 노력했던 그들은, 마음의 완벽한 안정을 목표로 했다. 만일 다른 사람에게 의존하게 된다면 스토아주의자들에게는 큰 실망거리일 것이다. 따라서 실망을 피하기 위해 그들은 자기 자신을 제외하고는 그 어떤 것에도 애착하지 않기로 굳게 결심한다. 그들은, 욕망으로부터의 전적인 자유는 그들의 영혼을 고통으로부터 지켜주는 견고한 요새와 같이 기능할 것이라고 믿었다. 그리스 사상이 일반적으로 그렇듯이, 스토아 철학자들에게 있어 죽음은 몸으로부터의 해방이었다. 결국 몸이란 감정의 허울이며, 영혼은 세상의 혼란스러움을 향해 한 개인을 질질 끌고 가는 인간 본성의 약한 부분이라고 생각했다.

스토아 철학에 친숙해져 버린 서구인들은, 종종 유대인과 팔레스타인 사람들이 죽은 자를 애도할 때 절망을 가누지 못해 몸부림치며 통곡하는 모습에 크게 놀라곤 한다. 그러나 나사로의 죽음은 예수가 사셨던 유대 문화권에서 일어났던 일로, 그분은 이런 상황에 대해 전혀 당혹스러워 하지 않으셨다.

내가 여기서 사용한 '감상주의'라는 용어는 인간 존엄성의 핵심 요소로, 지성보다 마음을 강조했던 낭만주의 철학자, 시인, 예술가, 신학자들의 사상을 가리킨다. 감상주의는 감정적 표현을 거부하기는커녕 오히려 그것을 칭송한다. 하지만 오늘날의 감상주의는 과거의 낭만주의 운동과는 달리, 모든 이들이 오직 행복의 감정만 자유롭게 표현할 수 있다고 보는, 우리 사이에 널리 만연된 퇴화적 태도를 의미한다.

감상주의는 스토아주의와 정반대되는 것처럼 보이지만, 아이러니하게도 둘은 매우 재미있는 유사점을 공유하고 있다. 삶의 혼란스러움, 특히 비극적 측면을 회피하려는 태도는 눈에 띄는 공통점이다. 각기 해결책은 다르지만 둘은 모두 나쁜 소식들을 무시하도록 가르친다. 오늘날의 스토아주의자들은 부정적인 감정들을 버리기 위해 모든 감정을 멀리해야 한다고 주장하는 반면, 감상주의자들은 항상 삶의 밝은 면만을 바라보면서 오직 좋은 감정들만을 허용해야 한다고 주장한다.

내가 본 한 조문 카드에는 헨리 데이비드 소로(Henry David Thoreau)의 글귀 한 구절이 적혀 있었다. "들판의 모든 풀잎과 숲 속의 모든 나뭇잎들은, 생명으로 태어날 그 순간의 아름다움에 못지않은 아름다움으로 계절의 변화에 순응하며 그 생명을 내려놓았다." 이보다 더 안타까운 마음이 들게 했던 구절은 내 아버지가 계셨던 요양원에 걸려 있던 격언이었다. 안타깝게도 그 격언은 거대한 벽걸이 액자에 짜맞춰져 건물 곳곳에 걸려 있었다. 어린 시절부터 보아온 그 액자에는 해질녘에 길을 걷고 있는 노인의 모습을 죽 늘어뜨린 그림과 함께 이런 구절이 적혀 있었다. "일몰은 일출만큼 아름답다." 그 글을 쓴 사람이 얼마나 좋은 의도를 가지고 있었는지는 모르겠지만, 사실 이 말은 고통받으며 죽어 가는 많은 사람들의 운명을 하찮은 것으로 전락시키는 말이다. 나는 거기 살고 있던 노인들이 이 문구에 대해 얼마나 불쾌했을까 하는 생각을 했다. 가족과 친구들이 함께 모여 새로운 생명의 탄생을 축하하는 출산의 기쁨, 또 그 반대로 연로한 노인이 점점 줄어드는 삶의 시간들을 생각하며 겪는 쓸쓸함을 지켜봤던 경험이 있다면 잠시 이 둘을 비교해 보기 바란다. 첫 번째 경우는 두 번째 경우가 가질 수 없는 희망으로 가득차 있다. 첫 번째 경우는 한 사람의 미래에 대한 높은 기대감들로 충만해 있는 상황이지만, 두 번째 경우에는 죽음의 순간을 눈앞에 두고 하루하루 삶을 연명하는 암담한 상황에 대한 암시가 주어져 있을 뿐이다. 첫 번째 경우는 갓 태어난 작은 아기에게서 눈을 떼지 못하고 서로 아기를 안아보려는 가족과 친구들로 붐비는 상황이지만, 두 번째 경우는 의무감 때문에 어쩔 수 없이 어쩌다 한 번 찾아오는 방문객들만 존재하는 상황이다.

우리는 고통받고 있는 사람들, 특히 죽어 가고 있는 사람들과 많은 시간을 보내는 것을 즐거워하지 않는다. 물론 우리와 가까운 사람들이 운명을 달리했을 때, 그들의 장례식에 가는 것을 불편한 일로 생각하지는 않는다. 그러나 장례식에 참석하는 일은 많은 시간이 걸린다. 사실, 오랜 기간 고통을 겪은 사람들과 그 가족들에게는, 그저 한 구절 노래로 불러내기에는 너무도 많은 가사들이 존재한다. 나는 이것을 십대 때 직접적인 체험을 통해 배웠다. 해마다 크리스마스 때면, 어머니는 지역 교회들에 편지를 써서, 함께 살던 열 다섯 명의 노인들을 찾아와 격려해 줄 사람들을 보내 달라고 부탁하곤 하셨다. 이 노인들 중 대부분의 자녀 및 손주들이 지역 내 큰 복음주의 교회들에 출석하는 교인들이었음에도 불구하고, 그나마 매년 방문을 왔던 두 교회는 복음주의 교회들이 아니었다. 더 이해하기 어려웠던 점은, 매년 내 부모님이 노인들을 위해 선물을 준비했을 뿐만 아니라, 자녀들로부터 전화 한 통도 못 받는 분들이 있었기 때문에 선물에다가 그 자녀들의 이름을 몰래 적어서 드리기도 했다는 사실이다. 나는 심지어 지역 내 큰 교회의 장로들이 그들의 부모를 요양원에 맡겨놓은 뒤 거들떠보지도 않으면서, 자신들과 자신들의 교회는 낙태를 반대한다고 선언하던 모습을 기억하고 있다. 인생의 종착지에 가까이 온 사람이라면 누구나 말할 수 있듯이, 일몰은 일출처럼 아름답지 않다.

죽음을 다루지 못하는 우리 문화의 무능력을 보여주는 또 다른 표징이 있다. 우리는 종종 "죽음은 삶의 자연스러운 부분이다"라는 말을 종종 듣게 된다. 이것은 실제에 대한 삶의 순환적 접근을 가정한다. 이런 관점에 의하면, 삶과 죽음은 동전의 양면에 불과하다. 그러나 성경은 정반대의 진리를 가르치고 있다. 영원한 생명은 태초부터 창조물의 목표였다. 하지만 죽음은 인간의 죄로 인한 저주의 결과다. 죽음은 불순종에 대한 결과로 인류에 부과된 타락의 결과이지, 자연스런 일로 받아들여져서는 안 된다. 죽음은 하나님, 세상, 생명, 희망, 다양한 가능성들을 대적한다.

그럼 이제 친구의 무덤 앞에서 그 마음이 무너져 내린 예수께로 다시 시선을 돌려보자. "이에 예수께서 다시 속으로 비통히 여기시며 무덤에 가시니"(11:38). 예수의 얼굴을 보라. 그의 비통해하시는 절규를 들어 보라. "비통히 여기시며"라는 표현은 원어의 엠브리마오마이(embrimaomai)라는 단어의 뉘앙스를 충분히 전달하지 못한다(11:33 참조). 이 단어는 "화가 난 말처럼 코를 흥흥거리다"는 뜻이다. "심령에 비통히 여기시고"(troubled, 11:33)라는 말로 번역된 타라소(tarasso)라는 단어는 "불안해하는, 혼란스러워하는, 무질서한, 두려워하는, 놀라는"이라는 뜻이다. 마치 헤롯이 동방박사들의 말을 듣고 "소동을 일으켰던 것"처럼(마 2:3), 혹은 예수께서 바다 위로 걸어오셨을 때 제자들이 "놀라 무서움에 소리질렀던 것"

처럼(마 14:26) 큰 소동을 일으켰다는 의미다. 말하자면 이제 말 위에서 떨어지신 분(놀라신 분)은 예수다. 생명의 주님이시며 "만물이 창조되되 하늘과 땅에서 보이는 것들과 보이지 않는 것들과 혹은 왕권들이나 주권들이나 통치자들이나 권세들이나 다 그로 말미암고 그를 위하여 창조되게 하신"(골 1:16) 그 주님께서, 이제 비탄에 압도된 자신을 발견하고 있는 것이다. 사실 그것은 비탄 이상의 것, 곧 분노였다. 왜 아니겠는가? 거기서 그분은 '마지막 대적'과 정면으로 맞서, 자신의 군대가 결국 정복하게 될 사탄과 얼굴을 마주 대하고 계시는 것이다. 그리고 그는 "눈물 흘리셨다."

이 장면에서 놀라운 점은, 나사로가 곧 죽음에서 일어날 것을 알고 계신 예수께서 이런 방식으로 반응하신다는 점이다. 어떤 사람은 곧 보여주실 기적을 군중들에게 예고하는, 다음에 일어날 일을 알고 있기 때문에 가능한, 그분의 활짝 웃는 얼굴을 기대할지도 모른다. 그러나 예수의 표정은 비통함을 드러내고 있을 뿐이었다. 예수께서 그렇게 반응하셨다면, 사랑하는 자들의 죽음과 마지막 부활 사이의 중간 시대에 살고 있는 우리가 갖는 비통함은 그 얼마나 합당한가! 비통의 감정은 단순히 우리 자신의 상실감이나 우리에게 소중한 유족들을 위한 애도를 표현하기 때문만 아니라, 죽음을 맞이한 당사자가 겪는 상실 때문에 신학적으로도 적절한 반응이다. 우리는 "소망 없는 다른 이와 같이" 슬퍼하지 않는다(살전 4:13). 그러나 슬픔 그 자체를 피할 수는 없다. 죽음은 행복으로 가는 기쁨의 통로가 아니요, 우리를 무덤 속에 계속해서 가두어 놓으려는 무시무시한 적이다. 죽음의 독침은 제거되었지만 그 상처의 흔적은 남는다. 죽음은 신자들에게 결정적인 타격을 가하지 않지만, 우리 몸이 부활할 때까지는 신자들의 적대자로 남아 있다.

좋은 소식은 누군가 죽은 것이 아니라, 죽음이 궁극적으로 생명의 주님에 의해 정복당했다는 것이다. 낙관주의도, 비관주의도, 감상주의도, 스토아주의도 우리에게 무덤 근처에서 무슨 일이 일어나는지 말해 주지 않는다. 오직 예수의 십자가와 부활이 우리에게 그 사건의 의미를 밝혀 준다.

예수의 말씀대로 마르다는 사람들이 돌을 옮겼을 때 예수를 신뢰했다. 아마도 그녀는 "무덤 속에 있는 자가 다 그의 음성을 들을 때가 온다"(요 5:28-29)는 예수의 약속을 과거에 이미 들었고 또 기억해 냈을 것이다. 어떤 면에서 나사로의 부활은 곧 다가오는 위대한 부활의 서곡이었다. 그것은 예수께서 행하셨던 모든 표징들과 마찬가지로 종말론적이었다. '종말론적'이라는 말은, 미래 천상의 현실이 죄와 죽음의 이 세대에 여기저기에서 번뜩이며 다가올 마지막 날의 갑작스러운 도래를 가리키는 상상의 용어다. 나사로의 부활은 정말이지 나사로에 대한 것이 아니요, 이를 통해 예시되고 맛보기로 소개된 예수의 부활을 가리키고 있다. 예수의 죽음, 장례, 그리고 부활은 베다니에서 일어난 이 사건의 그림자를 비추는 태양이다. 이것은 결정적인 표징이다. 왜냐하면 "맨 나중에 멸망받을 원수는 사망"이기 때문이다(고전 15:26).

이 중대한 장면에서 구경꾼들의 반응은, 예수의 설교와 사도행전에 기록된 사도들의 설교에 반응하는 모습의 전형이 된다. 성경에 있는 모든 설교와 표징과 마찬가지로, 이 장면 후 군중은 서로 분열

되었다. 물론 "많은 이들이 믿었다"(요 11:45). 그러나 또 다른 많은 이들이 예수를 죽이고자 했다. 예수께 죽음의 위험은 점점 높아져만 갔다. 이것은 종교 지도자들이 예수를 믿지 않았던 이유가 증거 부족 때문이 아니었다는 것을 보여준다. 그 당시 종교 지도자들은 예수께서 메시아적 사명을 수행하실 수 있게끔, 그처럼 예수를 증오했다.

> 그 안에 생명이 있었으니 이 생명은 사람들의 빛이라. 빛이 어둠에 비치되 어둠이 깨닫지 못하더라. 그가 세상에 계셨으며 세상은 그로 말미암아 지은 바 되었으되 세상이 그를 알지 못하였고 자기 땅에 오매 자기 백성이 영접하지 아니하였으나, 영접하는 자 곧 그 이름을 믿는 자들에게는 하나님의 자녀가 되는 권세를 주셨으니 이는 혈통으로나 육정으로나 사람의 뜻으로 나지 아니하고 오직 하나님께로부터 난 자들이니라(요 1:4-5, 10-13).

더 이상 독침은 없다

이 모든 이야기 중 가장 좋은 소식은, "맨 나중에 멸망받을 원수는 사망"이라는 사실이다. 이것은 예수께서 우리의 완전한 구속과 영화를 위해 지상에서 당신의 모든 사명을 완성하셨음을 의미한다.

죽음은 생명으로의 관문이 아니다. 죽음은 상냥한 친구가 아니라 무서운 적이다. 그것은 인생의 자연스런 일부가 아니요, 상상할 수 있는 가장 부자연스러운 부분이다. 그러나 예수는 당신의 죽음과 부활을 통해 뱀의 머리를 깨뜨리셨고, 또한 모든 신자의 '마지막 원수'를 격파하셨다. 이 마지막 원수는 죽은 자들의 마지막 부활 때에 신자들에게 완전히 패배당할 것이다. 우리의 살아 계신 머리, 예수 그리스도의 부활을 통해 원수는 이미 객관적으로 격파당했기 때문이다. 마지막 날에 일어날 죽은 자들의 부활은 첫 부활의 아침에 이미 시작되었다. 사도 바울은 예수가 "잠자는 자들의 첫 열매"라고 말한다(고전 15:20).

사실 신학자 리처드 개핀 2세(Richard Gaffin Jr.)가 우리에게 상기시켜 주듯이, 이런 유기적 이미지는 우리로 하여금 그리스도의 부활과 그의 몸의 부활을 별개의 사건이 아닌, 두 단계로 구성된 하나의 사건으로 이해하도록 도와준다. 첫 열매는 서로 다른 두 개의 수확을 말하는 것이 아니라 모든 수확의 시작을 의미한다.[1] 그분을 바라보자. 그리고 모든 수확이 결국 어떻게 진행될 것인지 살펴보자! 그리스도 안에서 종말은 벌써 시작되었다. 머리이신 그리스도는 그분의 몸 없이는 살 수 없을 것이다. 장차 되어질 모습들은 이미 우리 시대에 현존하고 있다.

나사로는 죽음으로부터 세워졌지만 후에 다시 죽었다. 한때 일으켜 세워졌던 그의 몸은, 부패와 죽음에 점차 굴복하게 되면서 그 자리에 주저앉아 그대로 계속 남아 있게 되었다. 어느 날 문상객들은 다시 나사로의 무덤가에 모이겠지만, 그때 모인 자들은 즉각적인 부활을 기대할 수 없을 것이다. 그것은 세상의 마지막 날까지 마찬가지다. 그러나 바로 그 확신 때문에, 나사로의 다음 장례식이 부활절의 이편에서 일어났기 때문에, 그날에 그들은 소망 없는 자들처럼 울지 않을 것이다. 마침내 예수께서 부활하셨다는 소식은 그들에게도 전달되었을 것이다. 그리고 그들 중 몇몇은 아마도 그 증인들이 되었을 것이다. 그들 중 믿음으로 예수와 연합한 자들은 죽은 상태로 남겨지지 않을 것이다. 그들의 몸은 새롭게 된 성소에서 하나님을 예배하도록 일으켜 세워질 것이다.

여전히 죽음은 친구가 아니라 원수다. 그러나 죽음은 '마지막 원수'다. 그리고 이미 패배한 원수다. 그래서 이제 죽음은 우리의 죄에 대한 하나님의 심판이 아니라, 아담의 죄에 동참한 우리들에게 일어나는 일시적 현상이다. 죄와 심판이 사라질 것이기에 우리는 우리 주님과 함께 죽음을 향해 괴로움과 분노에 찬 목소리로 외칠 수 있고, 또 사도 바울과 함께 노래 부를 수 있다. "사망아, 너의 승리가 어디 있느냐? 사망아, 네가 쏘는 것이 어디 있느냐"(고전 15:55). 예수께서 마지막 원수를 만나 승리하셨고 사로잡힌 자들을 데리고 낙원으로 들어가신다(엡 4:8). 그리스도께서 정말로 살아나셨다! 걱정스러운 마음이 들 때가 없을 수는 없지만, 그리스도께서 살아나셨다는 그 희망 안에서 이제 기뻐하자. 그 위대한 출애굽의 날, 곧 우리와 함께 모든 창조물이 모세의 노래를 함께 부르게 될 그날을 인내하며 기다리자.

내가 여호와를 찬송하리니 그는 높고 영화로우심이요 말과 그 탄 자를 바다에 던지셨음이로다. 여호와는 나의 힘이요 노래시며 나의 구원이시로다. 그는 나의 하나님이시니 내가 그를 찬송할 것이요 내 아버지의 하나님이시니 내가 그를 높이리로다. 여호와는 용사시니 여호와는 그의 이름이시로다(출 15:1-3).

소그룹 나눔을 위한 가이드

1장 비극적인 일들이 밀어닥치기 시작할 때

1. 우리의 약함 중에서 당신의 강함을 드러내시는 하나님의 방식에 대해 창세기 32-33장의 야곱의 이야기가 우리에게 주는 교훈은 무엇인가?

2. 종교개혁자 마틴 루터는 '십자가의 신학자'가 되기 위해서는 세 가지—오라티오(기도), 메디타티오(학습), 텐타티오(시험)—가 필요하다고 말했다. 왜 우리에게 시험이 필요한가?

2장 실패자들을 위한 좋은 소식

1. 이 장의 시작 부분에 인용된 니체의 글을 다시 읽어 보라. '영광의 신학'이란 무엇인가? 이것은 윌리엄 제임스가 말한 '건강한 기질의 종교'와 비슷한 것일까? 경쟁적인 문화 속에 살고 있는 우리는 교회 내에서 조차 영광의 신학을 선호하는 경향이 있지 않은가?

2. 복음은 스스로는 의롭고 강하다고 여기는 자들보다는 죄인과 힘없는 자들을 위해 약함으로 선포하시는, 죄와 죽음에 대한 하나님의 승리다(눅 5:31-32). 그렇다면 영광의 신학은 복음에 의해 어떻게 평

가될 수 있을까?

3. 시편 77:2-9, 88:3-7, 18, 89:49을 다시 읽어 보라. 당신은 이렇게 기도할 수 있는가? 그리스도인의 삶에 있어, 특히 '행복한' 느낌 속에 갇혀 있는 상승 기조 일변의 기독교 하위문화 속에서, 애도의 모습이 차지할 자리는 과연 어디에 있을까?

4. 예배가, 심지어 장례식마저도 어떻게 해서 일종의 '축하'로 변신하게 되었는지 토론해 보자. 고통과 죽음에 대한 성경의 가르침을 고려할 때 이런 모습은 성경에 대한 단편적 이해에 기인한 결과인가?

5. 로마서 5:1-6을 다시 읽어 보라. "우리가 아직 연약할 때" 그리스도게 서 "경건하지 않은 자를 위하여 죽으심"은 기약대로 된 것이라고 말하 는 바울의 말이 이상하게 들리지 않는가? 과연 그가 의도한 것은 무엇 일까?

3장 의도된 고난

1. 예수와 함께 예루살렘으로 여행하는 제자들에게 영광의 신학과 십자 가의 신학이 충돌했던 사건에 대해 토론해 보자.

2. 고전 1:18-29에서 바울은 이 두 가지 접근 방식을 어떻게 대조하고 있는가?

3. 그리스도의 고통과 죽음이 인간의 교만과 능력을 어떻게 이겨 내는가? 니체는 기독교가 강하고 재능 있는 사람들보다는, 실패자들과 피해자 들에게 더 호의적이라고 비판했다. 그 대표적인 예가 바로 힘있는 자들 에게 패배하여 결국 십자가에 못 박힌 그들의 지도자라고 말한다. 그 러나 예수는 정말 수동적인 피해자에 불과할까? 아니면 그분의 죽음은

준비된 계획 안에서 이루어진 자발적 자기 희생이었을까?

4. 십자가를 진다는 것은 우리에게 어떤 의미를 갖는가?

4장 하나님은 과연 크신 분인가?

1. 사회학자 크리스천 스미스는 현재 미국의 십대들에게 만연된 영성을 '도덕적, 치료적 이신론'이라고 불렀다. 필립스는 어릴 적 감상적으로 그려진 하나님의 초상은 인생의 거친 현실 앞에 아무런 힘을 발휘할 수 없다는 내용을 담은 「네 하나님은 너무 작다」라는 베스트셀러를 저술했다. 과연 우리는, 개인적 경험들에 대한 우리의 해석이 하나님과 우리 자신, 우리에게 일어난 일들에 대한 진실을 결정하도록 허용해야 할까? 시험이 닥치기 전에 하나님에 대해 성경에 입각한 관점을 형성하는 것이 왜 중요한가?

2. 우리 삶에서 하나님을 느끼기 가장 힘들 때 오히려 하나님의 임재는 가장 뚜렷하다는 말이 어떤 의미일까? 이와 같은 표현의 유래가 된 성경의 예들을 떠올려 보자.

3. 성경에 묘사된 주권자 하나님의 초상에 대한 도전으로는 어떤 예들이 있는가? 다니엘 4장에 묘사된 느부갓네살 왕의 경험은 오늘날 우리에게 무엇을 말해 주고 있는가?

4. 하나님의 '초월'과 '내재'는 무엇을 의미하는가? 계시의 역사 속에서 이 두 가지를 가장 생생하게 찾을 수 있는 곳은 어디인가?

5장 거기 위에 누가 계신가요?

1. 우리는 영혼뿐 아니라 몸을 가지고 있다. 이 사실이 우울증의 문제에 대해 이해하고자 할 때 어떤 영향을 미칠 수 있는가? 우울증이 생화학적인, 혹은 영적인 문제로 축소될 수 있을까?

2. 니체가 말한 '신의 죽음'은 무엇을 의미하는가? 그리스도인들은 하나님의 임재와 부재를 어떻게 해석할 수 있을까?

3. "스스로를 숨기시는" 하나님의 방법이 좋은 것은 무슨 이유 때문인가? 우리는 모든 영광스러운 자리에서, 멋진 장관 속에서, 황홀한 감동적 경험 속에서 하나님을 찾는다. 그러나 어떻게 해서 하나님은 당신의 영광을 그리스도 예수 안에 감추셨는가?

4. 우리는 우리에 대한 하나님의 비밀스러운 계획을 모두 알아내도록 노력해야 할까?

5. 로마서 10장에서 바울은 두 가지 종류의 의―행위를 통한 의로움과 믿음을 통한 의로움―에 대해 말하고 있다. 이 두 가지 길이 어떻게 영광의 신학과 십자가의 신학 사이의 관계에 대해 가르쳐 주는가? 바울은 로마서 10장에서 십자가의 신학이 갖는 의미를 하나님께서 우리를 구원하시는 방법으로 제시하고 있는가?

6장 하나님의 의도를 알 수만 있다면

1. 우리는 모든 일이 하나님의 주권 아래서 행해진다고 믿기보다, 어떤 일은 하나님께서, 어떤 일은 자연이 하는 일이라고 가정하고 있지 않은가? 심지어 그분이 창조물들을 통한 일반적 수단만을 사용해 일하시고 계시는 경우에도 이런 가정을 갖고 있지 않은가?

2. 아기의 출생은 '기적'일까, 아니면 하나님의 '섭리'의 숭고한 예일까?

3. 고난의 시기에 그리스도인들은 하나님께서 왜 그런 일을 허용하셨는지, 고난을 통해 우리가 무엇을 배우기를 원하시는지에 대해 생각해 보도록 권면받는다. 섭리에 대한 성경의 가르침을 고려할 때, 당신은 이 충고를 어떻게 받아들일 것인가?

4. 다음의 차이점들에 대해 말해 보라. 기적과 섭리, 감추어진 것과 드러난 일들, 일반적 은혜와 구원의 은혜, 하나님의 직접적 통치와 간접적 통치.

5. 어떻게 십자가는 악과 고난의 문제를 '해결'하는가?

7장 소용돌이 밖에서

1. 욥의 친구들이 제시한 각각의 '대답들'에 대해 평가해 보라.

2. 비록 자신이 찾는 해답을 모두 얻지 못했음에도 불구하고 욥의 소망이 회복되는 것은 구체적으로 어떤 믿음 때문인가?

3. 특별히 욥의 이야기에서, 우리는 우리의 삶이 그 자체로 큰 의미를 갖는 것이 아니라 더 큰 계획의 일부임을 배우게 된다. 그 큰 계획은 무엇인가?

4. 기독교는 잘 '기능'하고 있는가?

8장 새로운 창조

1. 변화무쌍한 자아란 무엇인가? 이 자아의 모습은 전도서가 말하는 인간의 존재에 대한 묘사와 어떻게 연결되는가?

2. 허무주의란 무엇인가?

3. '두 아담'에 대한 바울의 논의들은 인생에 대한 허무주의적 관점과 어떻게 대조되며, 변화무쌍한 자아에 어떻게 종지부를 찍고 있는가?

4. 칭의란 무엇인가? 성화와는 어떤 관계를 갖는가? "의롭다 하심을 받은 동시에 죄로 가득차 있다"라는 표현은 무엇을 의미하는가?

5. 바울이 로마서 8장에서, 고통이 우리의 마지막이 아니라고 확신시키며 가르치고 있는 미래의 소망이란 무엇을 의미하는가?

9장 영적 전쟁의 참된 본질

1. 영적 우울증이란 무엇인가? 복음은 그것을 어떻게 다루고 있는가?

2. 우리는 영적 전쟁에 대해 자주 듣고 있는데, 그렇다면 과연 이 용어가 진정으로 뜻하는 바─특히 에베소서 6장을 고려할 때─는 무엇인가?

3. 바울이 에베소서 6장에서 말하고 있는 각각의 무기들에 대해 생각해 보자. 그 무기들 사이에 공통점이 있는가? 이 무기들이 사탄의 공격 앞에서 어떻게 우리를 보호할까?

10장 장례식장에 오신 하나님

1. 이 장은 예수께서 나사로를 살리신 일(요 11장)에 초점을 맞추고 있다. 그 문맥에 대해 토론해 보자. 왜 예수께서는 당신의 친구가 죽기 전에 달려가지 않으셨을까?

2. 나사로의 자매들이 보인 반응에 대해 평가해 보라.

3. 요한복음의 저자는 나사로의 이야기가 사건의 핵심이 아니라 보다 큰

줄거리의 일부분이라고 말한다. 왜 그런가? 이것은 우리 인생을 생각할 때, 특히 이해할 수 없는 고통을 직면하게 될 때 어떤 도움을 줄 수 있을까?

4. 예수는 나사로의 무덤 앞에서 어떻게 반응하셨는가? 이 모습은 그리스도인으로서 죽음에 대해 어떻게 반응해야 하는지에 대해 어떤 가르침을 제공하는가? 그분의 반응을 고려하며, 극단적 형태의 스토아주의와 감상주의에 대해 토론해 보자.

5. 왜 그리스도인은 애도하는가? 그리스도인의 애도는 소망이 없는 이들의 그것과 어떤 차이가 있는가? 신자들의 죽음에서는 과연 무엇이 제거되었으며, 그 차이가 우리로 하여금 죽음을 견딜 만한 사건으로, 또 궁극적으로는 소망의 기회로 만들어 주는 이유는 무엇일까?

2장 실패자들을 위한 좋은 소식

*이 장의 머리글은 다음에서 인용, Friedrich Nietzshe, *The Will to Power*, ed. Walter Kaufmann(New York: Vintage, 1967), 96, 542-543.

1. William E. Brown, "Rich and Smart," *World* 13(November 14, 1998): 33.

2. Garry Wills, *Reagan's America*(New York: Penguin, 1998), 235.

3. C. S. Lewis, *The Weight of Glory*(New York: Macmillan, 1949), 2. (「영광의 무게」 홍성사)

4. Lyle Schallar, "From Worship to Celebration," *Worship Leader*(April-May 1993), 7.

5. Karl Barth, *The Göttingen Dogmatics: Instruction in the Christian Religion*, ed. Hannelotte Reiffen, trans. G. W. Bromiley(Grand Rapids: Eerdmans, 1991), 1:33.

3장 의도된 고난

1. 여기서 치킨 수프는 미국 교회들이 흔히 노숙자들에게 제공하는 무료 급식을 의미한다―옮긴이.

4장 하나님은 과연 크신 분인가?

1. William James, *Pragmatism and Four Essays from "The Meaning of Truth"*(New York:

Meridian, 1955), 195, 192-193.

2. Christian Smith and Melinda Lundquist Denton, *Soul Searching: The Religious and Spiritual Lives of America's Teenagers*(New York: Oxford Univ. Press, 2005).

3. Marsha G. Witten, *All Is Forgiven: The Secular Message in American Protestantism* (Princeton, N.J.: Princeton Univ. Press, 1993).

4. Clark Pinnock 외, *The Openness of God: A Biblical Challenge to the Traditional Understanding of God*(Downers Grove, Ill.: InterVarsity, 1994), 7-8.

5. C. S. Lewis, *Miracles*(New York: Macmillan, 1947), 93-94. (「기적」 홍성사)

6. Hans Küng, *Credo: The Apostles' Creed Explained for Today*(New York: Doubleday, 1993), 86. (「믿나이다」 분도출판사)

7. 같은 책, 87.

5장 거기 위에 누가 계신가요?

1. Friedrich Nietzsche, *The Will to Power*, ed. Walter Kaufmann(New York: Vintage, 1967), 542. (「권력에의 의지」 청하)

2. Friedrich Nietzsche, *The Gay Science*, trans. Walter Kaufmann(New York: Vintage, 1974), 125. (「즐거운 학문」 책세상)

3. Ludwig Feuerbach, *The Essence of Christianity*, ed. E. Graham Waring and F. W. Strothmann(New York: Ungar, 1957), 47. (「기독교의 본질」 한길사)

4. Friedrich Nietzsche, *Human, All Too Human*, trans. R. J. Hollingdale(Cambridge: Cambridge Univ. Press, 1990), 9. (「인간적인 너무나 인간적인」 책세상)

5. John Calvin, *Institutes of the Christian Religion*, ed. John T. McNeill, trans. Ford Lewis Battles(Philadelphia: Westminster, 1960). (「기독교 강요」 생명의말씀사)

6. 같은 책, 3.21.1.

7. Ludwig Feuerbach, *The Essence of Christianity*, ed. E. Graham Waring and F. W. Strothmann(New York: Ungar, 1957), 16.

6장 하나님의 의도를 알 수만 있다면

1. Jim Stewart, "Religions Try to Explain Tsunamis"(CBSNEWS.com, January 6, 2005): www.cbsnews.com/stories/2005/01/06/eveningnews/main665307.shtml.
2. C. Everett Koop, "Faith Healing and the Sovereignty of God," *The Agony of Deceit*, ed. Michael Horton(Chicago: Moody Press, 1990).
3. John Calvin, *Institutes of the Christian Religion*, ed. John T. McNeill, trans. Ford Lewis Battles(Philadelphia: Westminster, 1960), 1.16.9.
4. 같은 책, 1.14.1.
5. John Murray, *The Collected Writings of John Murray*(Edinburgh: Banner of Truth, 1977), 2:94.
6. 같은 책, 2:102.
7. 같은 책.
8. Calvin, *Intitutes*, 2.2.15.
9. 같은 책, 4.20.14.
10. 같은 책, 4.20.16.
11. 같은 책, 1.17.1.
12. 같은 책, 1.17.2.
13. 같은 책, 1.17.4.
14. 같은 책, 1.17.9.
15. 같은 책, 1.16.2.

8장 새로운 창조

1. 출생 시를 기억하게 하여 환자로 하여금 삶의 공포를 극복하게 하는 심리치료 방법―옮긴이.
2. 리버싱과 유사하며 호흡 훈련에 주력하는 심리치료 방법―옮긴이.
3. 인디언들의 오두막집. 가운데 놓인 뜨거운 돌에 물을 뿌려 증기를 발생시키는 시설이 설치된 움막집으로 몸을 씻거나 기도할 때 사용―옮긴이.
4. Maureen O'Hara and Walter Truett Anderson, "Psychotherapy's Own Identity Crisis," *The Truth about the Truth: De-confusing and Re-constructing the Postmodern World*, ed. Walter Truett Anderson(New York: Putnam, 1995), 170.

5. 같은 책.

6. Robert Jay Lifton, "The Protean Style," *The Truth about the Truth*, 130-135.

9장 영적 전쟁의 참된 본질

1. John Owen, *The Works of John Owen: The Nature, Power, Deceit, and Prevalency of the Remainders of Indwelling Sin in Believers*, ed. William H. Goold(Edinburgh: Banner of Truth, 1967), VI:181.

10장 장례식장에 오신 하나님

1. Richard Gaffin Jr., *Resurrection and Redemption* (2d ed.; Phillipsburg, N.J.: Presbyterian & Reformed, 1987), 34-36.